AF366333

Logística del transporte marítimo

Logística del transporte marítimo

Àlex León
Rosa Romero

Colección: BIBLIOTECA DE LOGÍSTICA
Director: David Soler

Logística del transporte marítimo
1.ª edición, 2003

© de esta edición, incluido el diseño de la
   cubierta, ICG Marge, SL

Edita: Marge Books
València, 558, ático 2.ª - 08026 Barcelona
marge@marge.es - Tel. +34-932 449 130
www.marge.es

Gestión editorial: Hèctor Soler, Ana Soto,
   Laura Martínez, Neus Piñol
Edición: Rosa Serra
Impresión: Impulso Global Solutions
   (Tres Cantos, Madrid)

ISBN: 978-84-86684-20-X
Depósito Legal: B-29870-03

Reservados todos los derechos. Ninguna parte de esta edición, incluido el diseño de la cubierta, puede ser reproducida, almacenada, transmitida, distribuida, utilizada, comunicada públicamente o transformada mediante ningún medio o sistema, bien sea eléctrico, químico, mecánico, óptico, de grabación o electrográfico, sin la previa autorización escrita del editor, salvo excepción prevista por la ley. Diríjase a Cedro (Centro Español de Derechos Reprográficos, www.conlicencia.com) si necesita fotocopiar, escanear o hacer copias digitales de algún fragmento de esta obra.

Índice

Los autores 9

Capítulo Primero
Política europea y transporte **13**
1. El presente del transporte.. 13
2. Transporte en Europa 26
3. Navegación de corta distancia 33
4. Calidad y transporte 40

Capítulo II
Elementos físicos **53**
1. La mercancía 53
2. El puerto 69
3. Plataformas logísticas 78
4. Vehículos.. 85
5. Tráficos... 91

Capítulo III
Elementos documentales... **99**
1. Introducción 99
2. El buque.. 99
3. Autoridad marítima y portuaria 107
4. La aduana 124
5. Prácticas comerciales.. 131

Capítulo IV
Elementos jurídicos... **141**
1. Introducción 141
2. La contratación internacional 142
3. La compraventa internacional 144
4. Los contratos de transporte internacional.. 149
5. El contrato de transporte internacional de mercancías por carretera 151
6. El contrato de transporte por ferrocarril internacional.................... 157
7. Los contratos de transporte marítimo 163

Capítulo V

Introducción a las operaciones **173**
1. Introducción a los movimientos físicos.. 173
2. Introducción a los procesos de inspección... 177
3. Introducción al TIR... 182
4. Introducción a los procedimientos aduaneros informatizados.................... 187

Capítulo VI

Operaciones de importación...**193**
1. Movimientos físicos 193
2. Inspecciones físicas 199
3. TIR... 200
4. Procedimientos aduaneros 201
5. Procedimientos aduaneros informatizados... 216

Capítulo VII

Operaciones de exportación **217**
1. Movimiento de mercancías 217
2. Inspecciones físicas 220
3. TIR... 221
4. Procedimientos aduaneros 224
5. Procedimientos aduaneros informatizados... 231

Capítulo VIII

Operaciones de tránsito..**233**
1. Movimiento físico.. 233
2. TIR... 235
3. Procedimientos aduaneros 236
4. Procedimientos aduaneros informatizados... 244

Capítulo IX

Evolución técnica del sector **245**
1. Introducción 245
2. Programas Marco de Investigación.. 245
3. Otros proyectos europeos... 251
4. Puertos del Estado... 256
5. Plan tecnológico del sector marítimo 258
6. Conclusiones... 259

Los autores

Àlex León

Rosa Romero

Àlex León (Barcelona, 1971) es licenciado en Marina Civil por la Universidad Politécnica de Cataluña (UPC) (1996). Después de realizar los días de navegación para obtener la titulación de Piloto de la Marina Mercante, ha seguido desarrollando su carrera profesional como marino, desde una vertiente técnica. En la actualidad se encuentra en la fase final de su tesis doctoral sobre planes de seguridad marítima, trabajo dirigido desde el Departamento de Ciencia e Ingeniería Náuticas (DCENUPC).

En 1998 entró a formar parte del equipo de dinámica de fluidos del Centro Internacional de Métodos Numéricos aplicados a la Ingeniería (CIMNEUPC). Desde el año 1999 desarrolla su actividad profesional como responsable del Departamento Marítimo, dentro del Centro de Logística y Servicios Marítimos (CELSEM), centro perteneciente a la UPC.

Desde este departamento se da respuesta a la demanda del sector portuario y marítimo en el campo de la investigación, la consultoría y el asesoramiento técnico, realizando estudios sobre fletes y mercados, implantaciones normativas, metodologías de análisis de tráficos, transporte de mercancías peligrosas, logística e intermodalidad y, en general, cualquier estudio técnico relacionado con el sector marítimo

Rosa Romero Serrano es licenciada en Derecho por la Universidad de Barcelona, y autora de la tesis doctoral *La Responsabilidad Civil del Transporte de Mercancías Peligrosas por Mar.*

Cursó un máster en *Shipping Business* en la UPC, Facultad de Náutica de Barcelona, con investigaciones en diversos institutos de Alemania e Italia.

Ha participado en numerosas conferencias internacionales sobre: la tripulación de los cruceros; el bienestar de los marinos; el polizonaje; arbitraje y derecho marítimo; responsabilidad del naviero; el racismo en el mundo marítimo; el fletamento y el tráfico marítimo; la ley de prevención de los riesgos laborales; el embargo preventivo de buques; la 84 reunión marítima de la OIT y el abandono de los marinos; y la contaminación del mar por hidrocarburos.

Es autora de la obra *El transporte Marítimo*, publicada en la colección «Cuadernos de Logística», de ediciones técnicas LogisBook, y ha colaborado en la publicación *Mar Adentro* (Centro de los derechos del marino en Barcelona, Stella Maris).

En su experiencia docente ha impartido clases sobre transporte y derecho marítimo en: Facultad de Derecho de la Universidad de Barcelona; ICIL (Institut Català de Logística), Proa Systems; ILI (Instituto de Logística

portuario.

Su actividad laboral, siempre vinculada con el mundo universitario, le ha servido para desarrollar un perfil profesional basado en seminarios, ponencias, artículos, proyectos e informes técnicos, siempre en respuesta a las demandas tanto de organismos e instituciones públicas como de empresas privadas del sector. Esta situación le ha permitido tener contacto directo y continuo con las principales empresas y universidades marítimas en el ámbito internacional.

Esta amalgama de experiencias y conocimientos cristaliza en una visión propia y multidisciplinar del entorno portuario, desde un punto de vista sobre el transporte, afianzado en sus pilares básicos: legislativo, económico, instrumental y comercial.

Iberoamericano); Escuela universitaria de Empresariales, Universidad de Barcelona; Escuela Sant Gervasi (Barcelona); Instituto de Enseñanza Superior Illa dels Banyols (El Prat de Llobregat); y MartínezCampo & Hertzog (Barcelona).

Respecto a su trayectoria profesional, Rosa Romero colabora como consultora en Derecho Marítimo en el Bufete Joaquim de Llobet Masachs (Barcelona), y ha colaborado en el Dep. de Siniestros de Nacora (Barcelona); como *assistant manager* en Pérez y Cía (Cataluña), S.A., Barcelona; con Celsem (Centro de Logística y Servicios Marítimos de la Universidad Politécnica de Cataluña); con el abogado Joaquín de Llobet Masachs (Barcelona); con el Bufete Berenguer Comas (Barcelona). Además, desde 1996 colabora con el Centro de los derechos de los marinos en Barcelona, Stella Maris.

Logística del
transporte marítimo

Capítulo Primero

Política europea y transporte

1. El presente del transporte

La Dirección General para la Energía y el Transporte,[1] en colaboración con el Eurostat,[2] publica anualmente un resumen de estadísticas que sirve como ayuda para confeccionar mapas actualizados del sector del transporte,[3-4] tanto a la Comisión como a cualquier país miembro de la UE. Valga esta información, acompañada de breves reflexiones basadas en el Libro Blanco *La política europea de transportes de cara al 2010: la hora de la verdad,*[5] como introducción al análisis de la actual política europea en este sector y, más concretamente, en el ámbito del transporte marítimo.

1.1 General

Como se puede observar en la figura 1.1, el crecimiento del transporte de mercancías (al igual que el del transporte de pasajeros) parece imparable. Frente el crecimiento progresivo del producto interior bruto de la UE, el incremento del transporte en el período de cinco años de 1995 a 2000 no resulta paralelo, produciéndose un aumento en clara divergencia.

Por otro lado, el análisis de los modos de transporte empleados resulta revelador.[6] Por peso, el modo más empleado en las operaciones de exportación e importación es el marítimo (70,4 %), seguido por la carretera (8,2 %). Por lo que respecta al valor de las mercancías transportadas, el modo aéreo supera a la carretera (un 26,3 % en valor

---

[1] Para más información consultar europa.eu.int/comm/dgs/energy_transport/index_en.html.

[2] Para más información consultar europa.eu.int/comm/eurostat.

[3] Para la consulta *on-line* de las diferentes estadísticas, ver el enlace europa.eu.int/comm/energy_transport /etif/lists/transport.html.

[4] Para disponer de copia impresa de estas estadísticas, solicitarla a: European Comisión; Directorate-General for Energy and Transport, Unit: Information and Communication; B-1049 Bruxelles / Brussel; Belgique / Belgie. Dicha solicitud también puede remitirse por correo electrónico a la dirección: tif@cec.eu.int.

[5] Ver el sitio europa.eu.int/comm/energy_transport/es/lb_es.html, donde se puede encontrar el documento completo en formato electrónico siguiendo el enlace: europa.eu.int/comm/energy_transport /library/lb_texte_complet_es.pdf.

[6] La tubería como modo de transporte no se ha tenido en cuenta a la hora de realizar los diferentes análisis.

frente al 20,1 % de la carretera), dato que confirma el mayor coste de las mercancías transportadas por vía aérea (productos de elevado valor añadido).

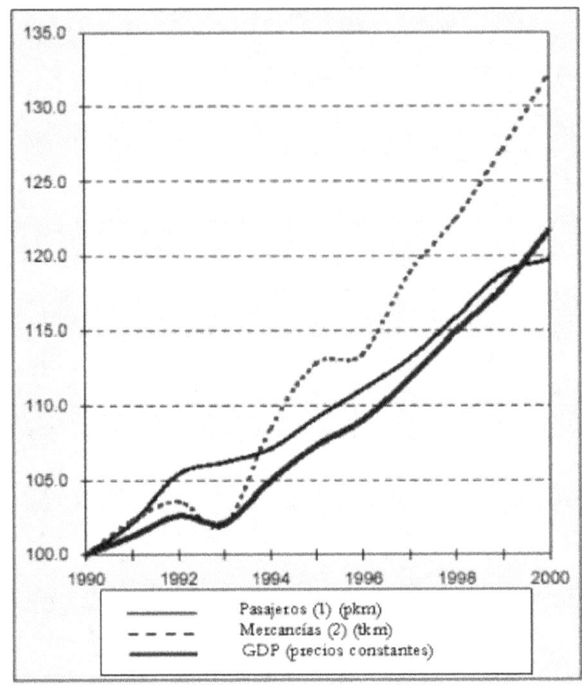

Notas:
(1): automóviles de pasajeros, autobuses y automóviles, tranvía y metro, ferrocarriles, aviones
(2): carretera, ferrocarril, aguas interiores, tuberías, mar (intra-EU)

Figura 1.1

Comercio UE-15 exterior por modo de transporte (2000)				
	Valor		*Peso (millón t)*	
	Exportación	**Importación**	**Exportación**	**Importación**
Mar	377.8	420.9	302.7	1008.0
Carretera	221.6	175.9	78.6	75.0
Ferrocarril	19.8	18.4	19.1	55.4
Aguas interiores	4.7	5.7	11.0	28.0
Tubería	2.1	39.3	4.4	209.3
Aéreo	270.5	249.3	4.5	2.8
Otros	44.6	123.9	4.3	59.3

Tabla 1.1

En el movimiento de mercancías, ya sea desde el punto de vista del valor o del peso transportado, importadas con destino a la UE, la carretera tiene una supremacía total, con un 59,6 % en valor y un 43,7 % en peso.

Por último, no podemos dejar de destacar la importancia que el transporte por aguas interiores tiene en las importaciones en los países de la UE, con un 11,6 % en peso, superando tanto al ferrocarril como al modo aéreo.

Es importante señalar que España es el país de la UE que posee más empresas dedicadas al transporte, 216.682, frente a las 161.706 de Italia, segundo país por número de sociedades. En España, aproximadamente 200.000 empresas (un 92 % del total) se dedican al transporte por carretera, la mayoría de ellas de forma autónoma. Estos datos resultan cuanto menos interesantes si realizamos una comparación con el volumen de facturación que el transporte supone para los diferentes países: el país más destacado es Reino Unido, con un volumen de 167.000 millones de euros (con un total de 66.404 empresas dedicadas), frente al volumen de España, de 60.500 millones de euros.

1.2 Infraestructuras

Las infraestructuras son el soporte físico necesario que permite el buen funcionamiento de los diferentes modos de transporte. De su cantidad y calidad se pueden extraer conclusiones sobre el estado mismo de los modos de transporte.

Líneas de ferrocarril (km)														
	B	DK	D	EL	E	F	IRL	I	L	NL	A	P	FIN	S	UK
1970	4.232	2.352	43.777	2.571	15.850	36.117	2.189	16.069	271	3.148	6.506	3.588	5.870	11.544	19.330
1980	3.971	2.015	42.765	2.461	15.724	34.382	1.987	16.133	270	2.760	6.459	3.609	6.096	11.377	18.030
1990	3.479	2.344	40.981	2.484	14.539	34.260	1.944	16.086	271	2.798	6.350	3.064	5.867	10.801	16.914
1995	3.368	2.349	41.718	2.474	14.291	31.939	1.954	16.003	275	2.739	6.252	2.850	5.880	11.289	17.069
1996	3.380	2.349	40.826	2.474	14.294	31.852	1.954	16.014	274	2.739	5.768	2.850	5.859	11.345	17.066
1997	3.422	2.232	38.450	2.503	14.294	31.821	1.945	16.030	274	2.805	6.252	2.856	5.865	11.366	17.176
1998	3.470	2.264	38.150	2.299	14.284	31.735	1.909	19.080	274	2.808	6.223	2.794	5.867	11.448	17.179
1999	3.472	2.324	37.535	2.299	14.310	32.105	1.909	16.092	274	2.802	6.209	2.813	5.836	11.498	17.064
2000	3.471	2.047	36.652	2.299	14.303	32.515	1.915	16.499	274	2.802	6.281	2.814	5.854	11.560	17.067
B:Bélgica; DK:Dinamarca; D:Ale:España mania; EL:Grecia; E; F:Francia; IRL:Irlanda; I:ItaliaL:Luxemburgo; NL:Holanda; A:Austria; P:Portugal; FIN:Finlandia; S:Suecia; UK:Reino Unido.															

Tabla 1.2

Por lo que respecta a la longitud de la red ferroviaria, los datos son significativos. En el global de la UE, la longitud en vías férreas disminuyó en 30 años (1970-2000) en más de 17.000 km (una reducción del 9,8 %), cuando ya comentamos que el crecimiento total del transporte es muy superior al del PIB. En longitud de vías, el país que tiene una red mayor es Alemania, con 36.652 km (un 23 % del total), si bien poco más de la mitad de estas líneas están electrificadas.

Respecto a las líneas de alta velocidad, la red en la UE no supera los 2.600 km, de los cuales unos 1.400 km (un 54 % del total) se encuentran en Francia.

Líneas de autopistas (km)														
	B	**DK**	**D**	**EL**	**E**	**F**	**IRL**	**I**	**L**	**NL**	**A**	**P**	**FIN**	**S**	**UK**
1970	488	184	6.061	11	387	1.553	0	3.913	7	1.209	478	66	108	403	1.183
1980	1.203	516	9.225	91	2.008	4.862	0	5.900	44	1.798	938	132	204	850	2.683
1990	1.631	601	10.809	190	4.693	6.824	26	6.193	78	2.092	1.445	316	225	939	3.180
1994	1.666	796	11.143	380	6.497	7.956	72	6.401	121	2.208	1.559	587	388	1.125	3.286
1995	1.666	796	11.190	420	6.962	8.275	72	6.435	123	2.208	1.596	687	394	1.262	3.307
1996	1.674	832	11.246	470	7.295	8.596	80	6.465	115	2.208	1.607	710	431	1.350	3.344
1997	1.679	855	11.309	500	7.750	8.864	94	6.469	118	2.336	1.613	797	444	1.423	3.412
1998	1.682	873	11.427	500	8.269	9.303	103	6.478	115	2.225	1.613	1.252	473	1.439	3.421
1999	1.691	902	11.515	500	8.893	9.626	103	6.478	115	2.291	1.634	1.441	512	1.484	3.529
2000	1.702	922	11.712	707	9.049	9.766	103	6.478	115	2.289	1.633	1.482	549	1.506	3.546

B:Bélgica; DK:Dinamarca; D:Alemania; EL:Grecia; E:España; F:Francia; IRL:Irlanda; I:Italia
L:Luxemburgo; NL:Holanda; A:Austria; P:Portugal; FIN:Finlandia; S:Suecia; UK:Reino Unido.

Tabla 1.3

En relación a la construcción de autopistas, desde el año 1970 hasta el 2000 el aumento fue de 35.508 km (un incremento del 321 %). El país con más longitud de vía es Alemania, con 11.712 km (un 23 % del total) y ningún tramo de peaje. El país con más kilómetros de pago es Francia, con 7.603 km (un 78 % de su red interna de autopistas).

Vías navegables / Aguas interiores (km)														
	B	**DK**	**D**	**EL**	**E**	**F**	**IRL**	**I**	**L**	**NL**	**A**	**P**	**FIN**	**S**	**UK**
1970	1.553	--	6.808	6	70	7.433	--	2.337	37	5.599	350	124	6.000	390	1.631
1980	1.510	--	6.697	6	70	6.568	--	2.337	37	4.843	350	124	6.057	390	1.631
1990	1.513	--	6.669	6	70	6.197	--	1.366	37	5.046	351	124	6.237	390	1.631
1996	1.531	--	7.339	6	70	5.678	--	1.466	37	5.046	351	124	6.245	390	1.153
1997	1.540	--	7.339	6	70	6.051	--	1.463	37	5.046	351	124	6.245	390	1.153
1998	1.569	--	7.300	6	70	5.732	--	1.477	37	5.046	351	124	6.245	390	1.153

B:Bélgica; DK:Dinamarca; D:Alemania; EL:Grecia; E:España; F:Francia; IRL:Irlanda; I:Italia
L:Luxemburgo; NL:Holanda; A:Austria; P:Portugal; FIN:Finlandia; S:Suecia; UK:Reino Unido.

Tabla 1.4

Finalmente, por lo que respecta a vías navegables, el descenso entre 1970 y 1998 fue de 2.838 km (una disminución del 9 %), siendo Alemania la que dispone de más kilómetros de vías interiores navegables.

1.3 Vehículos

Por lo descrito hasta ahora, queda claro que el transporte por carretera es el modo predominante dentro de la UE, tanto por el volumen de carga como por el número de empresas y por la longitud de las infraestructuras existentes. Por lo que respecta a los vehículos empleados, veamos los datos de la tabla 1.5.

Vehículos de mercancías (miles)														
	B	DK	D	EL	E	F	IRL	I	L	NL	A	P	FIN	S	UK
1970	212	245	1.188	105	710	1.504	49	877	9	286	121	157	103	145	1.749
1980	268	249	1.511	401	1.338	2.457	65	1.338	9	314	184	350	149	182	1.828
1990	343	287	1.653	743	2.333	4.670	143	2.349	11	553	253	781	264	310	2.706
1991	364	291	1.660	768	2.495	4.763	148	2.440	12	578	259	847	264	310	2.640
1992	367	297	1.849	787	2.650	4.781	145	2.532	13	619	269	928	263	305	2.639
1993	375	306	2.020	818	2.735	4.814	135	2.585	14	641	276	1.011	253	302	2.589
1994	391	322	2.114	837	2.832	4.881	136	2.638	15	644	283	1.118	249	304	2.585
1995	402	333	2.215	871	2.937	4.926	142	2.709	16	654	290	1.175	252	308	2.565
1996	417	330	2.273	902	3.057	4.976	147	3.000	16	684	294	1.246	259	322	2.618
1997	435	336	2.315	939	3.206	5.100	158	3.059	17	727	301	1.333	267	322	2.679
1998	453	347	2.371	974	3.393	5.214	171	3.171	18	795	310	1.436	281	338	2.726
1999	480	362	2.466	1.010	3.605	5.320	189	3.221	19	872	319	1.541	294	354	2.803
2000	503	373	2.527	1.043	3.780	5.456	205	3.298	20	939	327	1.658	304	374	2.861

B:Bélgica; DK:Dinamarca; D:Alemania; EL:Grecia; E:España; F:Francia; IRL:Irlanda; I:Italia
L:Luxemburgo; NL:Holanda; A:Austria; P:Portugal; FIN:Finlandia; S:Suecia; UK:Reino Unido.

Tabla 1.5

Como no podía ser de otra manera, el aumento de vehículos es consecuente con el de la importancia del volumen transportado y el respectivo aumento de las infraestructuras. Así, entre 1970 y 2000, la flota de vehículos destinados al transporte de mercancías se incrementó en 16.210.000 unidades (un 317 %). El país con una flota mayor es Francia, con 5.456.000 vehículos (un 23 % de la flota total de la UE), si bien no es el país con un mayor número de empresas dedicadas al transporte terrestre, cosa que nos lleva a deducir que el grado de atomización del sector no es constante.

Otros datos de gran importancia son que más del 80 % de los vehículos dedicados al transporte de mercancías lo son de gasolina, y que el 90 % del total de vehículos tienen una capacidad de carga menor a las 3 t (tipo furgoneta de reducidas dimensiones). Es decir, se trata de una flota numerosa, desaprovechada y muy contaminante.

Vagones de mercancías (miles)														
	B	DK	D	EL	E	F	IRL	I	L	NL	A	P	FIN	S	UK
1970	44.7	11.0	459.0	9.0	53.3	291.5	9.7	125.2	4.2	18.8	39.1	9.0	22.8	53.4	389.8
1980	43.0	6.9	476.4	10.9	40.8	239.8	4.4	115.2	3.7	11.4	38.7	5.9	21.5	45.9	141.2
1990	30.3	4.6	366.7	11.0	37.7	148.1	1.8	99.7	2.7	6.7	34.3	4.6	15.2	27.5	34.4
1991	29.6	4.5	363.9	11.0	36.1	141.8	1.8	97.4	2.5	6.4	34.8	4.4	14.7	25.0	30.9
1992	28.6	4.7	360.7	11.0	35.0	138.2	1.8	95.0	2.6	6.3	36.6	4.4	14.1	23.5	21.2
1993	20.8	4.6	312.2	11.1	31.5	134.3	1.8	91.6	2.5	6.4	34.7	4.2	14.0	22.4	27.7
1994	20.0	4.2	271.5	11.1	33.0	124.6	1.8	90.0	2.6	6.0	31.9	4.2	14.0	21.0	14.2
1995	20.3	4.1	245.9	11.1	29.7	116.1	1.8	89.1	2.4	5.9	28.9	3.9	14.0	20.4	n.a.
1996	19.6	3.6	240.5	11.1	28.7	112.2	1.6	80.6	2.3	5.8	27.1	4.2	13.7	19.9	n.a.
1997	18.9	3.2	224.1	8.6	28.5	106.0	1.6	76.7	2.3	4.7	26.3	4.2	13.0	18.3	n.a.
1998	19.0	2.9	205.4	2.7	27.5	100.5	1.6	76.4	2.3	4.6	24.4	4.3	12.4	17.2	n.a.
1999	18.6	2.3	192.8	3.5	26.5	96.3	1.6	76.2	2.3	4.7	23.9	4.2	12.0	17.6	41.0
2000	18.8	2.2	188.8	3.5	26.5	94.8	1.9	65.0	2.4	4.7	24.0	3.9	11.8	17.6	n.a.

B:Bélgica; DK:Dinamarca; D:Alemania; EL:Grecia; E:España; F:Francia; IRL:Irlanda; I:Italia
L:Luxemburgo; NL:Holanda; A:Austria; P:Portugal; FIN:Finlandia; S:Suecia; UK:Reino Unido.

Tabla 1.6

Si bien en los últimos tiempos Reino Unido no facilitó los datos referidos al número de vagones empleados en el transporte por ferrocarril, resultando de esta manera difícil realizar un seguimiento temporal de dicha información, basándonos en los datos de 1999, podemos ver que el descenso en la flota de vagones fue espectacular: casi 1.000.000 de vagones menos (una disminución del 66 %). El descenso en infraestructuras y en el número de vagones son muestras evidentes de la clara recesión del transporte ferroviario.

Por lo que hace al transporte por vía marítima, puede observarse la tabla 1.7.

Flota mercante a enero de 2001 (buques mayores de 1000 t; PM en millones de t)														
B	**DK**	**D**	**EL**	**E**	**F**	**IRL**	**I**	**L**	**NL**	**A**	**P**	**FIN**	**S**	**UK**
Pabellón nacional														
Buques 1	347	449	764	127	120	24	448	2	473	23	38	96	160	244
PM 0.00	7.72	7.70	42.32	1.67	3.32	0.11	8.50	0.01	3.04	0.12	0.46	0.97	1.50	7.31
Segundos registros														
Buques 116	292	1.607	2.461	103	81	11	124	--	158	17	16	31	184	368
PM 5.85	10.17	24.82	99.84	2.01	2.08	0.03	4.22	--	2.11	0.68	0.73	0.79	8.77	10.41

B:Bélgica; DK:Dinamarca; D:Alemania; EL:Grecia; E:España; F:Francia; IRL:Irlanda; I:Italia   PM: peso muerto
L:Luxemburgo; NL:Holanda; A:Austria; P:Portugal; FIN:Finlandia; S:Suecia; UK:Reino Unido.

Tabla 1.7

Con respecto al año 2000, la flota de buques de más de 1.000 t se ha incrementado ligeramente, en unos 180 buques. Llama la atención que el 63 % de los buques explotados por compañías europeas (67 % en términos de peso muerto), luzcan un pabellón no comunitario. Estamos frente al fenómeno del *flagging out,* también conocido como de «bandera de conveniencia». El país que más pone en práctica este tipo de explotación es Bélgica, que a efectos prácticos no tiene buque alguno con pabellón nacional.

Buque mayores de 300 t				
Número			**Pm ·1.000**	
Mundo	**UE**		**Mundo**	**UE**
Petroleros 7.225	911		300.352	47.198
Quimiqueros 1.307	212		8.688	1.349
Gas licuado 1.088	157		18.415	2.079
Graneleros 5.779	408		263.045	21.588
Graneleros varios 205	8		15.039	625
Carga general 17.115	1.911		99.174	10.205
Portacontenedores 2.564	537		68.715	17.961
Pasaje/Ro-Ro 2.398	784		3.893	1.681
Pasaje 1.327	309		1.437	342
Crucero 254	55			

Tabla 1.8

El análisis comparado de la flota mundial con la europea también aporta información interesante. Por peso muerto (valor más significativo que el número de buques), la mayor flota es la que se dedica al transporte de productos petrolíferos, seguida por la de transporte de productos a granel. Comparativamente con el resto de la flota mundial, este tipo de productos/buques también son los más empleados. Del total del transporte en la UE, los productos petrolíferos suponen el 34 % y el transporte a granel el 32 %.

En cuanto al transporte aéreo, el país que tiene una mayor flota de aviones dedicados al transporte (mercancías y pasajeros) es Reino Unido, con 1.075 aviones (el 22 % de la flota total de la UE). Específicamente, por lo que respecta a la flota de aviones dedicados al transporte de mercancías, el país con una flota mayor es también Reino Unido, con 28 aviones con una capacidad de carga de hasta 100.000 libras y 32 con una capacidad superior. Merece destacarse que los aeropuertos con mayor número de movimientos son el francés Charles de Gaulle (en París, con más de 520.000 aterrizajes y despegues en 2001, lo que supone una media de un aterrizaje/despegue cada 59 segundos) y el de Heathrow, en Londres (con 463.000).

1.4 Transporte de mercancías

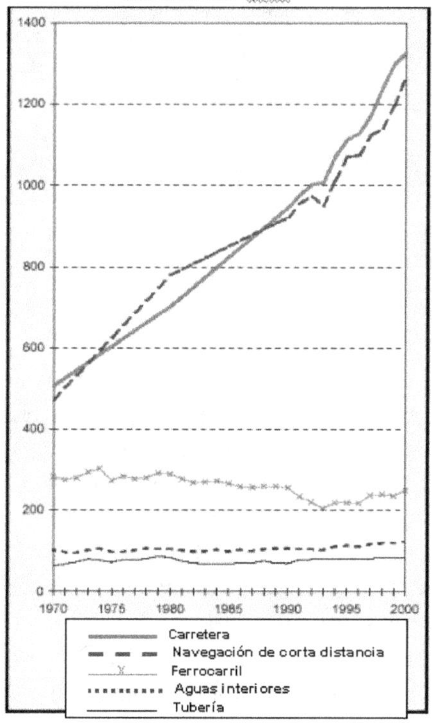

Figura 1.2

Uso en % de los modos de transporte (2000)														
	B	**DK**	**D**	**EL**	**E**	**F**	**IRL**	**I**	**L**	**NL**	**A**	**P**	**FIN**	**S**	**UK**
Carretera	61.8	84.1	47.3	39.9	87.1	72.2	67.5	73.3	68.7	97.7	85.7	75.9	93.0	88.0	71.6
Ferrocarril	12.9	26.6	38.2	9.7	8.2	19.3	3.9	37.2	16.0	8.6	15.2	2.3	8.9	15.8	7.0
Aguas interiores	-	0.1	42.7	5.6	-	1.2	13.1	-	13.1	-	-	2.1	-	0.1	9.1
Tubería	-	-	-	6.1	3.7	-	6.1	17.3	3.4	18.1	3.0	-	5.4	6.2	-
B:Bélgica; DK:Dinamarca; D:Alemania; EL:Grecia; E:España; F:Francia; IRL:Irlanda; I:Italia L:Luxemburgo; NL:Holanda; A:Austria; P:Portugal; FIN:Finlandia; S:Suecia; UK:Reino Unido.															

Tabla 1.9

En función del modo de transporte empleado, la figura 1.2 resulta reveladora. Queda claro que todos los modos de transporte aumentaron su actividad, pero este incremento no fue proporcional. El transporte de mercancías por carretera ha aumentado desproporcionadamente frente a otros modos, como el ferrocarril, que disminuyó su uso en un 50 % en 30 años, de 1970 a 2000, o frente al transporte a través de aguas interiores, que apenas aumentó en un 15 % en el mismo período.

Uso del modo de transporte por distancias (t)														
	B	**DK**	**D**	**EL**	**E**	**F**	**IRL**	**I**	**L**	**NL**	**A**	**P**	**FIN**	**S**	**UK**
C 0-48	161.5	94.5	1877.6	174.8	347.9	1009.1	54.3	469.6	10.6	229.3	163.9	199.6	186.1	168.3	814.8
C 50-149	83.7	62.9	481.3	47.2	169.4	368.1	17.7	328.2	7.0	118.7	43.0	47.9	72.1	79.2	412.3
C 150-499	35.6	31.8	321.1	28.7	123.7	263.9	6.2	274.2	1.7	54.5	21.4	15.4	52.7	55.8	316.9
C > 500	1.8	1.2	56.0	9.0	49.8	61.2	0.4	58.9	-	0.7	0.8	0.3	5.9	9.3	16.5
F 0-48	8.5	0.0	81.1	0.0	1.6	4.8	0.2	1.5	1.3	0.9	3.0	0.4	2.5	0.4	33.9
F 50-149	14.4	0.4	45.0	0.1	1.1	15.0	1.1	5.8	1.4	1.0	5.9	2.7	3.9	2.5	29.6
F 150-499	1.6	1.4	69.1	0.2	9.1	46.3	1.4	15.5	0.0	2.6	7.5	4.6	14.0	10.1	30.5
F > 500	-	0.1	16.2	0.1	8.3	22.8	-	7.4	-	-	0.8	0.0	3.0	6.3	1.4
B:Bélgica; DK:Dinamarca; D:Alemania; EL:Grecia; E:España; F:Francia; IRL:Irlanda; I:Italia L:Luxemburgo; NL:Holanda; A:Austria; P:Portugal; FIN:Finlandia; S:Suecia; UK:Reino Unido.													C: Carretera F: Ferrocarril		

Tabla 1.10

Por lo que respecta a los modos de transporte en el tráfico interior de la UE en 2000, la carretera acaparó el 74,6 %, mientras que el ferrocarril tan sólo llegó al 13,8 %, seguido por el transporte por aguas interiores con un 6,9 %. Una vez más, el transporte por carretera acapara el sector del transporte. Posteriormente pasaremos a analizarlo con mayor detalle.

En cuanto al tipo de transporte empleado en función de las distancias medias recorridas, son significativos los datos reflejados en la figura 1.10.

En esta figura podemos ver que dentro de la UE y para recorridos en un margen de 500 km, el sector queda claramente acaparado por el transporte por carretera (1.606 millones de toneladas de mercancías movidas), incluso más allá de los 500 km, la carretera, aunque de manera no tan clamorosa, sigue siendo la predominante. Por países, tan sólo cabe destacar el uso del ferrocarril en distancias cortas y medias por parte de Alemania y Reino Unido.

Transporte nacional por carretera (1.000 millones t/km)															
	B	DK	D	EL	E	F	IRL	I	L	NL	A	P	FIN	S	UK
1970	13.5	7.0	117.2	4.9	27.9	107.4	4.0	58.7	0.3	16.3	6.8	7.2	12.4	21.4	81.6
1980	16.5	11.3	168.3	7.3	48.2	165.7	5.0	119.6	0.6	23.2	10.0	10.0	18.4	21.9	90.8
1990	25.0	13.7	221.8	10.9	78.9	193.9	3.9	177.9	1.3	31.8	13.3	12.2	26.3	27.2	136.3
1991	26.5	13.4	245.7	12.1	82.7	199.6	4.2	183.0	1.4	32.3	13.6	11.2	24.7	26.1	130.0
1992	28.1	14.1	252.3	11.9	85.9	205.0	4.7	184.9	1.7	39.6	13.7	11.0	24.7	25.0	126.5
1993	29.7	13.3	251.5	12.9	88.0	201.1	4.1	179.4	1.8	39.5	14.2	10.3	25.0	26.6	134.5
1994	32.9	14.5	272.5	12.8	92.2	213.7	4.3	187.2	1.7	40.7	14.7	11.6	25.7	27.9	143.7
1995	34.6	14.7	279.7	14.8	94.6	227.1	5.5	194.8	1.9	42.2	14.9	11.6	23.2	30.3	149.6
1996	31.4	14.5	280.7	15.9	92.5	231.1	5.7	198.3	1.9	43.9	15.5	11.7	24.1	32.1	153.9
1997	34.1	14.7	301.8	16.5	96.2	238.2	5.7	207.2	2.0	45.0	15.7	12.7	25.4	34.1	157.1
1998	35.2	16.2	321.2	17.0	105.0	246.5	5.9	219.8	2.1	46.5	16.1	13.4	26.5	33.6	159.5
1999	36.8	16.9	341.7	17.7	111.0	260.3	6.1	232.8	2.2	48.6	16.8	14.1	26.5	33.7	156.7
2000	32.5	17.8	347.2	18.4	117.5	266.5	6.5	244.0	2.4	45.7	17.5	14.7	27.5	32.4	158.0

B:Bélgica; DK:Dinamarca; D:Alemania; EL:Grecia; E:España; F:Francia; IRL:Irlanda; I:Italia
L:Luxemburgo; NL:Holanda; A:Austria; P:Portugal; FIN:Finlandia; S:Suecia; UK:Reino Unido.

Tabla 1.11

En el período 1970 a 2000, es fácil comprobar que el aumento del transporte por carretera fue desproporcionado (un 277 %), siendo empleando en un 74,6 % de los transportes combinados. Por países, es Alemania con 347,2 millones de toneladas por kilómetro (un 26 % del total de la UE) el que hace mayor uso del mismo.

Por lo que respecta al ferrocarril, la tabla 1.12 resulta ilustrativa.

Transporte por ferrocarril (1.000 millones t/km)															
	B	DK	D	EL	E	F	IRL	I	L	NL	A	P	FIN	S	UK
1970	7.9	1.7	113.0	0.7	9.7	67.6	0.5	18.1	0.8	3.7	9.9	0.8	6.3	17.3	24.6
1980	8.0	1.6	121.3	0.8	11.3	68.8	0.6	18.4	0.7	3.5	11.0	1.0	8.3	16.6	17.8
1990	8.4	1.7	101.7	0.6	11.6	50.7	0.6	19.4	0.6	3.1	12.2	1.5	8.4	19.1	16.3
1991	8.2	1.9	81.8	0.6	10.8	51.5	0.6	20.0	0.6	3.0	12.3	1.7	7.6	18.8	15.4
1992	8.4	1.9	72.0	0.5	9.7	49.5	0.6	19.3	0.6	2.8	11.6	1.8	7.8	19.2	15.6
1993	7.6	1.8	66.3	0.5	8.3	45.0	0.6	18.1	0.6	2.7	11.2	1.7	9.3	18.6	13.8
1994	8.1	2.0	70.6	0.3	9.0	48.8	0.6	20.4	0.6	2.8	12.4	1.6	9.9	19.1	13.0
1995	7.3	2.0	69.5	0.3	10.4	48.1	0.6	21.7	0.5	3.1	13.1	2.0	9.6	19.4	12.5
1996	7.2	1.8	67.9	0.3	10.4	49.5	0.6	21.0	0.5	3.1	13.1	1.9	8.8	18.8	13.3
1997	7.5	2.0	72.6	0.3	11.5	53.9	0.5	22.9	0.6	3.4	13.9	2.2	9.9	19.2	16.9
1998	7.6	2.1	73.6	0.3	11.8	54.0	0.5	22.5	0.6	3.8	14.5	2.0	9.9	19.2	17.7
1999	7.4	1.9	71.0	0.3	12.0	53.4	0.5	21.5	0.6	3.5	14.7	2.2	9.8	19.1	18.2
2000	7.7	2.1	76.8	0.4	12.2	55.4	0.5	22.8	0.6	3.8	16.3	2.2	10.1	20.0	18.3

B:Bélgica; DK:Dinamarca; D:Alemania; EL:Grecia; E:España; F:Francia; IRL:Irlanda; I:Italia
L:Luxemburgo; NL:Holanda; A:Austria; P:Portugal; FIN:Finlandia; S:Suecia; UK:Reino Unido.

Tabla 1.12

En 30 años, de 1970 a 2000, resultó una disminución del 22 %. La cuota que supuso el ferrocarril en el transporte combinado fue del 13,8 %, y el país que mayor uso hizo del modo fue Alemania, con 76,8 millones de toneladas por kilómetro (aproximadamente el 31 % del total).

En cuanto al tráfico de mercancías por aguas interiores, podemos observar los datos de la tabla 1.13.

Transporte por canales interiores (1.000 millones t/km)															
	B	DK	D	EL	E	F	IRL	I	L	NL	A	P	FIN	S	UK
1970	6.7	--	48.8	--	--	12.2	--	0.4	0.3	30.6	1.3	--	1.6	--	0.3
1980	5.9	--	51.4	--	--	10.9	--	0.2	0.3	33.5	1.6	--	1.9	--	0.4
1990	5.4	--	54.8	--	--	7.2	--	0.1	0.3	35.7	1.7	--	1.2	--	0.3
1991	5.2	--	56.0	--	--	6.8	--	0.1	0.3	34.8	1.5	--	1.1	--	0.2
1992	5.1	--	57.2	--	--	6.9	--	0.1	0.3	33.5	1.4	--	1.0	--	0.2
1993	5.0	--	57.6	--	--	6.0	--	0.1	0.3	32.1	1.5	--	0.8	--	0.2
1994	5.6	--	61.8	--	--	5.6	--	0.1	0.3	36.0	1.8	--	0.7	--	0.2
1995	5.8	--	64.0	--	--	5.9	--	0.1	0.3	35.5	2.0	--	0.6	--	0.2
1996	5.8	--	61.3	--	--	5.7	--	0.1	0.3	35.5	2.1	--	0.5	--	0.2
1997	6.1	--	62.2	--	--	5.7	--	0.2	0.3	41.0	2.1	--	0.6	--	0.2
1998	6.2	--	64.3	--	--	6.2	--	0.1	0.3	40.7	2.3	--	0.5	--	0.2
1999	6.2	--	62.7	--	--	6.8	--	0.2	0.3	41.4	2.2	--	0.5	--	0.2
2000	6.3	--	66.5	--	--	7.3	--	0.2	0.3	41.3	2.4	--	0.5	--	0.2

B:Bélgica; DK:Dinamarca; D:Alemania; EL:Grecia; E:España; F:Francia; IRL:Irlanda; I:Italia
L:Luxemburgo; NL:Holanda; A:Austria; P:Portugal; FIN:Finlandia; S:Suecia; UK:Reino Unido.

Tabla 1.13

La tabla ilustra que su aumento en el período 1970 a 2000 fue del 122 %, resultando empleado en la cadena de transporte combinado en un escaso 6,9 %. Los países nórdicos, Alemania (53 % del total) y Holanda (33 % del total) son los que lideran el uso de las aguas interiores.

Por lo que respecta al transporte por mar, tenemos que hacer una distinción: por una parte, los tráficos domésticos y, por otra, los tráficos internacionales con terceros países.

Transporte marítimo doméstico (1.000 millones t/km)															
	B	DK	D	EL	E	F	IRL	I	L	NL	A	P	FIN	S	UK
1970	0.1	1.8	0.9	2.4	24.5	8.0	0.3	26.2	--	0.0	--	0.8	2.4	6.9	23.0
1980	0.2	1.9	1.4	5.2	31.1	8.6	0.2	31.1	--	0.0	--	1.1	2.2	10.3	54.0
1990	0.2	1.9	0.3	6.6	33.0	6.7	0.2	35.7	--	0.0	--	1.9	2.0	8.3	55.5
1991	0.2	2.3	0.9	6.2	34.8	6.5	0.3	37.1	--	0.0	--	1.0	1.8	7.5	57.5
1992	0.2	2.0	0.9	6.6	32.7	6.3	0.3	34.8	--	0.0	--	1.2	1.7	7.1	54.7
1993	0.1	1.7	0.7	7.0	28.9	6.4	0.3	34.0	--	0.0	--	1.3	1.7	7.4	51.0
1994	0.1	1.7	0.7	6.1	32.5	6.4	0.3	34.7	--	0.0	--	1.4	2.1	7.7	51.9
1995	0.1	2.3	0.8	7.1	38.0	6.2	0.3	35.3	--	0.0	--	1.4	2.6	7.9	52.9
1996	0.1	2.4	0.8	7.3	35.1	6.2	0.3	39.9	--	0.0	--	1.3	2.9	8.0	55.0
1997	0.1	2.3	0.9	7.5	36.5	5.6	0.3	44.5	--	0.0	--	0.9	2.5	7.5	47.9
1998	0.1	1.6	0.8	7.9	32.3	6.7	0.4	45.0	--	0.0	--	1.0	2.4	7.2	57.0

B:Bélgica; DK:Dinamarca; D:Alemania; EL:Grecia; E:España; F:Francia; IRL:Irlanda; I:Italia
L:Luxemburgo; NL:Holanda; A:Austria; P:Portugal; FIN:Finlandia; S:Suecia; UK:Reino Unido.

Tabla 1.14

Así, como se observa en la tabla 1.14, el aumento entre 1970 y 1998 fue significativo: 65,2 millones de toneladas por kilómetro movidas. Los países que más uso realizan de este modo son Reino Unido (con un 35 % del total) e Italia (con un 28 % sobre el total).

Con respecto al tráfico marítimo internacional con destino a la UE (ver tabla 1.15), el aumento en cantidad de carga transportada en ese período fue bastante superior: 539,1 millones de toneladas por kilómetro. Tanto Reino Unido como Italia vuelven a ser los países con mayor uso del modo marítimo (con un 17 % y un 15 % sobre el total, respectivamente).

Transporte marítimo internacional (1.000 millones t/km)															
	B	**DK**	**D**	**EL**	**E**	**F**	**IRL**	**I**	**L**	**NL**	**A**	**P**	**FIN**	**S**	**UK**
1970	21.5	11.6	43.8	9.7	15.0	33.4	10.7	57.3	--	33.9	--	4.9	56.1	5.7	71.4
1980	36.9	12.5	59.6	43.6	40.6	74.5	6.1	97.2	--	67.5	--	17.0	70.3	11.1	96.0
1990	54.2	13.6	62.5	49.9	59.0	79.6	8.7	116.1	--	80.4	--	21.4	81.5	15.5	127.8
1991	54.9	15.6	60.3	50.2	63.1	82.8	8.9	127.3	--	83.3	--	21.1	83.3	16.2	133.4
1992	56.5	16.2	71.5	52.5	64.7	84.1	9.0	123.0	--	84.1	--	23.4	86.3	18.6	136.5
1993	53.0	16.0	72.6	45.2	63.3	82.7	9.6	120.2	--	79.1	--	22.0	86.7	19.0	141.1
1994	56.4	17.6	79.8	49.4	68.7	85.3	10.7	126.7	--	84.1	--	25.2	91.9	21.3	152.8
1995	57.5	18.1	83.8	56.0	76.6	86.1	11.3	132.5	--	89.1	--	27.1	98.6	21.7	158.1
1996	54.7	18.9	84.8	55.3	73.9	85.3	11.4	132.9	--	89.1	--	24.6	101.3	22.2	159.6

B:Bélgica; DK:Dinamarca; D:Alemania; EL:Grecia; E:España; F:Francia; IRL:Irlanda; I:Italia
L:Luxemburgo; NL:Holanda; A:Austria; P:Portugal; FIN:Finlandia; S:Suecia; UK:Reino Unido.

Tabla 1.15

En la UE, el puerto con mayor movimiento de mercancías es el de Rótterdam (Holanda), con un movimiento en 2000 de 320 millones de toneladas (en contenedores, el número se aproximó a los 6,3 millones, frente a los 2 millones de contenedores del Puerto de Algeciras, en España).[7] Sin duda, este puerto es la principal puerta de entrada y salida de mercancías en Europa, extendiendo su *hinterland* más allá de las propias fronteras de los actuales 15 países comunitarios.

Resulta también significativo observar el tráfico que atraviesa la cordillera de los Pirineos, entre España y Francia (ver tabla 1.16).

Tráfico pirenaico					
Ferrocarril (mill t)		Carretera (vehículos)			
Oeste	Este	Oeste	Este	Otros	
1997	2	2,8	5.657	6.729	880
1998	1,9	2,5	6.447	7.413	905
1999	1,6	2,6	6.914	8.018	914
2000	1,8	2,8	7.604	8.429	2.017
2001	1,8	2,4	8.200	8.855	2.128

Tabla 1.16

Podemos comprobar que el tráfico por ferrocarril en la parte oeste de los Pirineos (Hendaye-Irún) sufrió un descenso de 0,2 millones de toneladas en el perío-

---

[7] De hecho, el movimiento en número de contenedores del puerto de Rótterdam es superior al de todos los puertos del Estado español juntos.

do de 24 años que median entre 1997 y 2001. Al otro lado, en la parte este de la cordillera pirenaica (Cerbère-Port Bou), el descenso fue mayor: 0,4 millones de toneladas. Estos datos resultan significativos si los comparamos con el aumento que experimentó el paso por carretera. Por la parte oeste, frente a la disminución del 10 % del uso del ferrocarril, se observó un aumento de un 45 % en el uso de la carretera. Por lo que respecta a la parte este, frente al descenso en un 17 % del uso del ferrocarril, se dio un incremento del 32 % en el de la carretera.

En 2000 cruzaron los Pirineos un total de 17.000 vehículos pesados. El 48,50 % de matrícula española y un 20,80 % de matrícula francesa. El crecimiento de tráfico en diez años fue del 130 %. Los principales intercambios entre la península Ibérica y el resto de Europa son los de cereales, frutas, legumbres, productos alimenticios, prendas de vestir, vehículos y productos químicos.

Por último, cabe puntualizar que la ampliación de la UE hacia los países del Este europeo supone un importante potencial para el desarrollo del transporte. Los principales productos de intercambio comercial son frutas y legumbres, y los países más destacados: Hungría, República Checa y Polonia.

1.5 Seguridad y medioambiente

Por lo que respecta a la seguridad en el transporte en la UE, en la figura 1.3 podemos apreciar la escasa incidencia de accidentes con pérdida de vidas humanas en el transporte por ferrocarril, resultando no significativos los valores para el transporte aéreo y por mar.

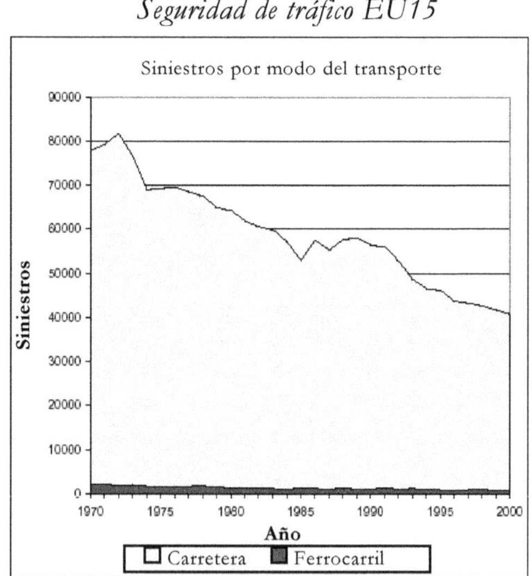

Figura 1.3

Si bien el número de muertes por accidente desciende progresivamente desde 1972, en 2000 fallecieron 40.812 personas en accidentes por carretera, lo que supone una media de más de 110 muertos al día. El país con un mayor índice de siniestrabilidad es Francia, con un total de 8.079 fallecidos por esta causa en 2000.

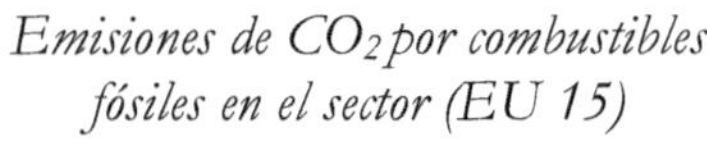

*Emisiones de CO_2 por combustibles
fósiles en el sector (EU 15)*

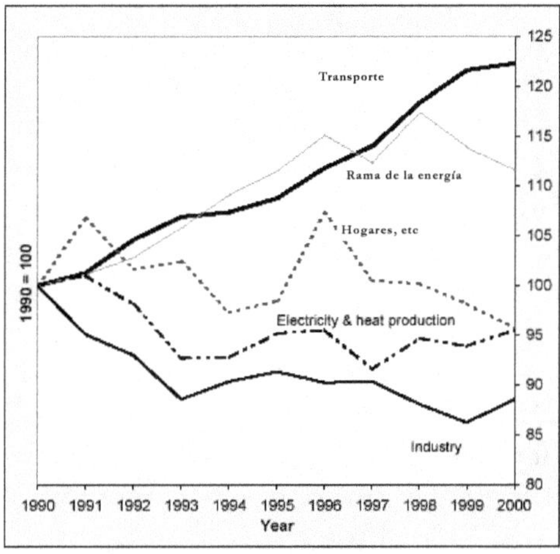

Figura 1.4

Por lo que respecta a la contaminación, en función de las emisiones de CO_2 con origen en combustibles sólidos, puede observarse que el sector del transporte es el que ha ido aumentando imparablemente a lo largo de los años, en contra de otros típicamente contaminantes (como el sector industrial), que han visto progresivamente reducidas sus tasas de emisión de CO_2. Ni que decir tiene que el 95 % de dicha contaminación viene de la mano del transporte por carretera.

Finalmente, la contaminación producida por derrames desde buques queda resumida en la tabla 1.17.

Derrames en el mundo			
Medias/año	*Derrames*		*Cantidades*
	7-700 t	> 700 t	t
1970-1979	53	24	318.000
1980-1989	35	9	119.000
1990-1995	19	5	92.000
1996	20	3	79.000
1997	27	10	67.000
1999	22	4	10.000
2000	19	5	29.000
1998	18	3	12.000

Tabla 1.17

El progresivo descenso en la cantidad de toneladas de petróleo vertido al mar resulta evidente, no superando en 2000 dicho origen de contaminación el 10 % del total de contaminantes vertidos.

2. Transporte en Europa

Todos los males contemporáneos del sector del transporte en Europa se podrían resumir sobre la base de tres pilares. Primero, la potenciación de las cadenas de transporte intermodal de mercancías es una realidad de las líneas de actuación de la UE. El funcionamiento de estas cadenas se encuentra frenado por las deficiencias y problemas que aporta particularmente cada modo de transporte.

En segundo lugar, el marco reglamentario en materia de acceso al mercado es una realidad para todos y cada uno de los modos. Por este motivo no pueden achacarse dichas deficiencias a una falta de regulación, por lo menos desde un punto de vista teórico.

Y, en tercer lugar, debe destacarse que los obstáculos reales se fundamentan en trabas comerciales y operativas, puntos negros, objetivos a superar para mejorar los diferentes problemas que afectan al transporte.

Como consecuencia de una política de transportes desequilibrada, el transporte por carretera se ha convertido en el auténtico caballo a batir. Este modo de transporte, liberalizado en la UE desde 1998, se encuentra fuertemente impulsado gracias a sus características de rapidez y flexibilidad. Estas mismas peculiaridades son las que han dado pie a los actuales problemas de competitividad y viabilidad frente a cualquier otro servicio intermodal. A este hecho debemos añadir que este modo de transporte no paga la totalidad de los costes que origina en la sociedad, resultando en una nueva ventaja frente al resto de modos.

En el otro extremo de la balanza tenemos el transporte por ferrocarril, perjudicado por los beneficios de la carretera. En los últimos 10 años el precio de este tipo de transporte ha aumentado, disminuyendo tanto sus infraestructuras como la calidad total ofrecida.

Si bien la lista de problemas puede resultar algo extensa, de momento podemos resumir en dos los principales problemas a tratar: la congestión que genera el transporte por carretera y su alto grado de contaminación. El uso de otros modos de transporte, preferiblemente de forma combinada, es la solución a gran parte de los males. Quede claro que, puesto que el transporte aéreo resulta más contaminante que la propia carretera y, además, su congestión es una realidad tan palpable como la del transporte rodado, no se contempla a medio plazo su potenciación.

2.1 Dificultades localizadas

Si bien muchas dificultades son consecuencia de otras, en su conjunto pueden resumirse las siguientes:
- Falta de una política y estrategia global que relacione transporte y desarrollo sostenible.
- Crecimiento desigual de los distintos modos de transporte.
- Congestión en algunos ejes viales y ferroviarios, dentro de las ciudades y los aeropuertos.
- Existencia de puntos de estrangulamiento.
- Efectos nocivos para el medio ambiente.
- Inseguridad en las carreteras.
- Olvido del usuario en la política de transportes.
- Descontrol en los efectos de la mundialización del transporte.

2.2 Medidas propuestas

Si bien el desarrollo pormenorizado de las acciones a llevar a cabo, según el Libro Blanco, se encuentra recogido en su «Anexo I: Programa de Acción», un resumen de dichas propuestas pasaría indefectiblemente por:

Revitalizar el ferrocarril
Es necesaria una apertura de mercados en los ámbitos nacional e internacional, seguida de una armonización en su interoperabilidad y su seguridad. Resulta fundamental ganar credibilidad frente a sus operadores (regularidad y puntualidad), así como crear líneas ferroviarias exclusivas para el transporte de mercancías (ampliación de infraestructuras).

Reforzar la calidad del transporte por carretera
Desde un punto de vista económico, el sector resulta muy frágil. Es urgente realizar una armonización contractual y tarifaria, así como reforzar los procedimientos de control frente a la competencia desleal dentro del propio sector. También resulta fundamental el control del transportista frente a la ruptura de las normas sociales y de seguridad establecidas.

Fomentar el transporte marítimo y fluvial
Dicha propuesta surge como respuesta a la congestión de las infraestructuras viales y ferroviarias. Es necesario consolidar un mapa de puertos comprometidos con la red transeuropea de transporte. El refuerzo en la normativa sobre seguridad marítima y el impulso al pabellón europeo son tareas necesarias.

Por otra parte es necesaria la creación de conexiones fluviales e instalación de equipos de trasbordo multimodales, sobre la base de una armonización en técnicas, certificados y condiciones sociales de las tripulaciones.

Reconciliar el crecimiento del transporte aéreo con el medio ambiente

Basado en el compromiso de «cielo único», evitando así retrasos en los vuelos (gestión tráfico-calidad) y el gasto de combustible (contaminación y ruido).

Materializar la intermodalidad

La intermodalidad orientada a ser una alternativa a la carretera. Resulta fundamental la toma de medidas para la integración de los modos de transporte, la armonización técnica e interoperabilidad, basada en el contenedor.

Realizar la red transeuropea de transportes

Sobre la base de poner en práctica los proyectos ya decididos. Es necesario crear garantías en la financiación (pública-privada), llegando incluso a la modificación de las normas financieras actuales.

Reforzar la seguridad vial

Es un objetivo fundamental garantizar la seguridad vial en las ciudades en base al intercambio de buenas prácticas y la reglamentación de iniciativas, como la armonización de señales, controles de velocidad, alcoholemia, uso del cinturón, etc.

Decidir una política de tarificación eficaz de los transportes

Dicha decisión debe tomarse como incentivo político-sostenible para el uso de modos de transporte menos contaminantes. Es primordial la armonización de la fiscalidad de los combustibles y tasas por el uso de infraestructuras, así como el reflejo de otros costes externos.

Reconocer los derechos y las obligaciones de los usuarios

Dicha medida está fundamentada en el acceso del ciudadano a servicios de calidad, con prestaciones integradas y precios asequibles, sobre todo en el modo aéreo. Como contraprestación a dichos servicios se debe realizar un ajuste tarifario adecuado.

Desarrollar transportes urbanos de calidad

Este desarrollo ha de fundamentarse en el uso adecuado del transporte público (modernización), así como de las infraestructuras existentes. Es importante implantar una cultura del uso racional del vehículo particular, con su consiguiente reducción de emisiones contaminantes.

Poner la tecnología al servicio de transportes limpios y eficaces[8]

Esta medida integradora redundaría en un transporte marítimo y por carretera más limpios y seguros. Dicha integración se basaría en sistemas inteligentes de información y de control de la red transeuropea, así como en la introducción de sistemas

---

[8] Si bien la investigación y el desarrollo tecnológico se considera tema horizontal para todo el *Libro Blanco*, se hace una mención específica por lo que respecta a las medidas referidas al medioambiente y la seguridad.

activos de seguridad en los vehículos en las ciudades. Colateralmente, se requeriría una armonización en los medios de pago por infraestructuras.

Gestionar los efectos de la mundialización
Sobre la base de una concordancia de las políticas de los diferentes países bajo una única política común.

Desarrollar los objetivos medioambientales a medio y largo plazo para un sistema de transporte sostenible
Mediante la creación de medidas e instrumentos políticos, además de un seguimiento y control de objetivos.

Todas estas medidas, comentadas de forma sucinta, se basan en la resolución de cuatro ejes básicos, resumidos en: financiación, determinación política, nuevo enfoque en el transporte urbano y hacia el usuario final.

2.3 Transporte por carretera

El crecimiento en los modos de transporte aéreo y por carretera parece imparable. Unido a este crecimiento se produce un desequilibrio que sólo puede encontrar freno en una competencia regulada y en un uso armonioso del resto de modos de transporte (principalmente el ferrocarril), esto es, en una intermodalidad real.

El aumento del uso del automóvil (actual símbolo de la libertad individual), como medio de transporte privado, y el creciente transporte internacional de mercancías por camión (trayectos de corta, media y larga distancia) llevan a la saturación de las regiones urbanas y de los grandes ejes del tráfico rodado. Estos atascos provocan una emisión superior de contaminantes y un mayor consumo de energía.

A todo esto debe añadirse la problemática concerniente a la entrada de nuevos países en la UE, regiones con unos costes de explotación más baratos.

La gran competencia del sector hace que las empresas dedicadas eludan las normativas de seguridad: tiempos de conducción (condiciones de trabajo), autorizaciones (administración) y seguridad vial (social). Esta elusión, además, encuentra terreno abonado en la falta de una normativa común para el sector dentro de la Unión. Esta carencia también es extensible a los controles y las sanciones.

Puesto que la carretera es el modo dominante, sus estrictas y bajas tarifas condicionan al resto de modos de transporte. Su explotación no compensa sus costes sociales reales: uso de infraestructuras y contaminación medioambiental. Por otro lado, el sector está formado por un gran número de pequeñas empresas (un gran número de trabajadores). El Estado vela por ellos, arreglando acelerada y desajustadamente sus desarreglos (como la subida del gasóleo). Resumiendo, el precio del transporte por carretera no refleja sus costes reales, por lo que resulta necesario un plan de reestructuración del sector.

2.4 Terminales intermodales

La liberalización por lo que respecta al establecimiento y la libertad en la prestación de servicios de terminales de carga es absoluta. Aún así, la gran mayoría de operadores funcionan a pequeña escala, regional o local. La realidad es que las grandes terminales intermodales, equipadas con nuevas tecnologías de transbordo rápido de mercancías, no han ofrecido el resultado esperado.

Por otro lado, las terminales de tamaño pequeño sí que han tenido un rendimiento mayor, circunscribiendo su radio de acción a límites geográficamente locales. Parece, pues, que el problema queda pendiente y que la solución en buena parte debe venir de la mano de la tecnología, aplicada a las unidades de carga, descarga, transbordo y manipulación, etc.

Tampoco podemos dejar de mencionar como problema acuciante que, si bien en la actualidad son muchos los sistemas electrónicos de comunicación e información disponibles, su pequeño alcance, la complejidad en los mensajes, así como el engorro que supone la traducción de los mismos en función del remitente implicado, dificulta el necesario intercambio de datos entre las terminales.

2.5 Transporte por ferrocarril

Desde el 1 de julio de 1993, los servicios internacionales de transporte combinado por ferrocarril tienen derecho de acceso a las redes del resto de Estados miembros. No obstante, en la práctica, la realidad es que el solape entre servicios nacionales e infraestructuras sigue siendo patente, de manera que la interoperabilidad entre las diversas redes está aún lejana (puntualmente problemas de equipamiento, infraestructura, equipos, normas,...).

En conclusión, la posición operadora dominante sigue siendo la de los antiguos operadores nacionales, creándose grandes diferencias entre los distintos regímenes de gravámenes por uso de las infraestructuras. La falta de estrategia de mercado por parte de las empresas explotadoras hace disminuir el nivel de calidad del medio, redundando, por ejemplo, en términos de escasa flexibilidad y puntualidad en los servicios.

2.6 Vías navegables interiores

El libre acceso al mercado del transporte por vías navegables interiores existe desde el 2000. El sector, según los datos aportados por el Eurostat se encuentra en claro crecimiento, comenzándose a crear centros de distribución radial que sirven de conexión con otros modos de transporte. Aún así existen importantes trabas, como la reglamentación técnica de los buques destinados a navegar por dichas vías o la homogenización de las titulaciones necesarias para gobernar estos buques.

Una vez más, las limitaciones tecnológicas referidas a los medios de manipulación de las mercancías (unidades de carga incluidas) y a las propias infraestructuras, limitan la integración del modo, restando el dinamismo necesario para ser incorporado a las cadenas de transporte intermodales.

2.7 Desarrollo sostenible

Se podría definir el desarrollo sostenible como la forma responsable de gestión del presente sin comprometer el futuro. La trascendencia política del término «desarrollo sostenible» se deriva de la Declaración de Río, que fue adoptada por los gobiernos participantes en la Cumbre de las Naciones Unidas para el Medio Ambiente y el Desarrollo, celebrada en la ciudad de Río de Janeiro (Brasil), en junio de 1992. De los 27 artículos que componen dicha declaración, el primero establece:

«Los seres humanos constituyen el centro de las preocupaciones relacionadas con el desarrollo sostenible. Tienen derecho a una vida saludable y productiva en armonía con la naturaleza».

La Declaración de Río constituye un documento que contempla, por primera vez y con rango internacional, una política ambiental integrada y de desarrollo, teniendo presente no sólo a los habitantes actuales del planeta sino también a las futuras generaciones.

Por lo que respecta a la UE, ésta ha dado pasos decididos hacia un desarrollo sostenible de la propia Unión y de sus Estados miembros, introduciéndolo en el Tratado de Maastrich[9] como objetivo inspirador de las políticas económicas y sociales.

Así, en el art. 2 leemos,

«La Unión tendrá los siguientes objetivos:

Promover el progreso económico y social, un alto nivel de empleo, y conseguir un desarrollo equilibrado y sostenible, principalmente mediante la creación de un espacio sin fronteras interiores, el fortalecimiento de la cohesión económica y social y el establecimiento de una unión económica y monetaria que implicará, en su momento, una moneda única, conforme a las disposiciones del presente Tratado, [...]».

Finalmente, el Consejo Europeo de Gotemburgo, en junio de 2001, aprobó la Estrategia de Desarrollo Sostenible de la Unión Europea[10] (COM(2001)264 final),

---

[9] Pueden consultarse en formato electrónico las versiones consolidadas tanto del Tratado de la Unión Europea (conocido también como Tratado de Maastrich), como el Tratado constitutivo de la Comunidad Europea en los enlaces: europa.eu.int/eur-lex/es/treaties/dat/EU_consol.pdf y europa.eu.int/eur-lex/es/treaties/dat/EC_consol.pdf.

[10] El documento «Desarrollo sostenible en Europa para un mundo mejor: Estrategia de la Unión Europea para un desarrollo sostenible», puede encontrarse en formato electrónico en: europa.eu.int/eur-lex/es/com/cnc/2001/com2001_0264es01.pdf.

documento que analiza las principales amenazas contra el desarrollo sostenible proponiendo una serie de medidas priorizadas según los diferentes objetivos y metas a cubrir.

Por lo que respecta al desarrollo sostenible aplicado al sector del transporte, se debe hacer referencia al conjunto de puntos propuestos desde el sitio en internet de la Estrategia Española de Desarrollo Sostenible,[11] proyecto articulado bajo la dirección de la Comisión Interministerial de Coordinación de la EDS (Ciceds).

Por un lado, la mala salud que el transporte de mercancías tiene actualmente puede controlarse mediante una serie de puntos que, a modo de termómetro social, pueden utilizarse para controlar la fortaleza del sector. Entre otros muchos posibles, destacamos:

- Emisiones de CO_2 en transportes.
- Concentración de contaminantes en zonas urbanas, periurbanas y rurales.
- Cambios en los usos del suelo.
- Movilidad y flujos de transporte, por modos y ámbitos territoriales.
- Consumo de energía/PIB, por sectores.

Sobre la base de las deficiencias localizadas, los principales objetivos a cubrir se resumen en la mejora de la participación de los transportes más respetuosos con el entorno en el reparto modal de mercancías, así como la introducción y la difusión de tecnologías limpias.

Las principales medidas a poner en marcha para cubrir dichos objetivos se resumen en:

- Paliar las consecuencias de la fragmentación del territorio y del patrimonio natural por infraestructuras de transporte.
- Potenciar en el Plan Nacional de I+D+i las acciones estratégicas orientadas hacia el transporte y la movilidad sostenible.
- Incentivar programas piloto de desarrollo de tecnologías, sistemas de transporte y vehículos que contribuyan a una movilidad sostenible.
- Promover la equidad de acceso a las infraestructuras en todos los ámbitos territoriales.
- Impulsar una creciente integración de la planificación territorial y urbana con la de los transportes.
- Impulsar las actuaciones integradas que favorezcan una reducción de las necesidades de movilidad, en todos los modos de transporte.
- Promoción de los modos de transporte de menor impacto ambiental.
- Fomentar políticas incentivadoras del uso de transporte de menor consumo de energía y menos contaminante.
- Promover modelos económicos y sociales con menor dependencia de la movilidad y de los transportes de mercancías.

Su respectivo documento de consulta puede encontrarse en: europa.eu.int/comm/environment/eussd /consultation_paper_es.pdf, y un resumen general del texto en: europa.eu.int/comm/environment /eussd/consultation_paper_xsum_es.pdf.

[11] Ver www.esp-sostenible.net.

– Incentivar e impulsar modelos y medidas de transporte menos contaminantes y que reflejen los costes ambientales reales.

2.8 El futuro del transporte marítimo

Siempre es arriesgado hablar de futuro, máxime dentro de un sector con unos ritmos de evolución tan lentos. De todas maneras, parece claro que la tendencia a aumentar el grado de especialización es una realidad. Así, cada vez se encuentran buques más específicos en función de la carga a transportar y los tráficos en los que se han introducido *(feeders* u oceánicos, por ejemplo). También las unidades de carga sufrirán una modificación y especialización en detrimento de la carga general, tipo de transporte con visos de desaparecer, por lo menos en el mundo occidental. Por último, dentro de la especialización a la que hacemos referencia, la construcción de grandes oleoductos eliminará, en parte, la construcción de buques petroleros.

Esta especialización cuenta con el soporte de la tecnología actual. Puntualmente, la entrada de nuevas tecnologías en el sector se traduce en: mejores sistemas de comunicaciones a bordo (comunicación siempre fiable con tierra, sistemas civiles de navegación satelitarios, etc.) y un diseño optimizado según las necesidades del momento, tanto para los buques como para los puertos y sus infraestructuras.

Económicamente, la previsión futura es la de aumentar las fusiones entre las empresas navieras dedicadas al transporte oceánico, conviviendo con pequeñas empresas de alcance doméstico, acotadas localmente y especializadas en tráficos muy concretos.

Sin duda alguna, una de las previsiones más seguras, tal y como posteriormente analizaremos, es el continuo incremento de la navegación de corta distancia, recortando parte del mercado actualmente copado por el transporte por carretera. Como ya señalábamos, dicho aumento se producirá sobre la base de una mayor especialización y de la tecnología aplicada.

3. Navegación de corta distancia

3.1 Introducción

La definición de lo que se entiende por «navegación de corta distancia» *(Short Sea Shipping)*[12] no es trivial. Muchos autores han pretendido resumir este concepto bajo la etiqueta de cabotaje europeo. Tanto los orígenes como las perspectivas de futuro en el marco de la política común europea, hacen de la navegación de corta distancia una modalidad de transporte peculiar, con una definición no menos peculiar.

---

[12] También conocido como «transporte marítimo de corta distancia».

Esta modalidad, ya sea en su variante de tráfico de línea regular o no, hace referencia al movimiento de carga y de pasaje entre puertos (no necesariamente dos) situados geográficamente en Europa o en sus costas cercanas, en las proximidades de sus aguas, circunscribiendo tanto al comercio doméstico como al internacional, incluyendo servicios de distribución a lo largo de la costa o a las islas, los ríos y los lagos. Este concepto se extiende también a Islandia, a Noruega o a los países de los mares Báltico, Negro y Mediterráneo.

Esta modalidad de transporte se encuentra liberalizada desde los años ochenta (la única excepción en cuanto a la liberalización la encontramos en algunos servicios insulares entre islas griegas; dicha exención expiraba en 2004). Sin duda alguna, este tipo de transporte es el que presenta un mayor potencial de crecimiento, sobre todo en lo que hace referencia al transporte doméstico, hoy por hoy acaparado en un 50 % por el transporte por carretera.

Si bien posteriormente se profundizará en los factores que afectan a su potencial de crecimiento, las diferentes trabas que pueda encontrar deben ser solucionadas con carácter prioritario. Éstas podrían englobarse en los siguientes grupos:

La modalidad no es suficientemente conocida por todos los usuarios del transporte. Es necesaria una mayor promoción, haciendo hincapié en sus ventajas frente a otros sistemas de transporte.

Al igual que sucede con otras modalidades, la interoperabilidad entre modos de transporte (cadena intermodal) se encuentra atascada por falta de uniformidad en las unidades de carga, deficiencias en la gestión logística (las empresas no ofrecen una gestión integral del servicio) y un alto precio en el transporte puerta a puerta.

Por otro lado, la complejidad de los procedimientos documentales y administrativos no incrementa su competitividad respecto al transporte por carretera.

Por último, los puertos no están funcionando de manera óptima con respecto a esta modalidad. Sin duda, son muchos los puertos que siguen concentrando sus servicios en las necesidades y exigencias propias del transporte transoceánico, no adaptándose a esta nueva modalidad. Este hecho redunda en un peor servicio a los usuarios del transporte marítimo de corta distancia.

Tal y como se desprende del apartado sobre política europea en el transporte, la necesidad de contar con modos más seguros y sostenibles es una realidad. Las carreteras están cada vez más saturadas, siendo la navegación de corta distancia una de las mejores soluciones. En el caso concreto de la península Ibérica, los Pirineos crean un cuello de botella natural que afecta a la relación entre la Península y el resto de Europa, con la consecuencia de que con su creciente expansión comercial hacia el centro y el este de Europa, el transporte por carretera se encuentra cada vez más saturado en su paso a Francia.

Como se desprende del Libro Blanco, es necesario romper con el paralelismo entre el crecimiento económico y la demanda de transporte, y esto debe llevarse a cabo mediante la diversificación en el uso de los modos de transporte, eliminando los cuellos de botella y las congestiones, e intentando que la base del transporte se fundamente en los principios de calidad y seguridad.

3.2 Desarrollo

El desarrollo la navegación de corta distancia en toda Europa deberá resolver una serie de puntos de capital importancia.

Sistemas de información y gestión del tráfico

Si bien el transporte de corta distancia supone un descenso en los niveles de contaminación (por un lado con la descongestión de puntos negros y, por otro, restando cuota de mercado al sector de la carretera que emplea el tipo de vehículo más contaminante), también es cierto que el aumento en el tráfico supone potencialmente un mayor peligro de accidentes, con sus correspondientes contaminaciones. Es por ello que se deben potenciar todos los sistemas referentes a la información y gestión del tráfico de buques (sistemas VTMIS, *Vessel Traffic Management and Information System),* sobre todo en las zonas donde la densidad de circulación es mayor.

Cadena de transporte

El buen funcionamiento del sistema pasa por la complementariedad entre el transporte marítimo y el terrestre. La máxima compatibilidad debe buscarse, por tanto, en las infraestructuras, los medios auxiliares, los servicios, así como en la información del transporte marítimo y terrestre, y en los sistemas de contratación.

Operaciones portuarias

Uno de los principales problemas en la competencia con los modos terrestres es el coste y el tiempo de tránsito del transbordo en el puerto. Cambiar de manera efectiva de modo de transporte es una pieza clave para hacer de las autopistas del mar una unión eficiente en una cadena de transporte integrada. Para ello, los puertos deben asimilar los nuevos conceptos que aporta la navegación de corta distancia, intentando huir de analogías directas con el transporte marítimo tradicional. Dentro de las operaciones portuarias insertamos el desarrollo de unas operaciones aduaneras más ágiles, basadas en declaraciones electrónicas y mejores sistemas de intercambio de datos que redunden en una aceleración y mejora del tránsito de las mercancías.

Manipulación de la mercancía

Las cadenas de transporte integradas, con unidades de carga intermodal, incrementarán la eficiencia del transporte combinado para promover la completa utilización de una vía marítima eficiente. La tendencia a la unitización es firme hoy día. Una vez creados los diferentes corredores de distribución, la importancia del desarrollo de los actuales servicios orientados al transporte marítimo será mayor. La evolución tendrá que desembocar hacia una oferta basada en el coste logístico total más bajo en vez del flete más bajo.

Sistemas de información

El transporte intermodal es por naturaleza más complicado de organizar que el basado en un único modo de transporte. Por otro lado, gran parte del transporte intermodal se realiza sin control espacial alguno. Estos factores plantean altas demandas en sistemas de información, como los de localización *(tracking)*, ubicación *(tracing)* y la vigilancia de los flujos del transporte. Debido a dificultades en la interoperatibilidad técnica y organizativa, el transporte no alcanza a cumplir con los requerimientos de la gestión de la cadena de suministro. A través de los sistemas telemáticos se pueden crear nuevas soluciones, más ágiles y eficientes.

Tecnología y construcción naval

Los nuevos desarrollos en la tecnología del buque ofrecen la posibilidad de disminuir los costes operativos del transporte. Por ejemplo, la introducción de los *ferries* de alta velocidad en rutas de corta distancia dentro de Europa, con tiempos de estancia más cortos en puerto, está abriendo la competencia a los servicios con camiones en estas rutas. Tales desarrollos son en si mismos producto de numerosos cambios en la tecnología de materiales, combustibles y motores.

Hinterland

La principal tendencia en logística, de forma global, es la demanda de fiabilidad y puntualidad. Esto enfatiza la necesidad de un tráfico programado y regular también durante el invierno. Esto también significa que, especialmente en los países del norte de Europa, debe asegurarse un nivel suficiente de servicio en las conexiones terrestres, así como una navegación puntual en invierno y con rompehielos.

3.3 Acciones en marcha

Frente a las carencias conocidas, la Comisión ya ha puesto en marcha una serie de medidas que, conjuntamente con las que en breve se activarán, hacen augurar al transporte marítimo de corta distancia un futuro próspero.

IMO-FAL[13] (*Facilitation of International Maritime Traffic*)

Adopción de la Directiva[14] de estandarización sobre el reporte de formalidades de los buques a su llegada/salida de cualquier puerto perteneciente a la Unión.

Marco Polo

Propuesta de un nuevo programa de soporte al programa Marco Polo.[15-16] El pro-

---

[13] Para más información ver el cap. 3.

[14] Directiva 2002/6/EC del Parlamento Europeo de 18 de febrero de 2002 sobre el reporte de formalidades a la llegada y salida de puertos pertenecientes a los Estados miembros de la Comunidad; OJ L 67, 9.3.2002, p. 31.

grama PACT[17] *(Pilot Actions for Combined Transport,* Acciones Piloto para el Transporte Combinado) finalizó en 2001 con gran éxito. Sin embargo, el programa PACT estaba orientado a las operaciones relativas al transporte combinado. La voluntad de la Comisión es seguir financiando este tipo de programas, sin perder de vista que el proyecto no tiene como objetivo reemplazar las iniciativas de la industria privada.

ILU *(Intermodal Loading Units)*

Propuesta para la creación de una Directiva[18-19] sobre unidades de carga intermodal. La actual diversidad en este tipo de unidades crea costes y retrasos en las operaciones de manipulación, además de no permitir el óptimo aprovechamiento de los espacios interiores ni exteriores, que podrían ser evitados mediante la armonización de ciertas características constructivas.

Autopistas del mar

De nuevo, de acuerdo con el Libro Blanco, la introducción de las autopistas del mar como instrumento de descarga y alivio de las actuales congestiones y cuellos de botella.

Acceso a servicios portuarios

Propuesta de una Directiva[20] con el objetivo de establecer un marco jurídico comunitario, el cual garantice el libre acceso al mercado de los servicios portuarios y permita a los Estados miembros completar dicho marco con normas específicas.

Guía de procedimientos aduaneros

Es intención de la comisión publicar una Guía sobre procedimientos aduaneros aplicados específicamente a la navegación de corta distancia.

NCTS[21] *(New Computerised Transit System)*

El sistema pretende reemplazar la documentación en papel por Procesos Comunes de Tránsito en formato de intercambio electrónico. El NCTS se implanta bajo la estructura del Proyecto de Tránsito Computerizado (PTC) de la Unión Europea,

---

[15] Propuesta para la Regulación del Parlamento Europeo y el Consejo sobre la concesión de ayuda financiera por parte de la Comunidad para la mejora del impacto ambiental del sistema de transporte de mercancías; COM(2002) 54 final, 4-2-2002.

[16] Para más información ver el sitio europa.eu.int/comm/transport/themes/land/english/lt_28_en.html.

[17] Para más información ver el sitio europa.eu.int/comm/transport/themes/land/english/pact.

[18] Dicha propuesta está contenida en el documento de la Comisión COM(2003) 155 final, 2003/0056 (COD).

[19] El documento completo puede descargarse desde la dirección europa.eu.int/comm/transport/themes/land/library/com_2003_155_es.pdf.

[20] Propuesta para la Directiva del Parlamento Europeo y el Consejo sobre acceso al mercado de los servicios portuarios, COM(2001) 35 final, 13-2-2001, enmendado por COM(2002) 101 final, 19-2-2002.

[21] Para más información consultar: europa.eu.int/comm/taxation_customs/customs/transit/index _en.htm.

EFTA[22] y los países firmantes de la Convención sobre Procedimientos de Tránsito Común. El proyecto incluye únicamente el transporte por carretera.

RALFH

Merecen destacarse los programas 2002[23] y 2007[24-25] sobre aduanas y, específicamente, el proyecto Ralfh puesto en marcha bajo el programa 2002.[26] El proyecto Ralfh implica a los puertos de Rótterdam, Amberes, Le Havre, Felixstowe y Hamburgo. La principal idea a cubrir por el proyecto es la mejora de la cooperación aduanera entre los mencionados puertos.

3.4 Acciones futuras

Medioambiente

Sin duda, el transporte por vía marítima tiene una relación energía/eficiencia por tonelada mucho mayor que cualquier otro modo de transporte. Sin embargo, la contaminación por dióxidos sulfurosos, con respecto a otros modos de transporte, es mayor. La Comisión trabaja continuamente en una estrategia que haga realidad la disminución de la emisión de SO_X.

Dicha estrategia, a efectos prácticos, cuenta con dos herramientas de importante trascendencia. Por una parte el nuevo Anexo VI del Marpol 73/78[27] y, por otra, la Directiva sobre el contenido de sulfuro en los fueles marinos.[28]

Mejora de la eficacia

Ésta se basa en la identificación y la eliminación de los obstáculos que actualmente no permiten desarrollar la navegación de corta distancia con todo su potencial: limpiar su denostada imagen; integrarse con la cadena de transporte intermodal; reducir la complejidad administrativa; mejorar la eficiencia de los puertos y la homogeneización entre normativas y procedimientos de distintos países.

---

[22] Son países pertenecientes a la EFTA: Islandia, Liechtenstein, Noruega y Suiza. Para más información consultar el sitio www.efta.int.

[23] El texto en formato electrónico de dicho programa puede encontrarse en la dirección: europa.eu.int /comm/taxation_customs/publications/working_doc/customs/sec20011329/sec200113291_en.pdf.

[24] Cabe destacar la Decisión 253/2003/EC del Consejo y Parlamento Europeo, de 11-2-2003, adoptando el programa de acciones sobre aduanas en la Comunidad (Customs 2007), OJ L 36, 12-2-2003, p. 1.

[25] Para más información sobre el programa 2002 consultar el sitio: europa.eu.int/comm/taxation _customs/customs/customs_2007_en.htm.

[26] Para más información consultar el sitio europa.eu.int/comm/taxation_customs/customs/information _notes/c2002/c2002.htm.

[27] El acrónimo hace referencia al Convenio internacional para prevenirla contaminación por los buques. La creación de dicho Convenio por parte de la Organización Marítima Internacional se remonta a 1973, si bien las ulteriores e importantes modificaciones realizadas en 1978 justifican el nombre por el que comúnmente se le conoce: Marpol 73/78.

[28] Ver 1999/32/EC, COM(2002) 595 final, 20.11.2002.

Desarrollo tecnológico

Es voluntad de la Comisión que el avance en las acciones tomadas con respecto a la navegación de corta distancia, por lo que respecta a la mejora de la calidad, la seguridad del buque, de su mercancía, y de su tripulación y pasaje, se desarrollen paralelamente con las últimas innovaciones tecnológicas. Dicha voluntad queda reflejada en acciones como la red Nets, el VI Programa Marco sobre investigación y desarrollo tecnológico, así como la difusión de todos los resultados de manera clara, comprensible y aplicable.

Ventanilla única

El objetivo de las futuras acciones es simplificar y acelerar las formalidades relativas a la llegada, estancia y partida de los buques en puerto. Todo esto se debe traducir en un único punto de contacto, donde se reúnan las numerosas formalidades administrativas y se proporcione al cliente la ayuda necesaria.

Centros de actividad

Todos los Estados miembros, además de Noruega e Islandia, han apostado por centros de actividad específicos de navegación de corta distancia. Estos centros tienen como finalidad detectar las necesidades y proponer ideas y soluciones que fomenten esta modalidad.

Las medidas básicas para asegurar la potenciación de los centros pasan por la creación de una herramienta basada en internet que asegure la cooperación entre los diferentes centros de actividad, Circa *(Communication and Information Resource Centre Adminstrator)*, además de garantizar la adhesión y el acceso de los países a los centros de actividad mediante la calibración de la justa importancia que la navegación de corta distancia tiene como sistema de transporte presente y futuro.

Centros de Promoción

Además de Noruega y Polonia, casi todos los Estados de la UE tienen su propio Centro de Promoción,[29] creados para la promoción de la navegación de corta distancia en el ámbito nacional. Estos centros son independientes de cualquier interés que vaya más allá de la propia promoción de la modalidad de transporte, resultando una herramienta común para todos los Estados. Mediante estos centros se potencia: su funcionamiento, centrando sus objetivos en mejoras más concretas; aumentar el soporte político, práctico y financiero a los centros; extender la actual cobertura a países más allá de las actuales fronteras de la Unión; y compartir el uso de herramientas como la ya comentada Circa.

---

[29] Las direcciones de las páginas web de los diferentes centros que se encargan de la promoción de la navegación de corta distancia en Europa, son: España: www.shortsea-es.org; Alemania: www.shortseashipping.de; Francia: www.shortsea.fr; Italia: www.shortsea.it; Dinamarca: www.shortsea.dk; Flandes: www.shortsea.be; Grecia: www.shortsea.gr; Irlanda: www.shortsea.ie; Noruega: www.maritimt-forum.no; Portugal: www.geocities.com/shortseapt; Suecia: www.maritimeforum.se; Holanda: www.shortsea.nl; Polonia: www.shortsea.pl; Finlandia: www.shortsea.fi; y como página global para toda Europa: www.shortsea.info.

Limpieza de imagen

Aunque pueda parecer una modalidad de transporte desfasada, el transporte marítimo de corta distancia aporta todo aquello que es deseable en un modo de transporte: dinamismo en la cadena puerta-a-puerta, velocidad, fiabilidad, flexibilidad, regularidad, frecuencia y seguridad para la carga. Las medidas propuestas pasan por la difusión de la información sobre la modalidad a través de conferencias, seminarios y grupos de trabajo, implicando a los centros de actividad, así como a los centros de promoción, con el fin de atraer a más usuarios. También se promueve mediante internet que el usuario acceda a información actualizada y neutral sobre la navegación de corta distancia y su política de desarrollo.

Estadísticas

Los datos concretos por lo que se refiere a la navegación de corta distancia no son todo lo específicos que deberían. Hasta ahora la Espo[30] *(European Sea Ports Organisation)* además de algunos puertos, se han encargado de proporcionar información a la Comisión. Esta situación mejora continuamente gracias al gran número de directivas y decisiones encargadas de regular dicha información.[31] Es voluntad de la Comisión seguir incentivando esta recolección de información.

4. Calidad y transporte

4.1¿Qué es calidad?

Podríamos resumir el complejo concepto de calidad como «hacer lo correcto de la manera correcta». Tan amplia definición, aplicada al transporte, nos ofrece un esténso abanico de posibilidades donde aplicar los conceptos de calidad: en los medios, en los modos, en la protección del medioambiente, en las personas, etc.

Hoy por hoy, la calidad se ha fijado como uno de los valores añadidos a tener en cuenta y, dentro del amplio sector del transporte, muy especialmente, en los puertos. Éstos, vistos desde su perspectiva más moderna, la de una empresa que proporciona servicios, deben estar a la altura de los requerimientos que sus usuarios demandan. Usuarios (la Comunidad Portuaria) que aplican, a su vez, sus particulares planes de calidad. Es por ello habitual encontrarse en todos los puertos de cierta importancia con departamentos específicos de calidad, encargados de cubrir los objetivos propuestos.

Las ventajas de implantar un sistema de calidad se reflejan en la relación entre la organización y los clientes potenciales, especialmente cuando realizan negocios por

---

[30] Para más información ver: www.espo.be.

[31] Directiva 95/64/EC de 8 de diciembre de 1995 sobre retorno de estadísticas con respecto al tráfico de mercancías y pasaje por mar, OJ L 320, 30.12.1995, p. 25, además de las Decisiones sobre implantación, 98/385/EC de 13 de mayo de 1998, OJ L 174, 18.6.1998, p. 1, 2000/363/EC de 28 de abril de 2000, OJ L 132, 5.6.2000, p.1 y 2001/423/EC de 22 de mayo de 2001, OJ L 151, 7.6.2001, p. 41.

primera vez, o bien cuando se encuentran alejados geográficamente. Además, otras ventajas añadidas son:

- El aumento de la competitividad.
- La mejora de la imagen corporativa en el ámbito nacional e internacional.
- La mejor coordinación y mejora de los trabajos en equipo (por resultar en muchas ocasiones duplicados los objetivos a cubrir).
- La disminución y eliminación de auditorías por parte de los clientes.
- Reparto de responsabilidades personales.
- La pronta detección de errores y su corrección inmediata.

4.2 Norma UNE-EN 13816:2003

La Asociación Española de Normalización, Aenor[32] se ha encargado de la publicación de la nueva norma UNE-EN 13816:2003, que fomenta el acercamiento de la calidad a la gestión del transporte público, poniendo especial interés en las necesidades y expectativas de los clientes.

La actividad de Aenor se inició en el año 1986 cuando, mediante una orden ministerial que desarrollaba el Real Decreto 1614/1985, fue reconocida como la única entidad aprobada para desarrollar las tareas de normalización y certificación en España.

Posteriormente, el Real Decreto 2200/1995 de 28 de diciembre que aprobaba el Reglamento de la Infraestructura para la Calidad y la Seguridad Industrial en España, ratificó el nombramiento de Aenor como responsable de la elaboración de las normas españolas, las conocidas como Normas UNE.

La normativa para calidad en los servicios de transporte es de aplicación a todos los modos de transporte. Sus requerimientos abarcan ocho secciones diferentes: disponibilidad, accesibilidad; acceso; información; itinerarios/tiempo; atención al cliente; comodidad; seguridad en el transporte e impacto ambiental.

De forma resumida, la aplicación de los principios de calidad se basan según dicha norma en:

- La definición de las expectativas explícitas e implícitas de los clientes.
- La determinación de un servicio útil y real que tenga en cuenta las anteriores expectativas.
- Su puesta en marcha aunando las distintas demandas, incluida la cuantificación del servicio.
- La medida de satisfacción del cliente.
- El análisis de los resultados, así como de las medidas subsecuentes tomadas para corregir las deficiencias.

---

[32] Ver www.aenor.es.

4.3 Normas ISO 9000

La Organización Internacional de Normalización (ISO,[33] *International Organisation for Standardization)* es el organismo participado por casi un centenar de Estados a través de sus organismos de normalización, encargados de desarrollar normas y documentos técnicos que contengan las especificaciones o cualquier otro criterio que sirva para fijar las características que definan como aptos a materiales, productos, procesos o servicios. Dichos documentos de referencia son elaborados a partir de la información, las experiencias y las innovaciones recogidas de las diferentes organizaciones a escala internacional.

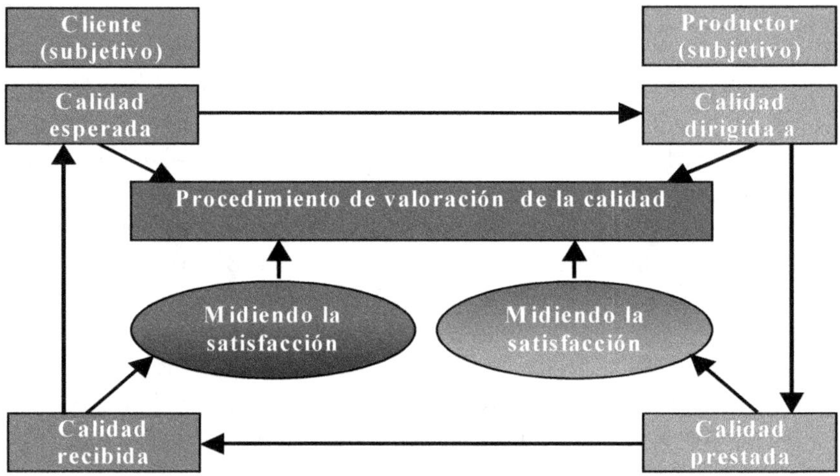

Figura 1.5. Estructura teórica del sistema de calidad según la norma UNE-EN 13816:2003.

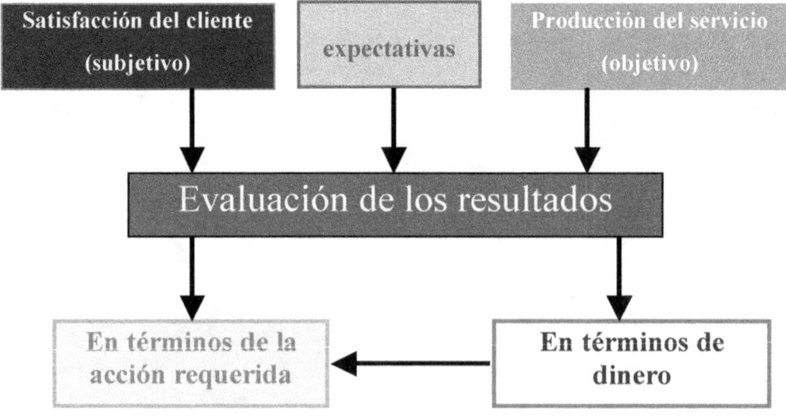

Figura 1.6. Estructura práctica del sistema de calidad según la norma UNE-EN 13816:2003.

---

[33] Ver www.iso.ch y también isotc176sc2.elysium-ltd.net.

Dicha organización tiene como objetivo armonizar las diferentes tecnologías existentes en los países; diferencias que por si solas se convierten en barreras técnicas al comercio. Esta armonización cubre prácticamente todos los sectores comerciales existentes: construcción, comunicaciones, textil, energía, servicios financieros,...

Por lo que se refiere a la familia de normas ISO 9000 (en vigor desde 1994), éstas establecen los requisitos genéricos para la implantación de sistemas de gestión de la calidad, aplicables en organizaciones de cualquier tipo. Periódicamente se procede a la revisión y actualización técnica de las normas. Los principios básicos sobre los que basar la gestión de la calidad son:

- La organización enfocada a clientes.
- Liderazgo y participación del personal.
- El enfoque a procesos.
- El enfoque del sistema hacia la gestión.
- La mejora continua.
- El enfoque objetivo hacia la toma de decisiones.
- La relación mutuamente beneficiosa con los suministradores.

Entre otros muchos, uno de los requerimientos que la norma ISO 9000 establece es la del control de documentos. Este control requiere que los documentos sean revisados y aprobados por la empresa, además de su control y disponibilidad, de manera que los documentos antiguos sean eliminados o archivados. Pero la gestión de los documentos también obliga a establecer un proceso que implica otras actividades como son el diseño, el control de procesos y su trazabilidad. Posteriormente se analizarán dichos procesos.

4.4 El puerto como proceso de calidad

La significación de los puertos marítimos o fluviales está fuera de toda discusión. Las estadísticas muestran el grado de importancia que actualmente y en el futuro tendrán los puertos europeos; por ellos transita aproximadamente el 91 % del comercio de la UE con terceros países y el 28 % del tráfico intracomunitario, así como más de 200 millones de pasajeros al año. Además, los puertos son importantes centros de desarrollo regional, económico y social, constituyendo nodos de conexión esenciales entre el transporte marítimo y el terrestre.

No hace muchos años, pensar en aplicar una «cultura de la calidad» en el sector del transporte parecía algo poco menos que utópico. Actualmente, frente al desafío competitivo y el crecimiento de los mercados, nunca se había evidenciado de manera más clara la necesidad de modificar la forma de aprovechar al máximo los recursos materiales, humanos y tecnológicos, para elevar la productividad de las organizaciones. Es necesario alcanzar un alto grado de eficiencia operativa, de reducción de sus costes, además de la mejora constante de los servicio prestados. Pero, para alcanzar estos propósitos, se requiere cumplir con algunos aspectos esenciales, como son:

– Contar con personal experimentado y capacitado en cada una de las ramas de la actividad a desarrollar.

– Involucrarse, efectuando un análisis de los procesos de trabajo, estando dispuestos a modificarlos si es necesario.

– Optimizar, evitando al máximo el desperdicio de recursos materiales y extrayendo el máximo provecho de todos los elementos empleados en la actividad.

La eficiencia es un factor clave para las actividades que se desarrollan en el recinto portuario. Con ella, las mercancías que emplean el modo marítimo pueden llegar a los mercados de consumo final respetando el principio básico del transporte: al mínimo coste y en el menor plazo de tiempo posible.

Por los puertos marítimos pasa más del 75 % del comercio mundial. El comportamiento ineficiente de cualquiera de las actividades que se desarrollan en su interior afecta al proceso de distribución de los productos. Con independencia del modelo de autoridad portuaria establecido, para planificar su funcionamiento y desarrollo a medio y largo plazo, es necesario definir claramente los objetivos y los medios disponibles para atender la actividad marítima.

Como repite la Comisión Europea, la actividad del transporte por barco será esencial en la Europa de los próximos años. La baja contaminación que produce, unido a su bajo coste, harán que se tomen medidas encaminadas a favorecerlo dentro y fuera de la UE frente a otros tipos de transporte, en especial, el que utiliza la carretera.

Los actuales sistemas de gestión de la calidad se basan en asegurar la satisfacción de los clientes/usuarios. Dentro del sistema, los requisitos que éste debe evaluar son:

– El suministro de información.
– La eficacia de la formación.
– La comunicación interna y externa.
– La necesidad de instalaciones.
– Los recursos humanos del entorno de trabajo que puedan afectar a la calidad de los procesos.

La mejora de la calidad del servicio de cara al cliente, condición necesaria y clave de la competitividad que afecta por igual a todos los modos de transporte, debe basarse en tres aspectos esenciales:

– La implantación y normalización de la calidad acorde con las características del sector.
– La realización periódica de auditorías de calidad.
– La consulta al cliente, de forma continuada, sobre la prestación del servicio.

El proceso principal dentro del puerto puede esquematizarse según la figura 1.7.

Entrada		Proceso		Salida
Petición de la operación	➲	Planificación, organización y realización de la operación	➲	Fin de la operación

Figura 1.7

Este mismo esquema es válido para ser aplicado a cualquier otro subproceso o proceso menor.

Un plan genérico de calidad aplicado a un puerto comercial podría focalizarse en tres áreas o grupos de servicios diferentes: propios, internos y externos. Entre los servicios propios del puerto incluiríamos los prestados directamente por él mismo como consecuencia de la explotación física del recinto: gestiones de superficie y amarres, atraques y seguridad de las mercancías, etc. Los servicios internos son aquellos que, sin depender directamente del puerto, se desarrollan por completo dentro del recinto. Un claro ejemplo es el servicio de practicaje. Por último, los servicios externos que el puerto ofrece, y que también pueden quedar sujetos a un plan de calidad particular, serían aquellos que implicaran a terceras personas: consignatarios, operadores logísticos, aduanas,...

4.5 Gestión de los procesos documentales

El control de la documentación y su seguimiento resulta de gran importancia en todos los sistemas de calidad. Las empresas implicadas en procesos documentales deben mantener activos dichos sistemas, haciéndolos evolucionar con el tiempo y las necesidades. Como consecuencia, con su a aplicación se aumenta el control en la documentación generada, abaratando los costes asociados a dicha gestión y redundando en una mayor calidad para el cliente. Sin duda alguna, el empleo de ordenadores con programas específicos permitirá que el control sea mucho mayor, más eficiente, eliminando en gran medida los posibles errores y retrasos.

Los tres conceptos básicos sobre los que basar la metodología de los procesos documentales son:
- Los proyectos.
- Los grupos de trabajo.
- Los documentos.

Los proyectos se refieren a una acción característica a realizar, que conllevará su propio proceso y documentación. Los grupos de trabajo se distribuyen en función de sus responsabilidades, de sus departamentos, siendo dicha estructura jerárquica característica de cada organización. Por último, cada proyecto generará un tipo de documento concreto, con su ciclo de vida característico, que no tiene por qué coincidir ni con el formato ni con el proceso de elaboración de ningún otro.

Proyectos
Como se avanzó anteriormente, dentro de una empresa pueden crearse diferentes proyectos, empleando metodologías también distintas. Es de suma importancia, para la estructuración y los futuros procesos de elaboración, identificar cada proyecto de forma concreta. Para ello, es fundamental la creación de gráficos en forma de diagramas que aporten visualmente la siguiente información: el nombre del proyecto,

inclusión de otros documentos que pudieran ser necesarios para el proyecto en curso, así como un orden subordinado frente a otros documentos.

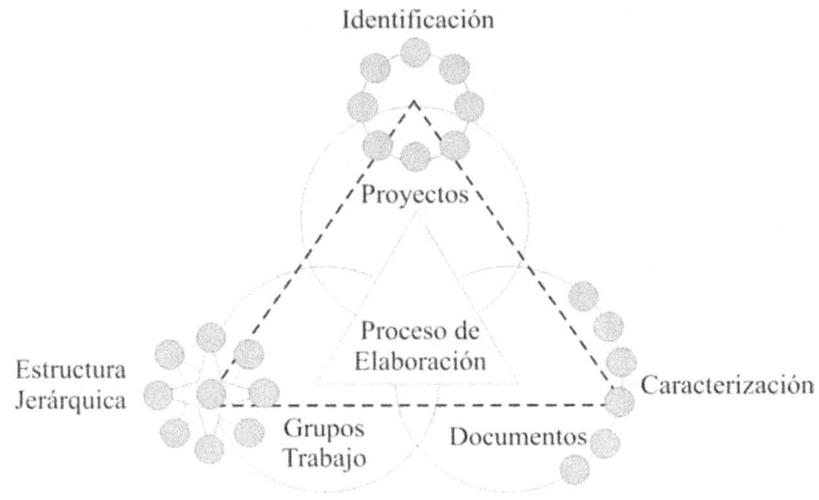

Figura 1.8

Grupos de Trabajo

Según los sistemas de calidad, estos grupos de trabajo o responsabilidad deberán tener encomendadas tareas concretas durante la elaboración de un proyecto, siendo necesario identificar los diferentes grupos que conforman la organización.

Responsabilidad y grupos de trabajo deben ir asociados inequívocamente. Quede claro que en la misma organización una persona puede pertenecer a más de un grupo de trabajo, de la misma forma que un grupo de trabajo puede estar formado por más de una persona. En este último caso, la estructura jerárquica del grupo debe ser clara.

De la misma forma que en los proyectos, los diagramas de grupo deberán mostrar el número de grupos necesarios frente a un proceso documental, sus diferentes vías de comunicación y la jerarquización entre ellos.

Documentos

Cada proyecto tiene asociado una serie de documentos propios. Las fases y evolución de estos documentos están asociados y son característicos de cada proyecto. A cada fase le corresponde un estado diferente del documento.

Si bien en la práctica las fases podrían resultar múltiples, desde un punto de vista teórico podríamos considerar dos fases básicas: la de «estado» y la de «operación». En la fase de estado identificaremos las etapas características de un documento determinado. La fase de operación sería la necesaria para poder cambiar de estado. Podríamos caracterizar unas cuantas subfases operacionales: la de creación inicial, la de entrada, permanencia y salida. De una manera gráfica, podemos distribuir estas fases de la siguiente forma:

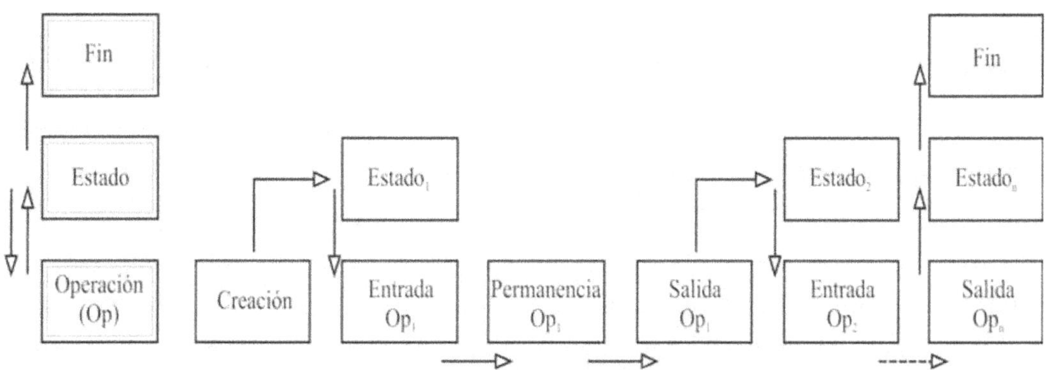

Figura 1.9: Fases del proceso documental

Conviene diferenciar si las diferentes operaciones que desencadenarán un nuevo estado (desde la creación hasta el fin), se realizarán manualmente o por medios informatizados. En el caso de operación manual, es conveniente disponer de un diagrama de flujos para cada operación. De esta manera, las secuencias con posibles variantes (en función de las posibles respuestas del usuario), pueden controlarse de una manera más efectiva.

4.6 Comercio y transporte

Comercio y transporte comparten indisolublemente un universo común; si bien cada uno de ellos por si solo ya constituye un mundo singular, con sus propias funciones, objetivos y responsabilidades. El intercambio de información dentro de cada mundo podría definirse como «nivel 1», mientras que el intercambio hacia el universo sería «nivel 2». Por razones de funcionamiento, los intercambios de nivel 2 son de una complejidad mayor, aunque es en el intercambio de niveles dónde encontramos una dificultad intrínseca superior. Este intercambio resulta natural. ¿Qué información es la *principal* para un comprador o un proveedor, y cuál la de un transportista o un transitario? De una manera simple, el comprador pone en marcha todo el sistema con la compra de determinados bienes, mientras que el transportista o su agente proporciona su servicio mediante el movimiento de tales bienes al lugar determinado por el comprador. Tanto para el comprador como para el vendedor, su razón principal es la del comercio. Para el transportista, su razón es la del transporte. La complicación añadida viene en el momento en que terceras partes se interesan por ambos sectores, por ejemplo: la aduana o un proveedor de servicios logísticos integrales.

Actores

Son típicamente actores de nivel 1: (comercio) fabricantes, proveedores, comprador y distribuidores; (transporte) autoridades portuarias, terminales de contenedores o *depots,* consolidadotes, transportistas, etc.

En el nivel 2 destacan: aduana, centros de distribución, transitarios, almacenes, servicios logísticos integrales,...

Los transportistas operan independientemente del comprador-vendedor, realizando específicamente la acción de movimiento físico de las mercancías. Los almacenistas, centros de distribución y transitarios, por su parte, pueden operar con el transportista en nombre del propio comprador o proveedor; en definitiva, proporcionando servicios tanto al sector del transporte como al del comercio.

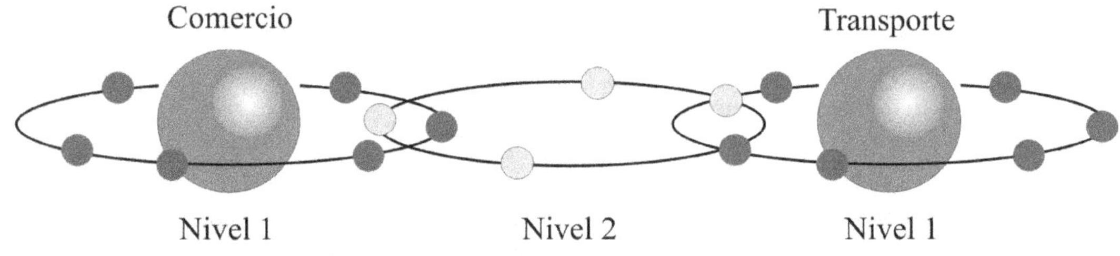

Figura 1.10

Mensajes

Como fruto de la relación entre niveles, se crean mensajes y grupos de información caracterizados por sus emisores y receptores.

Del nivel 1 destacamos: (comercio) las órdenes de compra, los despachos de salida y llegada, las facturas comerciales,...; (transporte) los planes de estiba, los procedimientos de entrada y salida del puerto o el manifiesto del buque.

Mensajes característicos de nivel 2 son las instrucciones particulares al transporte, el manejo y el movimiento de la carga, los procedimientos de reserva y los avisos de llegada, entre otros.

Si bien la realidad de la mercancía es común, de manera visual resulta interesante imaginarse los intercambios de mensajes entre diferentes niveles. Por ejemplo, uno discutiría las características de unas prendas de vestir (su modelo, talla, precio,...) mientras que otro se interesaría por sus características globales (peso del contenedor, tipo, precauciones en la estiba,...). Esto particulariza todavía más los niveles entre mensajes.

4.7　Flujos y procesos documentales[35]

Grupo 1

El paquete de *información inicial* se emplea para la transmisión de datos válidos durante todo el proceso, aquellos que posteriormente se emplearan en los mensajes de otras transacciones. Por ejemplo, contemplaría la identificación, nombres y direcciones de las partes, información bancaria, etc.

El paquete sobre la *demanda del producto* puede emplearse para pedir información de los productos, típica acción de un potencial comprador. La información contenida puede ser particular o general, concreta o genérica (rangos de precios, tallas, cantidades mínimas/máximas,...).

En función de la información demandada, podremos responder con un *catálogo de precios de venta* o *información del producto*.

Grupo 2

Una vez que ambas partes ya se encuentran identificadas, y el comprador es conocedor de los productos del vendedor, se ha de emitir un proceso que permita al comprador potencial pedir y obtener el precio y las *condiciones de entrega* de los productos identificados anteriormente.

También deben fijarse las *condiciones contractuales*. Éstas son las que típicamente se emplean cuando el contrato general ya ha sido negociado y aceptado entre las partes, aportando la información necesaria para que automáticamente se apruebe la transmisión del pedido y su correspondiente factura.

Fruto de la fijación contractual anterior, el comprador emite un proceso documental en *demanda de los productos* fijados en el cuerpo del mensaje (número, fecha de entrega, lugar,...). En caso de requerir una *rectificación,* se emitirá el correspondiente mensaje conteniendo la referencia al mensaje previo y la información a modificar.

Consecuencia del mensaje anterior, y en función de la disponibilidad en almacén de los productos demandados, el vendedor envía una *respuesta de pedido*.

Grupo 3

El hecho de tener que contar con un nuevo actor, un transportista o un transitario, por ejemplo, nos da a entender que estamos en la fase de transporte. En la del comercio, la mercancía tiene una serie de características que la identifica (códigos, medidas, tipo de embalaje,...). Estas características no resultan relevantes en el transporte, bastando una descripción genérica de la mercancía. A dicha mercancía se le asociará un paquete de información que si será necesaria para su transporte: medidas, peso, manejo,...

---

[35] La identificación de los diferentes flujos está basada en el estándar de los diferentes mensajes EDI y algunos propios de EANCOM aplicados al transporte y comercio, puesto que en sí mismos ya constituyen un sistema de calidad.

Ambas partes se pondrán en contacto con el transportista/operador facilitando una *información básica* (destinatario, peso, volumen,...), no siendo necesaria la descripción completa de las características del transporte. Por su parte, el transportista emitirá una *confirmación,* positiva o negativa, a ambas partes.

Si la confirmación ha sido positiva, se emitirán las *órdenes de envío simple,* u *órdenes de envío múltiple;* simple en caso de un envío único y múltiple en caso de disponer de diferentes consignados.

Grupo 4

Toda la información relacionada con el envío físico de la mercancía (peso, dimensiones, instrucciones de manipulación, características del transporte, términos de entrega,...) puede incorporarse en el *mensaje de instrucciones del transporte.* El vínculo entre la identificación de las mercancías y las características de su transporte, en su modalidad más simple, se realiza mediante el *aviso de despacho,* información que normalmente emite el poseedor de la mercancía. Como *confirmación,* el comprador emitirá un mensaje característico.

Un esquema más complejo sería el que involucraría a un proveedor de servicios logísticos (PSL). En este caso, a la mercancía se le realizarían servicios de valor añadido (reempaquetado, etiquetado,...), encargados por el comprador/vendedor pero realizados por el PSL. Este bloque de información, generado por quien corresponda, no contiene información alguna sobre el despacho de la mercancía.[36] A continuación se generará la instrucción final del *despacho.* Este paquete de información permitirá al PSL crear una *orden de despacho* en nombre del vendedor, no forzosamente significando que la misma contenga la orden de transporte. Independientemente, el vendedor enviará su *aviso de despacho,* estando así el comprador al tanto de la identificación final, fecha y momento en que las mercancías están listas para su transporte efectivo.

Por otro lado, fruto de las transacciones del grupo 4, el transportista enviará a las partes su correspondiente *notificación de llegada.*

Grupo 5

A partir de este punto, las partes pueden solicitar en cualquier momento información acerca del *estado de la mercancía* (información normalmente requerida en caso de retrasos), pudiendo contener demanda de información sobre falta de instrucciones generales, órdenes de despacho, manipulación, demoras o confirmaciones.

Como contestación se genera un mensaje de *respuesta de estado,* si bien puede enviarse sin necesidad de requerimiento previo, a título informativo (siempre que esté convenientemente identificado). Quede claro que este último mensaje permite la transmisión de información referida a la parte comercial.

También es posible el envío del mismo tipo de información pero relativa al transporte mediante el mensaje sobre el *estado del transporte.* Dicho mensaje permite el

---

[36] El envío al PSL de la descripción pormenorizada de la mercancía puede realizarse de acuerdo con los formatos comentados en el primer grupo.

traspaso de información por el transportista o transitario a cualquiera de las dos partes interesadas. El envío del cuerpo del mensaje puede seguir una secuencia determinada de envío o surgir como respuesta a una demanda de información puntual.

Por último, el mensaje *resumen,* normalmente enviado por el comprador al suministrador, que también puede servir como base para la posterior factura comercial, contiene información sobre la mercancía entregada (o no entregada), dañada, etc,..., pudiendo hacer referencia puntual a la información ya contenida en otros mensajes.

Figura 1.11: Buque ro-ro (Grupo Boluda)

Grupo 6

Por parte del vendedor/suministrador de la mercancía, la parte que mayor importancia tiene en la transacción desde un punto de vista general, es la de la *facturación* y el pago final. Forzosamente, en dicho paquete se hará referencia a anteriores grupos: precios según catálogo, pedido, notificaciones de llegada, nombres, direcciones,...

Una vez recibida la información sobre facturación y pago el comprador comparará los detalles con los suyos propios. En caso de discrepancia se enviará un *mensaje de diferencias,* retrasando el pago final de la factura hasta que la disputa se resuelva. Una vez resuelta se enviará un *aviso de envío* que contendrá todos los detalles relativos al pago.

En las ocasiones en que el comprador, por cualquier causa, devuelve parte de la mercancía, se emite un *mensaje de retorno.* Como respuesta, el vendedor envía un mensaje de *confirmación de retorno,* en el que figura su aceptación así como las instrucciones respecto a dicho retorno. En caso de que el retorno se deba a un defecto general de la mercancía, el vendedor puede extender el mensaje de *retorno* a todos los compradores que considere afectados.

Capítulo II

Elementos físicos

1. La mercancía

1.1 Tipología y características

1.1.1 Contenerizada (tipología contenedores)

El contenedor es un elemento clave del transporte en todas sus modalidades y ha supuesto la entrada en la era de la intermodalidad y el desarrollo de la logística. Su origen se remonta al año 1956 en que su inventor, Malcolm McLean, lo introdujo en el transporte marítimo y terrestre.

McLean, de nacionalidad estadounidense, regentaba un negocio familiar de transporte terrestre y observaba una y otra vez las descargas manuales del contenido de sus camiones a los barcos en el puerto de origen, a bordo de los cuales debía estibarse nuevamente, teniendo en cuenta que esa operación se repetía inversamente en el puerto de destino. La reducción del coste, tiempo y riesgo de dichas operaciones, pasaba por utilizar una caja metálica en cuyo interior se depositarían todas las mercancías para su traslado, por carretera sobre un camión y por mar sobre la cubierta de un buque.

En 1956 se utilizó por primera vez aquella caja metálica en el trayecto entre los puertos estadounidenses de Newark y Houston. El éxito de dicha operación fue tal que su práctica se extendió por todos los puertos del mundo, y lo que en un principio sólo se aplicaba al transporte por carretera y al marítimo, pronto se implantaría en los restantes modos de transporte, el ferrocarril y el aéreo.

En el transporte marítimo, el contenedor ha supuesto una revolución, apareciendo así terminales para contenedores, construyéndose buques portacontenedores cada vez de mayor capacidad, y grúas que desde las terminales estiban y desestiban los contenedores de la cubierta o la bodega del buque, a una velocidad hasta no hace mucho tiempo impensable.

Es evidente que en función de los distintos modos de transporte existen peculiaridades que distinguen a las unidades de carga, especialmente en el transporte aéreo. Sin embargo, de forma general, puede afirmarse que en el transporte marítimo y en las dos modalidades terrestres –carretera y ferrocarril–, la versatilidad de los contenedores ha permitido lanzar el transporte multimodal a la realidad.

La mayoría de contenedores están fabricados con acero, a excepción de los refrigerados que se construyen con aluminio.

Las medidas más habituales de los contenedores son 20' y 40'. El primero se conoce comúnmente como TEU (unidad que equivale a 20 pies, del inglés *Twenty Equivalent Units)* y el segundo como FEU (unidad que equivale a 40 pies, *Forty Equivalent Units),* si bien las capacidades globales de buques o terminales se realizan mediante el TEU,[1] contabilizando un FEU como dos TEUs.

Existen diferentes tipos de contenedores:[2]

– Contenedor cerrado o de carga general (en inglés *Box* o *Dry van* o *General purpose).* Sirve para cargar todo tipo de mercancías mediante paletas, cartones, cajas y barriles. La mercancía se carga a través de sus puertas traseras. Su utilización está muy extendida en el transporte marítimo pero también se utiliza en el transporte terrestre, lo cual ocurre con casi todos los tipos de contenedores. Se suelen construir en acero.

Figura 2.1. Contenedor cerrado o de carga general.

– Contenedor granelero *(Bulk Container).* Se utiliza para carga a granel seca, como por ejemplo productos químicos granulados, cemento en polvo, harina, azúcar, sal,... La mercancía se introduce en el contenedor a través de unos orificios dispuestos en su parte superior, y se extrae mediante otros que se ubican en sus puertas. Se fabrican con fibra de vidrio y acero.

Figura 2.2. Contenedor granelero.

---

[1] En el argot portuario, el TEU también es conocido como «lata».

[2] www.evergreen-marine.com/company/jsp/COM_Html.jsp?page=TEI1_Containers.htm En este sitio en internet se pueden observar los diferentes tipos de contenedores de la empresa Evergreen.

– Contenedor de costado abierto *(Open Side Container)*. Resulta indicado para aquella mercancía cuyo volumen impide su carga por las puertas traseras. Es apto para la carga y descarga en las estaciones de ferrocarril. Son contenedores de acero.

Figura 2.3. Contenedor de costado abierto.

– Contenedor de techo abierto *(Open top)*. Es apropiado para grandes cargas, como cristales, mármoles o maquinaria. La mercancía puede acceder por sus puertas traseras o por su techo, posteriormente cubierto por una lona. Es de acero.

Figura 2.4. Contenedor de techo abierto.

– Contenedor de gran cubicación *(High cube)*. Es un contenedor cerrado de más altura, muy práctico para mercancías de bastante volumen y poco peso. Se fabrica en acero.

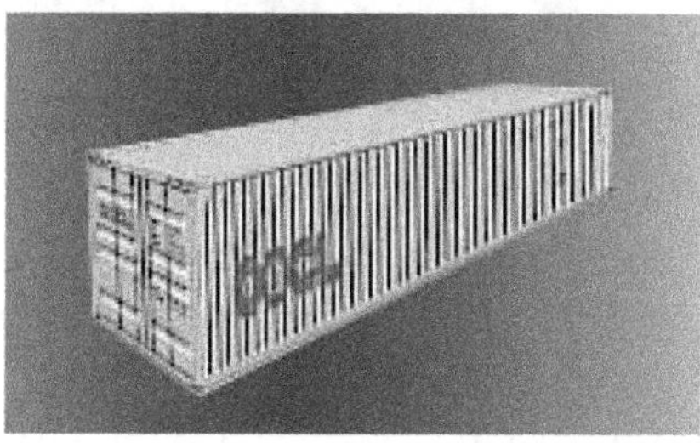

Figura 2.5. Contenedor de gran cubicación.

– Contenedor plataforma plegable y no plegable *(Flatracks* y *Flat Bed)*. Adecuado para piezas sobredimensionables, tales como maquinaria, cables, bidones, vehí-culos pesados y productos forestales, ya que no dispone de paredes laterales ni de techo. Las paredes frontal y trasera pueden ser plegables o no, por lo que en el primer caso el retorno en vacío de estos contenedores es muy práctico al poder ser apilados a modo de bandejas. Se construyen en acero.

Figura 2.6. Contenedor plataforma plegable y no plegable.

– Contenedor cisterna *(Tank)*. Sirve para el transporte de graneles líquidos, ya sea o no mercancía peligrosa (agua, aceite, vino, o líquidos inflamables). La cisterna tanque, de aluminio o acero inoxidable, dispone de una estructura exterior que le posibilita apilarse como un contenedor más.

Figura 2.7. Contenedor cisterna.

– Contenedor isotermo *(ISO Tank)*. Se caracteriza especialmente por su capacidad de aislar del exterior la temperatura del interior de su depósito. Se utiliza para transportar mercancías sean o no peligrosas. Especialmente indicado para el transporte de plantas vivas (ver figura 2.8).

– Contenedor frigorífico *(Reefer* o *Refrigerated)*. Es un contenedor isotérmico, de aluminio o aluminio y acero inoxidable, capaz de mantener la mercancía a una temperatura de hasta –30 °C. Cuenta con un dispositivo frigorífico para mante-ner la temperatura deseada de forma autosuficiente, al mismo tiempo que se puede conectar al buque o a la terminal para obtener el suministro de energía que permite su funcionamiento. Dentro de esta modalidad de contenedores también los hay que controlan la humedad. Son idóneos para el transporte de mercancías perecederas tales como carne o fruta (ver figura 2.9).

Figura 2.8. Contenedor isotermo.

Por último, por lo que se refiere a la mercancía contenerizada, cabe señalar dos aspectos de su protección física: la estiba y los precintos.

En relación a la estiba se ha de considerar que las partes físicas más resistentes de un contenedor son el suelo, encargado de soportar el peso de las mercancías, sus cantoneras, que son los puntos de trincaje en los distintos modos de transporte, y los anclajes, mediante los cuales las grúas sujetan los contenedores para moverlos.

Figura 2.9. Contenedor frigorífico.

Es fundamental la distribución de los pesos y mercancías en el interior de los contenedores, ya que la mercancía se somete a una serie de movimientos y acele-raciones en los distintos vehículos –avión, buque, camión o ferrocarril–, derivados a su vez de la propulsión y el desplazamiento propios de los distintos modos de trans-porte.

La planificación de la carga en los contenedores se calcula en base al pie lineal,[3] el cual debe resistir un peso máximo de 1.125 kg. Si se sobrecarga el contenedor es muy probable que éste resulte dañado y, consecuentemente, las mercancías que van en su interior.

Existen unas reglas generales para el arrumazón de la carga en un contenedor, que pueden resumirse en:

a) No superar los pesos máximos indicados por unidad de superficie.

b) No distribuir la mercancía más pesada en un extremo y la más ligera en el otro, intentando uniformizar la distribución de los pesos.

c) Intentar situar la carga lo más próxima al centro de gravedad del contenedor, especialmente cuando existan pocos bultos y sean muy pesados.

d) Manipular y estibar la mercancía según las indicaciones del embalaje.

e) Colocar la carga ligera sobre la pesada.

f) Utilizar separadores de estiba cuando se puedan dañar los embalajes por contacto entre ellos.

g) La carga húmeda irá por encima de la seca.

h) La mercancía debe fijarse correctamente en la base y las paredes del contenedor.

i) Para evitar movimientos accidentales de la mercancía se deben rellenar los espacios vacíos que aparezcan entre ésta y la estructura del contenedor.

j) Adjuntar la documentación necesaria a la mercancía.

k) Cerrar y precintar la puerta del contenedor; el número del contenedor y del precinto se reflejará en los documentos relativos a la mercancía.

En referencia a los precintos, debe destacarse que son una medida de protección y seguridad, además de un sello aduanero que se coloca en el dispositivo de cierre del contenedor, de modo que no se podrá alterar su contenido sin dejar evidencia.

Entre los sistemas de seguridad más comúnmente utilizados en el transporte contenerizado se encuentran:

a) Precinto tipo brida ajustable. Consiste en un cable de acero trenzado o plástico, muy adecuado para el transporte de cisternas.

b) Precinto de acero tipo barrera, compuesto de un eje de acero acompañando un dispositivo de color en uno de sus extremos.

c) Precinto metálico tipo anilla de alta seguridad. Suele ser de acero y se graba a presión.

d) Precinto tipo anilla de polipropileno en una sola pieza. Su identificación consiste en una numeración correlativa, código de barras y logotipo.

1.1.2 Carga general

El desarrollo del transporte ha sido de tal magnitud en las últimas décadas que hoy

---

[3] Un pie equivale aproximadamente a 0,30 m.

día puede afirmarse que, prácticamente, todo es transportable. Existen muchos modos de clasificar las mercancías, según los modos de transporte o su unidad de carga, como es el contenedor. Por carga general se entiende la carga paletizada. En el tráfico de mercancías se distingue la mercancía a granel, que se verá a continuación, y la carga general, así como otras cargas especiales.

La paleta *(pallet)* es una plataforma que se apoya sobre unos listones, de modo que no queda a ras de suelo y así se facilita su manipulación a través de las carretillas u otros aparatos de manutención, que los apilarán y trasladarán para su adecuada estiba en los distintos vehículos y en los centros logísticos de distribución. Puede ser de madera, metálica o de plástico, reciclable o no. En el caso del transporte aéreo es de metal; sobre ella se ubica la mercancía para deslizarla sobre los rodillos del suelo de los aviones.

La carga colocada sobre la paleta ha de estar embalada de algún modo, como por ejemplo con sacos, cajas, toneles, etc.[4] Tanto las materias primas para la industria como las manufacturadas para el consumo, pasando por las que están en algún estadio de su fabricación, son en la mayoría de los casos paletizables y aptas, de este modo, para su transporte.

Las paletas más comunes son la *europalet* –que mide 1.200 por 800 mm– y el *pallet ISO* –cuyas dimensiones son 1.200 por 1.000 mm–. Asimismo, los tipos de paletas se pueden tipificar según el número de entradas para ser trasladadas por medios mecánicos, número de caras y si son o no reversibles:

— Dos entradas doble cara reversible.

— Dos entradas doble cara no reversible.

— Dos entradas cara única no reversible.

— Cuatro entradas doble cara reversible.

— Cuatro entradas doble cara no reversible.[5]

A continuación se presenta un esquema con las diferentes partes de la paleta y sus principales tipos.[6]

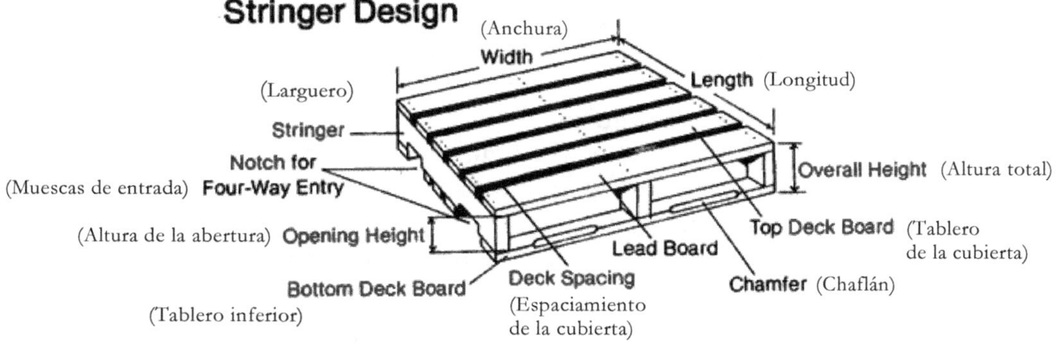

4 Para más información sobre embalaje ver el apdo. 2.3.5.2 de este mismo capítulo.
5 Jaime Mira Galiana; *Gestión del Transporte*, editorial LogisBook, 2001, Barcelona, pp. 26.
6 www.generalpallet.com/pallet.html.

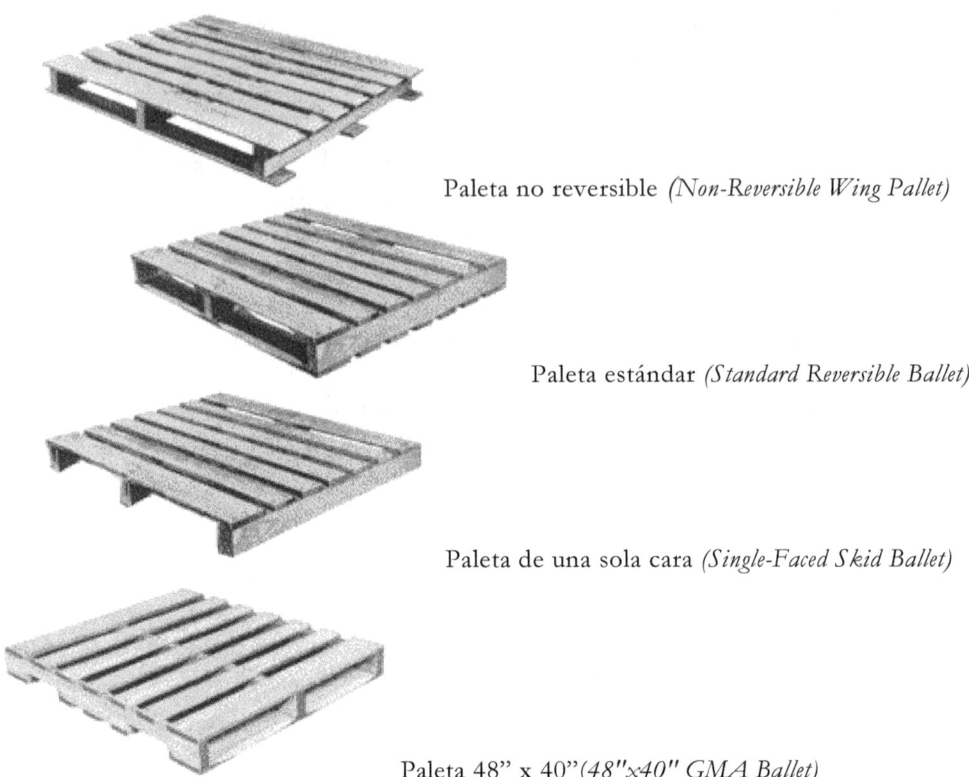

Paleta no reversible *(Non-Reversible Wing Pallet)*

Paleta estándar *(Standard Reversible Ballet)*

Paleta de una sola cara *(Single-Faced Skid Ballet)*

Paleta 48" x 40"*(48"x40" GMA Ballet)*

Figura 2.10. Tipología de paletas.

1.1.3 Graneles sólidos y líquidos

Las mercancías a granel se caracterizan por estar desprovistas de cualquier tipo de envasado o empaquetado, es decir, se venden o transportan sin envase o embalaje alguno. En este tipo de mercancías cabe diferenciar los graneles sólidos de los líquidos: en los primeros pueden agruparse materias primas como grano, cemento, grava, carbón, hierro manganeso, fosfatos y otros minerales; y en los segundos agua, hidrocarburos, determinados productos químicos, etc.

La carga a granel –carga homogénea– puede transportarse mediante cualquier modo de transporte. Ahora bien, teniendo en cuenta que la mayor parte de estas mercancías son materias primas, un transporte económicamente costoso no será viable, ya que, incrementaría notablemente el precio del producto final. Además, y siguiendo una línea económica, un transporte en grandes cantidades de carga a granel siempre será más barato. Por estas razones, el transporte de graneles sólidos y líquidos se lleva a cabo por vía marítima –mediante buques[7] adaptados a estas

---

[7]   Sobre los tipos de vehículos, véase el apartado 2.4 de este mismo capítulo.

mercancías, que pueden albergar gran número de toneladas en sus bodegas– y por vía terrestre a través de trenes o camiones, los cuales conseguirán finalizar el transporte puerta a puerta.[8]

1.1.4 *Hidrocarburos*

Entre los graneles líquidos cabe destacar a los hidrocarburos, como comúnmente se conoce a los derivados del petróleo. Uno de los peligros del transporte de esta mercancía se refiere a los efectos contaminantes que puede acarrear su vertido, accidental o no, en el mar. Un ejemplo reciente de ello es el accidente del buque tanque «Prestige», frente a las costas gallegas españolas a finales de 2002. Esta mercancía se suele transportar por vía marítima a través de buques «tramp» (líneas no regulares), cargando en sus bodegas numerosas toneladas de este producto.[9]

Los intermediarios de las operaciones comerciales del petróleo distinguen dos tipos de crudos en función de la cantidad de azufre contenida, dado que en función de esa cantidad será diferente su destilación en las refinerías y, consecuentemente, en su transporte marítimo aparecerán algunas variaciones. Los crudos *sour* (ácidos) tienen más azufre que los *sweet*.

Por lo que respecta a su transporte, se diferencian dos tipos de crudos: los ligeros, que se acostumbran a corresponder con los *sweet*, menos densos y con un mayor grado API *(American Petroleum Institute*, Instituto del Petróleo Americano, entidad que determina la densidad o grado API del petróleo),[10] y los pesados, como los *sour*, que poseen mayor densidad y menor grado API. Si este grado es mayor, con igual volumen de transporte cargaremos más producto. El grado API de un crudo se calcula a 60 °F (15 °C). La temperatura de la carga se debe tener en cuenta para calcular la capacidad del transporte.

De los crudos ligeros se obtienen productos como nafta, gasoil, gasolina, etc. De los crudos pesados resulta el fuel oil, el asfalto, y el gasoil pesado, entre otros.

Para el transporte de crudo es importante saber el punto de congelación o *Pour Point*. Los buques petroleros pueden mantener una temperatura para la mercancía de hasta 55 °C (135 °F). Una adecuada temperatura de la mercancía, además de evitar la congelación y consecuente solidificación del crudo, fluidificará y agilizará la descarga.

Los precios de los hidrocarburos se determinan en función de su calidad y de su rendimiento durante la destilación. Existen tres referentes en el mercado internacional para fijar los precios: a) en Europa y en bastantes países occidentales el precio se fija día a día según la cotización del barril de crudo físico «Brent» del Mar del

---

8   Las operaciones de carga y descarga de la mercancía a granel se explican en el apdo. 2.2.8. «Características operativas. Terminales», en este mismo capítulo.

9   Sobre la contaminación por hidrocarburos (seguridad, prevención y responsabilidad) existen muchos convenios internacionales de la OMI (Organización Marítima Internacional), organismo dependiente de Naciones Unidas. Ver www.imo.org.

10   Para más información ver www.api.org.

Norte; b) el referente en Oriente es el crudo de Dubai; y c) en Estados Unidos según se fije en el Oeste de Texas.

Figura 2.11: Vista aérea de terminales de hidrocarburos en el Port de Tarragona (España).

1.1.5 Mercancías peligrosas

Las mercancías peligrosas se pueden definir como «aquellos materiales nocivos o perjudiciales que durante su transporte puedan generar o desprender humos, gases, vapores o polvos de naturaleza peligrosa, ya sea explosiva, inflamable, tóxica, infecciosa, radiactiva, corrosiva o irritante».

Este tipo de mercancías ha sido y es objeto de regulación en el ámbito internacional[11] en función de los distintos modos de transporte. Por ejemplo, determinadas mercancías pueden catalogarse como peligrosas para el transporte aéreo pero no para el terrestre, siendo distintas las normas de seguridad según la naturaleza de cada medio.

En el seno de las Naciones Unidas existe un comité de expertos para el transporte de mercancías peligrosas. Este ente internacional ha dado a luz los siguientes convenios internacionales sobre mercancías peligrosas, según el modo de transporte:

a) ADR[12] es el Acuerdo Europeo relativo al Transporte Internacional de Mercancías Peligrosas por Carretera. Fue realizado en Ginebra (Suiza) el 30 de septiembre de 1957 bajo los auspicios de la Comisión Económica de las Naciones Unidas para Europa, y entró en vigor el 29 de enero de 1968. Desde entonces, ha sido enmendado en 1975 y 1985. Es un documento breve y sencillo que señala las mercancías consideradas especialmente peligrosas y aquellas que también siéndolo pueden transportarse siempre que se tengan en cuenta las indicaciones de los anexos del convenio. Éstos hacen referencia al etiquetaje y embalaje, (Anexo A) y a la construcción, equipamiento y opera-

---

11 Ver www.unece.org/trans/danger/danger.htm.

12 Ver www.unece.org/trans/danger/publi/adr/adr_e.html, aquí se puede leer el texto original.

tividad del vehículo transportador (Anexo B). Estos anexos son modificados bienalmente siendo la última modificación de 2003.

b) RID[13] es el Anexo I sobre el transporte internacional por ferrocarril de mercancías peligrosas que se encuentra en el Cotif (Convenio sobre el Transporte Internacional por Ferrocarril, Berna (Suiza), 9 de mayo de 1980) que entró en vigor el 1 de mayo de 1985. Es muy similar al ADR aunque con algunas variaciones referidas, obviamente, al vehículo.

c) IMDG[14] es el Código Marítimo Internacional de Mercancías Peligrosas. Se publicó por primera vez en 1965 en el seno de la IMO y, desde entonces, es esta organización la que se encarga de actualizarlo. Este código está muy extendido en el sector marítimo y regula tanto el transporte de mercancías peligrosas como la prevención de la contaminación.[15] El IMDG agrupa las mercancías peligrosas en: explosivos, gases, líquidos inflamables, sólidos y otras sustancias inflamables, sustancias oxidantes y peróxidos orgánicos, sustancias tóxicas e infecciosas, materiales radioactivos, sustancias corrosivas y sustancias peligrosas varias.

d) ADN[16] es el Acuerdo sobre el Transporte Internacional de Mercancías Peligrosas por Vías Fluviales, de 25 de mayo de 2000. Fue creado con ocasión de la Conferencia Diplomática organizada conjuntamente por la Comisión Económica Europea y la Comisión Central para la Navegación del Rhin. Los principales objetivos del ADN son: aumentar la seguridad del transporte fluvial de mercancías peligrosas, proteger el medio ambiente previniendo la contaminación por accidentes, y facilitar las operaciones de transporte promoviendo el comercio internacional de productos químicos.

1.1.6 Transporte de animales vivos

Supone también una regulación específica, al igual que las mercancías peligrosas o las perecederas. Está reglamentado en el Convenio CITES[17] (Convenio para el Comercio Internacional de Especies Vivas, Fauna Salvaje y Flora), firmado en Washington (EEUU) el 3 de marzo de 1973 y enmendado el 22 de junio de 1979 en Bonn (Alemania). Tanto las autoridades del Estado exportador de los animales vivos como las del importador deberán certificar que dicho comercio no va en detrimento de la especie animal. Asimismo, se regulan los permisos y certificados que requerirán el movimiento de estos animales de un país a otro.

---

[13] Ver www.otif.org/, OTIF (Organización Intergubernamental para el Transporte Internacional por Ferrocarril). En www.unece.org/trade/cotif/cotif09.htm se encuentra el texto referente a las mercancías peligrosas por ferrocarril.

[14] Ver Código IMDG en hazmat.dot.gov/imdg.htm.

[15] Si bien el texto por excelencia encargado de la regulación de la contaminación marina por los buques y sus cargas es el Marpol 73/78, convenio aprobado por IMO.

[16] Ver texto ADN en www.unece.org/trans/danger/adn-agree.html.

[17] Ver texto del Convenio CITES en www.cites.org/eng/disc/text.shtml.

1.1.7 Mercancías perecederas

Las mercancías perecederas se definen como aquellos productos sanitarios, alimentarios e incluso de uso industrial que precisan de unas condiciones especiales, de un control técnico determinado y de unos parámetros de salubridad y de temperatura regulada para su conservación, almacenamiento, transporte, carga y descarga. Existe un Acuerdo sobre Transportes Internacionales de Mercancías Perecederas y sobre los vehículos especiales utilizados en estos transportes (ATP),[18] realizado en Ginebra (Suiza) el 1 de septiembre de 1970, modificado el 30 de septiembre de 2000, en el seno de Naciones Unidas.[19] En su Anexo I se indican las características que han de poseer los vehículos para mantener la mercancía a una determinada temperatura y el modo de comprobar dichas variaciones con respecto al tiempo. En el Anexo II se regulan las muestras y temperaturas de las mercancías perecederas y congeladas. Y, por último, en el Anexo III, las condiciones de temperatura para transportar determinadas mercancías perecederas que no se recogen en el anexo anterior.

1.1.8 Carga rodada

Los vehículos que se deslizan sobre ruedas pueden constituir una mercancía *per se* (automóviles, camiones o carretillas) o ser trasladados en la cadena intermodal albergando mercancía en su interior. Así, un camión cisterna cargado con gasolina puede realizar parte de su trayecto por carretera y el resto dentro de un buque como una mercancía más. En ambos casos se habla de carga rodada cuyo sistema de transporte se conoce como «ro-ro», que viene del inglés *roll-on / roll-off,* que significa literalmente «carga que entra y sale rodando» del medio de transporte *(trailers,* buques especialmente diseñados para esta carga, o *ferries* principalmente). La mayor parte del transporte de carga rodada es europeo.

1.1.9 Transportes especiales

Los constituyen aquellas mercancías cuyo peso y volumen hacen imposible su transporte mediante medios ordinarios como, por ejemplo, el transporte de un avión, una gran turbina, una plataforma petrolífera,... Así, los transportes especiales requerirán en cada caso en particular, por parte de su gestor, una planificación distinta del transporte.

---

[18] Ver www.unece.org/trans/main/welcwp11.html, sobre mercancías perecederas.
[19] Ver en www.unece.org/trans/main/wp11/wp11fdoc/Atpeng.wpd, texto íntegro del Convenio ATP, versión en inglés.

Figura 2.12: Buque ro-ro (Grupo Boluda).

1.2 Protección jurídica

En la mayoría de las expediciones, las mercancías salen y llegan a su destino final en perfecto estado, de modo que el transporte cumple con éxito su función. Ahora bien, puede ocurrir que las mercancías lleguen en mal estado (averías), o que no lleguen, o que llegue sólo una parte de ellas (pérdidas), o que lleguen con retraso. En estos casos, los distintos ordenamientos jurídicos nacionales e internacionales han creado una serie de normas sobre la responsabilidad del operador en el transporte de mercancías. Estas normas protegen jurídicamente el tráfico nacional o internacional, con el fin de que ante un siniestro los sujetos intervinientes en el transporte sepan a qué atenerse y cómo actuar.

Los límites legales indicados en la «Tabla general sobre la responsabilidad del operador en el transporte» (pp. 65-66) no impiden que las partes implicadas en un contrato de transporte aseguren las mercancías a transportar. El seguro es facultativo, pero de existir nunca podrá empeorar los mínimos establecidos por la ley.

Mediante el contrato de seguro[20] de transporte de mercancías una persona (asegurador) se obliga, a cambio de una prima, a indemnizar a otra (asegurado) en caso de que se dé uno de los riesgos previstos en un contrato, causándose daños, pérdidas o retrasos de la mercancía transportada y por una suma determinada en ese contrato.

Las características de este contrato son:

a) oneroso, dado que se hace a cambio de un incentivo económico;

b) de tracto sucesivo, al poderse prorrogar temporalmente;

c) aleatorio, porque depende del azar, si un riesgo tiene lugar con consecuencias dañosas el asegurador indemnizará al asegurado;

d) sinalagmático, pues crea obligaciones recíprocas en las partes;

e) es un contrato de empresa, que es la que asume el riesgo; y

f) es de indemnización, porque el asegurado persigue con este contrato un

---

[20] Para más información sobre el seguro marítimo, ver págs. 139 y ss. en *El transporte Marítimo,* Rosa Romero Serrano; editorial LogisBook, 2002, Barcelona.

MODO DE TRANSPORTE	MARÍTIMO Nacional	MARÍTIMO Internacional	AÉREO Nacional
Documento contractual	Conocimiento de embarque o Contrato de Fletamento.[21]	Conocimiento de embarque = B/L, *Bill of Lading*,[22] o Contrato de Fletamento = C/P, *Charter Party*.	Conocimiento de embarque aéreo.[23]
Legislación	Código de Comercio (RD 22/08/1885, Gaceta 289 a 328 de 16/10 a 24/11 de 1885).	Protocolo de 21-12-1979, de modificación del Convenio de 25-08-1924, para unificación de ciertas reglas sobre conocimiento de embarque.[24]	Ley 48/1960, de 21 de julio, sobre Navegación Aérea (BOE 176 de 23 de julio, correcciones en 209, de 31 de agosto).
Límite de indemnización pérdidas o averías	El valor de la mercancía según su factura comercial.	Si no existe declaración de valor de la mercancía en el conocimiento, la indemnezación no superará 666,67 uds. de cuenta[25] por bulto o unidad, o 2 uds. de cuenta por kg bruto. De ambos límites se aplicará el más elevado, art. 2.	De no existir manifestación de valor declarado, 17 Derechos Especiales de Giro por kg de peso bruto.[26]
Límite de indemnización retrasos	No existe límite expreso.	No existe límite expreso.	Salvo manifestación de valor declarado, no superará el precio del transporte.[27]
Plazo de reclamación	Daños aparentes, en el momento de la entrega. Daños no aparentes, 24 h. siguientes a la entrega. Art. 366 Cód. Comercio.	Daños aparentes, en el momento de la entrega. Daños no aparentes, dentro de los 3 días siguientes[28] a la entrega.[29]	Dentro de los 10 días siguientes a la entrega, art. 124.
Límite de prescripción[30]	1 año, art. 952.2 del Código de Comercio.	1 año, art. 952.2 del Código de Comercio.	6 meses desde que se produjo el daño, art. 124.

Observaciones generales para aplicación de esta tabla:

1. Los datos contenidos en esta tabla son de carácter general y, en cada caso, habrá que tener en cuenta los supuestos específicos que la norma reguladora del transporte o lo pactado por las partes establezca, ya que puede apartarse de estos principios.

---

[21] Arts. 652 y 706 respectivamente del Código de Comercio.

[22] Sobre el contenido del conocimiento de embarque, Ley de 22 de diciembre de 1949, sobre Unificación de Reglas para los conocimientos de embarque en los buques mercantes (BOE 358, de 24 de diciembre).

[23] Arts. 102 y 103 de la Ley 48/1960 sobre Navegación Aérea.

[24] Ver nota 23.

[25] La unidad de cuenta es el «derecho especial de giro» definido por el FMI. Ver www.imf.org.

[26] Art. 3 del RD 37/2001, de 19 de enero, que actualiza la cuantía por las indemnizaciones previstas en la Ley 48/1960 de Navegación Aérea.

[27] Art. 3.3. del RD 37/2001, de 19 de enero, que mantiene lo establecido por las indemnizaciones previstas en la Ley 48/1960 de Navegación Aérea, art. 118.

[28] La unidad de cuenta es el «derecho especial de giro» definido por el FMI. Ver www.imf.org.

[29] Art. 2 de la Ley de 22 de diciembre de 1949, sobre Unificación de Reglas para los conocimientos de embarque en los buques mercantes (BOE 358, de 24 de diciembre).

OPERADOR EN EL TRANSPORTE DE MERCANCÍAS

AÉREO Internacional	CARRETERA Nacional	CARRETERA Internacional	FERROCARRIL Nacional	FERROCARRIL Internacional
Conocimiento de embarque aéreo = AWB, *Air Way Bill*.[30]	Carta de Porte.[31]	Carta de Porte Internacional CMR o CMR.[32]	Talón de ferrocarril.[33]	Carta de Porte CIM.[34]
Convenio de Varsovia, de 12-10-1929, para la unificación de ciertas reglas relativas al transporte aéreo internacional (Gaceta 233, de 21 de agosto de 1931).[35]	ROTT (Reglamento de la Ley de Ordenación de los Transportes Terrestres) RD 1211/1990 (BOE 241, 08-10-90).	Convenio relativo al contrato de transporte internacional de mercancías [36]por carretera (CMR) (Ginebra 19-05-1956, BOE 142, 15-06-95, importante versión corregida.	ROTT (Reglamento de la Ley de Ordenación de los Transportes Terrestres) RD 1211/1990 (BOE 241, 08-10-90).	Apéndice B-Reglas Uniformes relativas al contrato de transporte internacional de mercancías por ferrocarril (CIM) 09-05-1980 (BOE 16 de 18-01-1986).
Salvo declaración especial de valor, 17 derechos especiales de giro por kg, art. 22.	3,6 €/ kg, art. 3.	8,33 unidades de cuenta o derecho especial de giro/ kg de peso bruto, art. 23.3.	3,6 €/ kg., art. 3.	17 unidades de cuenta/ kg bruto, art. 40.
Igual que en el supuesto de pérdida o avería.	Salvo pacto en contrario no podrá exceder del precio del transporte, art. 3.	Salvo pacto en contrario no podrá exceder del precio del transporte, art. 23.5.	Salvo pacto en contrario no podrá exceder del precio del transporte, art. 3.	La indemnización no superará la establecida para caso de pérdida total, arts. 40, 42 y 43.
14 días en caso de avería y 21 días en caso de retraso, a contar desde que la mercancía se puso a disposición del destinatario, art. 26.	Daños aparentes, en el momento de la entrega. Daños no aparentes, 24 h. siguientes a la entrega. Art. 366 Código de Comercio.	Daños aparentes, en el momento de la entrega. Daños no aparentes, 7 días desde la entrega, art. 30.	Daños aparentes, en el momento de la entrega. Daños no aparentes, 24 h. siguientes a la entrega. Art. 366 Código de Comercio.	Daños aparentes, en el momento de la entrega. Daños no aparentes, 7 días desde la entrega, art. 57.
2 años desde la llegada a destino, art. 29.	1 año, art. 952.2 del Código de Comercio.	1 año por reclamación contractual y 3 en caso de dolo o falta equivalente, art. 32.	1 año, art. 952.2 del Código de Comercio.	1 año, art. 58.

Así pues, los límites indemnizatorios señalados en la tabla son generales. Si existe pacto expreso sobre cuantías o condiciones diferentes en el transporte de la mercancía, se tendrá en cuenta a éste – siempre que no vaya en contra de la ley–, y si existe dolo del transportista tampoco se aplicará su limitación general de responsabilidad.

2. Para calcular el límite de responsabilidad se tomarán como referencia los kilos de mercancía averiada o retrasada.

---

[30] Art. 5 del Convenio de Varsovia.

[31] Anexo A, 1.9 para el transporte de mercancías por carretera de carga completa y Anexo B, 1.10 para el transporte de mercancías por carretera de carga fraccionada de la Orden de 25 de abril de 1997, por la que se establecen las condiciones generales de la contratación de los transportes de mercancías por carretera (BOE 109, de 7 de mayo).

[32] Art. 4 del Convenio CMR.

[33] Art. 350 y351 del Código de Comercio.

[34] Art. 12 y 13 del Convenio CIM.

[35] Convenio modificado por el Protocolo de La Haya el 28-09-1955 (BOE 34, de 9 de febrero de 1999).

resarcimiento económico de los daños sufridos como consecuencia del siniestro.

El seguro del transporte de mercancías se rige internacionalmente por las cláusulas del Instituto de Aseguradores de Londres.[36] De este modo, la mayoría de compañías aseguradoras de todo el mundo trasladan el contenido de dichas cláusulas a sus pólizas de seguro. Estas cláusulas son objeto de modificación por el propio Instituto, adaptándose a las necesidades del día a día.[37] Originariamente fueron creadas y aplicadas al transporte marítimo pero hoy son extensibles a los diferentes modos de transporte, extrayéndose indirectamente de su lectura su adaptación al modo de que se trate.

Las cláusulas del Instituto, también conocidas en inglés como *Institute Cargo Clauses,* incluyen tres grupos, en función de una mayor o menor cobertura de riesgos a que están expuestas las mercancías durante su transporte:

Institute Cargo Clauses (A)
Institute Cargo Clauses (B)
Institute Cargo Clauses (C)[38]

La primera póliza (A) es la que otorga una mayor cobertura, aunque se la denomina «todo riesgo», en realidad excluye varios supuestos. En esta póliza se recogen todos los riesgos de pérdida o daños sobre la cosa asegurada. Se excluyen los daños por pérdida o gastos derivados de: la conducta dolosa del asegurado; la pérdida ordinaria de peso o volumen; desgaste ordinario; embalaje inadecuado; el vicio inherente o la naturaleza de la cosa asegurada; el retraso; la insolvencia o insuficiencia financiera por parte de los armadores fletadores o de los operadores del buque; el uso de armas de guerra atómicas o nucleares. Estos conceptos se recogen en la cláusula general de exclusiones. A esta cláusula se añaden las de innavegabilidad o inadecuación de los contenedores, la de exclusión de guerra y la de huelga.

La segunda póliza, *Institute Cargo Clauses* (B), enumera directamente los riesgos cubiertos pues no es a todo riesgo como la A. Éstos son: incendio o explosión; que el buque o embarcación haya embarrancado, varado, se haya hundido o zozobrado; vuelco o descarrilamiento del medio de transporte terrestre; descarga de la mercancía en un puerto de arribada forzosa; terremoto; erupción volcánica o rayo; pérdidas o daños a los objetos asegurados causados por sacrificio de avería gruesa, echazón o arrastre por las olas, entrada de agua de mar, de lago o de río en la bodega del buque, embarcación o medio de transporte, contenedor, remolque o lugar de almacenaje; pérdida total de cualquier bulto perdido por la borda o caído durante las operaciones de carga o descarga del buque o embarcación; la cláusula de avería gruesa y la de ambos culpables de abordaje.

---

[36] Para más información consultar www.iilondon.co.uk.

[37] La interpretación de dichas cláusulas creadas en el marco del derecho anglo-sajón dificulta en ocasiones su traslado a los derechos occidentales.

[38] Estas cláusulas quedan incluidas en muchos seguros de transporte a través de sus iniciales, ICCA, ICCB o ICCC.

Las exclusiones de la póliza B son la exclusión por daños deliberados sobre el interés asegurado por parte de un tercero y las excluidas en la póliza A.

En la tercera póliza, *Institute Cargo Clauses* (C), los riesgos cubiertos son iguales a los de la póliza B, con exclusión respecto a ésta última de: terremotos; erupciones volcánicas y rayos; arrastre por las olas; entrada de agua de mar, de lago o río en la bodega del buque, en el medio de transporte, contenedor, remolque o lugar de almacenaje; pérdida total de cualquier bulto perdido fuera de borda o caída durante las operaciones de carga o descarga desde o en el buque.[39]

2. El puerto

El puerto es una superficie en la costa, ya sea construida o natural, cuya función principal es el refugio de los buques y la realización de las tareas de carga, descarga y manipulación de las mercancías. En la actualidad este concepto se ha transformado por un incremento progresivo de las funciones portuarias, ya que, los puertos son auténticos centros logísticos y enclaves intermodales producto de la globalización económica.

El puerto incluye actividades tales como: servicios de aduana; servicios de control de carga y de pasajeros; servicios de transitarios, consignatarios y otros operadores del transporte; actividades de transbordo y manipulación de mercancías; transportes terrestres; servicios para el buque, como el *bunquering*, la recogida de basuras, etc.

Actualmente, el enfoque de los servicios del puerto hacia el cliente y la apuesta por la calidad continuada, ha devenido en un puerto que, además de prestar sus clásicas funciones, encarna un conjunto de valores añadidos como: la clasificación de las mercancías, el empaquetado, el etiquetaje, la distribución y el almacenaje temporal, entre otras.

En su conjunto, el puerto es un elemento fundamental en la cadena general de transporte, de origen a destino. El puerto ha evolucionado desde una concepción de autoridad portuaria a la de comunidad portuaria, integrada por todos los sectores que intervienen en la gestión de la cadena de suministro.

2.1 Clasificación

Podemos utilizar una clasificación de los puertos en función de su grado de evolución. Esto nos presenta tres diferentes generaciones portuarias.

2.1.1 Primera Generación

Se enmarcan temporalmente en los años sesenta. Puertos principalmente dedicados a

---

[39] Descripción de las cláusulas A, B y C, según pág. 151 de *El transporte Marítimo*, Rosa Romero Serrano; editorial LogisBook, 2002, Barcelona. Ver www.logisbook.com.

la carga general, influenciados por una política estratégica portuaria muy conservadora. Como enclave de los modos de transporte son, además, centros operativos para los trabajos de carga y descarga de las mercancías, su almacenamiento y demás servicios a la navegación. Sus instalaciones se reducen básicamente a los muelles y la zona contigua al mar.

Se caracterizan por una organización de actuación intraportuaria independiente. No existe una relación organizada entre la entidad portuaria y sus usuarios. De este modo, los servicios individuales son simples, con escaso valor añadido.

Estos puertos no se comunican de forma planificada con otros sectores con los que se relacionan, como el del transporte por carretera, el comercio exterior, o el municipio al que pertenecen. En consecuencia, las empresas portuarias también carecen de cualquier coordinación en la política comercial del puerto, lo que les permitiría obtener más beneficios, individualmente y en su conjunto.

2.1.2 Segunda Generación

Comprenden el período intermedio entre los años sesenta y los ochenta. Además de la carga general se explotan los graneles tanto líquidos como secos. El puerto aparece y se expande como un centro de transporte para la industria y el comercio. Las actividades del puerto se amplían, respecto de los puertos de primera generación, a las de transformación de las mercancías, servicios industriales y comerciales para los buques, lo cual conlleva un aumento físico y funcional del puerto.

Desde 1960 hasta 1980, los usuarios y el puerto conectan aunque todavía las actividades portuarias adolecen de escasa organización, y lo mismo ocurre con el binomio puerto-municipio. La transformación de la carga conduce a un aumento del valor añadido, luego habrá un mayor capital invertido.

Así, el puerto se convierte en un eslabón más de la cadena logística disparado a la multifuncionalidad. Las relaciones del puerto con las empresas de transporte y comercio, y con el municipio se fortalecen. La ciudad en que se enclava el puerto va a participar decisivamente en su ampliación, sus suministros y sus conexiones viarias. La integración de la actividad portuaria aumenta su volumen en un marco global, obteniendo un tráfico cada vez más rápido.

Figura 2.13: Vista aérea del Port Vell del Port de Barcelona (España).

2.1.3 Tercera Generación

Después de los años ochenta y hasta nuestros días. A la carga general y de granel, se añade el hito revolucionario del transporte en general y del transporte marítimo en particular: la contenerización. El puerto pone su punto de mira en el comercio como centro de transporte multimodal y plataforma logística. Ello le va a implicar una ampliación de sus funciones, cuales son: distribución de la carga, impulso logístico, apertura de nuevos canales de información, conexión intermodal y la aparición de un nuevo concepto de puerto, el puerto seco como rampa de lanzamiento para la distribución de productos en enclaves geográficos distantes.

El puerto, centro del transporte marítimo se integra en sí mismo y con el transporte y el comercio. La cooperación municipio y puerto es cada vez mayor. Como resultado, la administración portuaria se transforma y amplía. Las actividades del puerto se profesionalizan y especializan, consiguiendo un alto valor añadido, en el que la tecnología y la información juegan un papel esencial, y aparece una creciente preocupación por el respecto y la conservación del medio ambiente .

En su tercera generación, los puertos se adaptan al cliente ofreciendo un sistema de servicios de alta calidad. La logística y la intermodalidad son el despertar del puerto como comunidad portuaria.

2.2 Autoridades portuarias

Las autoridades portuarias pueden tipificarse del siguiente modo:
 – *Landlord port* o puerto propietario.
 – *Tool port* o puerto instrumento.
 – *Comprehensive port* o puerto explotador.

El puerto propietario como tal asume todas las decisiones relacionadas con la utilización y disposición de sus espacios e infraestructuras. Este puerto garantiza por su propio interés un funcionamiento excepcional del mismo.

El puerto instrumento adquiere un papel decisivo en las superestructuras, por lo que participa activamente en las obras que sean necesarias e interviene en todo lo relacionado con las instalaciones. Los equipos de manipulación y demás que puedan servir a tal efecto, serán financiados por el propio puerto.

La principal característica del puerto explotador es que, además de asumir las actividades y ejercicios del puerto propietario y el instrumento, se encarga de la explotación de las instalaciones y los equipos que se hallen en el recinto portuario.

2.2.1 Gestión portuaria

Existen diferentes modalidades de gestión o administración portuaria:

— Por el Estado: por ejemplo, en Grecia, Italia, España y algunos puertos de América del Sur. La estatalidad de los puertos ha quedado desdibujada, quedando en un contacto menos directo con el poder público para competir como puerto moderno.

— Por los municipios: es común en los puertos del norte de Europa. El municipio gestiona el puerto directamente o a través de un organismo especializado, la autoridad portuaria.

— Por las organizaciones privadas: es uno de los síntomas de la privatización que está alcanzando progresivamente a muchos sectores del negocio portuario.

2.3   Características técnicas

La superficie o zona de flotación de los puertos que pertenecen al Estado, se encuentra dividida en dos áreas: la Zona I y la Zona II. A efectos prácticos, se considera Zona I a las aguas que se encuentran dentro del puerto, estableciendo como límite los testeros de la bocana de acceso. La Zona II comprende las aguas que, fuera de la bocana, sirven como canal de acceso o zona de fondeo.

Los puertos que en España cuentan con una superficie marítima mayor, son:

	Puerto	*Área de flotación (Ha)*		
		Zona I	*Zona II*	*Total*
1	Huelva	2.092	40.595	42.687
2	Bahía de Cádiz	2.764	25.559	28.323
3	Vilagarcía	2.365	14.500	16.865
4	Baleares	697	14.904	15.601
5	Sta. Cruz de Tenerife	698	14.140	14.838
6	Marín-Pontevedra	614	14.144	14.759
7	Vigo	762	13.205	13.967
8	Alicante	109	8.011	8.119
9	Málaga	57	7.000	7.057
10	Castellón	73	5.334	5.407

Tabla 2.2

En cada puerto, en función del tipo de tráfico en que se haya especializado, se encuentra su correspondiente terminal, es decir, aquella parte del puerto que permite tanto la carga y descarga de las mercancías como su posterior manipulación, tratamiento o conservación, una vez en tierra.

Independientemente de las características operativas del puerto, en sí mismo, ya contiene unas limitaciones que condicionan la entrada de determinados buques. No todos los puertos pueden admitir cualquier tipo de barco.

Entre las características generales de un puerto, debemos distinguir entre las limitaciones constructivas y las variables, en función de los elementos meteorológicos y oceanográficos.

Las limitaciones constructivas básicas de un puerto, son las siguientes:
– El calado o profundidad de agua disponible (ver tabla).
– El ancho de la boca del puerto (ver tabla).
– La longitud de los muelles de atraque y las dársenas.
– El espacio maniobrable en el interior del puerto.

Por lo que respecta a las variables externas del puerto, cabe destacar:
– El régimen de vientos, tanto por su dirección característica como por su intensidad.
– De existir, la diferencia entre las pleamares y las bajamares (carrera de la marea).
– El refugio efectivo que el puerto ofrece, en base a la altura de la ola máxima.
– Y, por último, la existencia de corrientes.

La combinación de ambas características crea un perfil determinado de puerto. Comprendido desde este punto de vista, podríamos crear un modelo de puerto ideal que se ajustara a las siguientes características: gran calado, para permitir la entrada de buques tanque; un gran ancho para admitir el paso seguro entre buques, entrando y saliendo; gran longitud de muelles que permita el atraque de buques de gran eslora; grandes espacios interiores dentro de puerto, que no dificulten maniobra alguna; un régimen de vientos inexistente, que no ponga en peligro el atraque o amarre de los buques; la no existencia de mareas, y ser un refugio total a las corrientes y olas externas.

	Puerto	*Ancho (m)*	*Calado (m)*
1	Marín–Pontevedra	550	60
2	Vilagarcía	3.000	50
3	Vigo	3.000	40
4	Sta. Cruz de la Palma	300	35
5	Bilbao	500	30
6	Las Palmas	500	30
7	Arrecife	400	25
8	Sta. Cruz de Tenerife	400	25
9	Tarragona	350	22
10	A Coruña	800	21

Tabla 2.3

Debe aclararse que dentro de puerto, dependiendo de cada muelle, los calados pueden, y suelen variar. Como norma general, los muelles situados más internamente, suelen tener un calado (profundidad) menor que los muelles situados en la parte externa del puerto

2.4   Características operativas. Terminales

Podríamos clasificar las superficies internas del puerto en dos grupos: las que sirven de acceso al mismo y las que se emplean como superficie destinada al depósito de las mercancías, a cargar o a descargar.

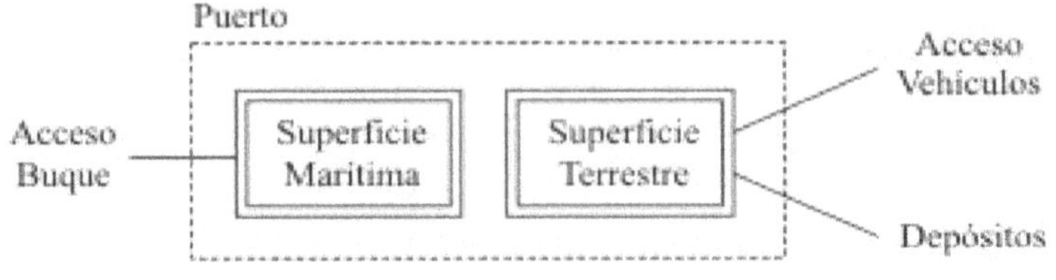

Figura 2.14

De acuerdo con esta clasificación, puede obtenerse una visión muy precisa de los puertos que en España disponen de un mayor número de metros cuadrados de superficie terrestre.

	Puerto	*Superficie terrestre (m²)*			
		Depósitos	*Viales*	*Otros*	*Total*
1	Barcelona	2.621.577	725.031	2.316.230	5.662.838
2	Valencia	2.355.224	932.248	1.768.786	5.056.258
3	Bahía de Cádiz	841.486	344.013	2.070.449	3.255.948
4	Bahía de Algeciras	1.309.510	388.033	979.959	2.677.502
5	Las Palmas	1.882.696	440.663	217.383	2.540.742
6	Ferrol-San Ciprián	147.559	62.513	1.392.989	1.603.061
7	Cartagena	429.602	238.174	909.350	1.577.126
8	Santander	948.587	326.323	229.455	1.504.365
9	Baleares	287.197	477.903	636.975	1.402.075
10	Vigo	525.082	274.096	471.132	1.270.310

Tabla 2.4

Por lo que respecta a las áreas destinadas a depósitos, la superficie puede dividirse en superficie de explotación directa por el puerto, concedida a una empresa privada o bien reservada como zona franca. En base a esta clasificación tenemos:

	Puertos	*Público*	*Privado*	*Zona Franca*
1	Barcelona	2.875.281	0	62.173
2	Valencia	2.237.922	117.257	53.375
3	Bilbao	1.184.629	191.924	32.387
4	Gijón	948.788	11.405	4.265
5	Santander	564.537	300.023	30.432
6	Bahía de Cádiz	752.414	138.912	0
7	Bahía de Algeciras	257.943	588.769	23.236
8	Tarragona	804.895	35.185	6.860
9	Vigo	462.506	23.205	96.650
10	Pasajes	263.939	102.542	177.158

Tabla 2.5

2.4.1 Equipos

Por lo que respecta a los equipos auxiliares con los que el puerto cuenta, dos importantes elementos son los remolcadores y las grúas. Por lo que respecta a éstas últimas, en función del tipo de grúa, en España observamos:

Puertos		*Grúas*		
		Pórtico	*Móviles*	*Otras*
1	Bilbao	85	178	28
2	Huelva	22	74	3
3	Barcelona	26	33	20
4	Las Palmas	11	42	12
5	Tarragona	55	1	2
6	Valencia	30	9	19
7	Bahía de Algeciras	3	38	14
8	Vigo	44	5	2
9	Sevilla	32	0	6
10	Santander	27	1	4

Tabla 2.6

Figura 2.15. Grúa pórtico operando en una terminal.

Y por lo que respecta al número de remolcadores:

	Puertos	*Remolcadores*
1	Bilbao	19
2	Cartagena	15
3	Baleares	13
4	Valencia	12
5	Bahía de Algeciras	9
6	Santander	9
7	Barcelona	8
8	Las Palmas	8
9	Gijón	7
10	Huelva	7

Tabla 2.7

2.4.2 Terminales

En función de los diferentes tipos de carga, la longitud de los muelles internos puede destinarse en mayor o menor medida a un determinado tráfico. De acuerdo con esta distribución, en España, para los puertos con mayor número lineal de metros de muelle, obtendríamos la siguiente clasificación:

	Puertos	*Muelles de carga general (metros lineales)*
1	Valencia	4.283
2	Bilbao	3.889
3	Tarragona	2.703
4	Barcelona	2.369
5	Sta. Cruz de Tenerife	2.057
6	Huelva	2.044
7	Las Palmas	1.985
8	Santander	1.797
9	Vigo	1.659
10	Pasajes	1.331

Tabla 2.8

Por lo que se refiere a las terminales dedicadas al pasaje, es importante que la rapidez, los accesos y la adecuada atención a los pasajeros, sea la columna vertebral que catalice los diferentes servicios.

En cuanto a las terminales destinadas a carga y descarga de contenedores, deben considerarse los diferentes esquemas operativos con los que se cuenta, las posibles opciones para la selección de las diferentes grúas especializadas, además de los sistemas de control informático existentes para dichas operaciones. Tampoco deben olvidarse los servicios de reparación y mantenimiento de los contenedores. Finalmente, valorar también la disponibilidad dentro de las propias terminales, de conexiones frigoríficas que permitan la conexión de los contenedores que requieran dicho servicio (ver tabla 2.10).

	Puertos	*Muelles para pasaje (metros lineales)*
1	Barcelona	2.858
2	Baleares	2.691
3	Bahía de Algeciras	1.612
4	Las Palmas	1.510
5	Málaga	1.264
6	A Coruña	484
7	Vigo	455
8	Ceuta	440
9	Melilla	363
10	Valencia	358

Tabla 2.9

En los muelles dedicados al tráfico ro-ro, principal factor a tener en cuenta son las rampas que facilitarán la carga y descarga rodada de las diferentes mercancías.

	Puertos	Muelles de contenedores (metros lineales)
1	Barcelona	2.990
2	Las Palmas	2.175
3	Sta. Cruz de Tenerife	1.529
4	Valencia	1.500
5	Bahía de Algeciras	1.456
6	Bilbao	1.233
7	Baleares	708
8	Bahía de Cádiz	700
9	Vigo	500
10	Cartagena	386

Tabla 2.10

	Puertos	Muelles de ro-ro (metros lineales)
1	Sta. Cruz de Tenerife	3.296
2	Barcelona	1.875
3	Baleares	1.517
4	Almería-Motril	1.210
5	Valencia	947
6	Santander	873
7	Las Palmas	755
8	Bahía de Cádiz	666
9	Bahía de Algeciras	657
10	Málaga	378

Tabla 2.11

Entre las terminales de graneles líquidos se suele incluir las dedicadas a la recepción de gases. Es habitual encontrar estaciones de llenado de bidones y contenedores.

	Puertos	Muelles de graneles líquidos (metros lineales)
1	Bahía de Algeciras	3.185
2	Cartagena	2.957
3	Tarragona	2.782
4	Sta C de Tenerife	2.709
5	Barcelona	2.498
6	Bilbao	2.350
7	Huelva	2.276
8	Ceuta	1.780
9	A Coruña	1.080
10	Baleares	998

Tabla 2.12

Por lo que respecta a las terminales de graneles sólidos, es importante tener en cuenta la existencia de sistemas mecanizados para la carga y descarga, además del almacenamiento y la buena conexión con el transporte terrestre o ferroviario para evitar problemas de congestionamiento dentro de la terminal.

A continuación se presentan los puertos con mayor longitud de muelle lineal dedicados a instalaciones de graneles sólidos, divididos según disponen de una instalación específica en el muelle o no.

	Puertos	*Muelles de graneles sólidos (metros lineales)*		
		Sin instalación especial	*Con instalación especial*	*Total*
1	Bilbao	3.691	0	3.691
2	Tarragona	3.193	0	3.193
3	Sta. Cruz de Tenerife	2.112	0	2.112
4	A Coruña	1.655	353	2.008
5	Almería-Motril	1.165	840	2.005
6	Gijón	867	1.122	1.989
7	Santander	1.805	100	1.905
8	Sevilla	1.543	351	1.894
9	Avilés	1.341	400	1.741
10	Barcelona	419	1.320	1.739

Tabla 2.13

3. Plataformas logísticas

El puerto ha sido y es un nodo de la cadena del transporte. Sin embargo la evolución de la multimodalidad y la entrega de las mercancías «puerta a puerta» y *just in time*, han supuesto una ampliación de las funciones portuarias en el proceso logístico. La preocupación de los cargadores es minimizar el coste final de la distribución, sin mermar la calidad. Por esta razón, el puerto es hoy una plataforma cuyas funciones rebasan al inicial centro de transporte para convertirse además en un servidor logístico. Es decir, el puerto es un centro multimodal donde confluyen distintos modos de transporte –marítimo, carretera y ferrocarril–, y dispone de las instalaciones necesarias para ofrecer servicios logísticos completos –almacenamiento, manipulación y distribución de mercancías.

Las plataformas logísticas operan con los diferentes modos de transporte, y se caracterizan por: *a)* realizar una ruptura en la cadena de transporte; *b)* consolidar o desconsolidar la mercancía; *c)* ser un punto de conexión o estar cercanas a los distintos modos de transporte; *d)* estar en un *hinterland*, zona de desarrollo industrial y consumo para facilitar la distribución y el aprovisionamiento de las mercancías; y *e)* poseer los suficientes servicios para la mercancía, los transportistas y demás usuarios.[40]

---

[40] Gardeta, J., Camarero, A. Y Gardeta, G.: *Manual de Logística Portuaria*, ed. Universidad Politécnica de Madrid, Madrid, 1999, págs. 89 y ss.

Las plataformas aparecen inicialmente asociadas a los diferentes modos de transporte en los puntos de ruptura de carga ocasionada por un cambio modal. Los servicios de toda plataforma logística son:

a) Servicio al flujo y gestión de la mercancía: funciones de almacenaje, manipulación de la mercancía y cambio de transporte. Estos servicios implican las siguientes operaciones: recepción y entrega de la mercancía, operaciones de carga y descarga, almacenamiento, manipulación, ruptura de carga, embalajes, transporte, servicios documentales, y finalización del proceso de manufactura de algunos productos, como, por ejemplo, en el caso de los automóviles.

b) Servicios al transporte y a los transportistas: un servicio integral total, que no sólo comprende a las mercancías, sino también al transporte y a las personas que lo realizan. Para ello, se ofrece a todos los operadores de la cadena de transporte la utilización de sistemas de información común que agilicen sus funciones y redunden en una mayor calidad de servicio a sus usuarios.

3.1 Zonas de actividades logísticas (ZAL)

Junto al desarrollo logístico de los puertos y los centros de transporte han surgido las ZAL. En un principio estas zonas aparecieron junto a los puertos pero actualmente también se ubican en otros puntos estratégicos. La intermodalidad y la ruptura de carga son la base de las ZAL, en cuyo ámbito las principales actividades que se desarrollan son: almacenaje, distribución y manipulación de las mercancías para alcanzar el mayor valor añadido posible.

La ZAL se puede definir según Gardeta y Camarero[41] como:

«Un conjunto de instalaciones y equipamientos donde se desarrollan distintas actividades relacionadas directamente con la logística y el transporte nacio-nal e internacional, que pueden ser utilizadas conjuntamente por industriales y distribuidores, y que dispone de una serie de servicios complementarios que pone a disposición de los distintos usuarios –transportistas, industriales, almacenistas, distribuidores, agentes, etc.».

Las características básicas que ha de reunir la ZAL son[42]:

a) Situación estratégica privilegiada. Tener un radio de acción próximo a otros países y estar ubicada en una ciudad que sea un importante núcleo de negocios. Estar situada en una zona portuaria con una red de infraestructuras que faciliten su conexión a los distintos modos de transporte, representa un factor económico de tiempo y costes para el proceso de logística integral.

b) Carácter multimodal. Las conexiones marítimas, aéreas y terrestres (carretera y ferrocarril) consiguen la distribución de mercancías a través de los distintos modos de transporte desde un único almacén, y economías de escala.

c) Oferta inmobiliaria. En una ZAL son esenciales tanto los almacenes, centros de distribución, manipulación y depósitos de mercancías, como las oficinas

---

[41] Gardeta, J., Camarero, A. Y Gardeta, G.; obra citada, pág. 104.
[42] Ver www.zal.es/zalbcn/index.htm.

que los gestionen. Los proyectos de urbanismo en estas áreas persiguen una máxima operatividad en un entorno agradable, cuidando el medio ambiente a través de una apropiada gestión de residuos, y una alta calidad de gestión en la administración de la ZAL.

d) Servicios logísticos. Servicios de contratación temporal de personal de almacén, alquiler de infraestructuras informáticas, alquiler de maquinaria y equipamiento de almacén, depósitos aduaneros, depósitos fiscales, almacén de depósito temporal, expedidor y receptor aduanero autorizado.[43]

e) Servicios de valor añadido. Seguridad y control de accesos (control de incendios, seguridad las 24 horas, medios para minimizar riesgos laborales), telecomunicaciones, servicios a las empresas y a las personas (servicio de atención al cliente, transporte público, restauración,...), mantenimiento de las infraestructuras (zonas verdes, alumbrado público, red de alcantarillado y saneamiento, mobiliario urbano, limpieza de calzadas, aceras y zonas de maniobra) y de los edificios (limpieza regular, cubiertas y pintura), servicios de documentación, formación y bolsa de trabajo.

La ZAL es un centro multifuncional aglutinador de las siguientes funciones:

a) Funciones logísticas. Centro de consolidación de cargas, centro de almacenamiento y distribución, centro de contratación de cargas, centro de empaquetamiento, envasado y etiquetado, y centro de transporte internacional (aduanas y zona franca).

b) Funciones de intercambio modal. Estacionamiento de vehículos –camiones, ferrocarril y buques–, muelles de carga y zona operativa de maquinaria auxiliar (carretillas y grúas).

c) Funciones de asistencia a vehículos. Aparcamiento de vehículos pesados, estación de servicios, talleres de reparación y mantenimiento de vehículos, y zona de inspección técnica de vehículos.

d) Funciones administrativas y comerciales. Zonas de oficinas, comercios, sedes bancarias, servicios de correos, etc.

La ubicación de una ZAL responde a dos factores:

a) La densidad de infraestructuras de comunicaciones que permitan enlaces rápidos: autopistas, aeropuertos, líneas ferroviarias,...

b) La calidad de los centros de tránsito y distribución, en base a: elevada disponibilidad de transmisión de información informatizada, capacidad de manipulación de mercancías (embalaje, clasificación, etiquetados,...), y existencia de sistemas de transporte (puertos, aeropuertos, autopistas, plataformas de ferrocarril,...).

Las ZAL asumen servicios que dotan de un valor agregado a la cadena logística de distribución. Los servicios logísticos responden a una necesidad de los usuarios. Las ZAL, centros de logística, transportes y servicios son consecuencia de la

---

[43] Montero García, Luis: *Logística e intermodalidad*, ediciones LogisBook, Barcelona, 2002, págs. 23 y ss.

estructura del comercio internacional, piezas clave en las economías metropolitanas y elementos de competencia económica entre las regiones.[44]

La administración de la ZAL juega un papel muy relevante en la cadena de suministro, ya que coordina todos los servicios ofrece, apostando por la mejora mediante la aproximación a sus usuarios-clientes. Se consigue así que las empresas instaladas en una ZAL actúen con un alto índice de capacidad y calidad, de modo que el flujo de materiales desde los proveedores hasta los clientes, incluyendo la fabricación y la red de distribución, sea cada vez más competitivo en un marco global.

A través de la ZAL se persigue maximizar los beneficios del multimodalismo como instrumento estratégico de flexibilidad, que ayude a tomar posiciones en todos los segmentos del mercado, desde la paquetería express transportada por avión hasta los contenedores que se trasladan por mar.

3.2 Zonas francas

La zona franca «es un enclave territorial particularmente delimitado en el que existen facilidades para la entrada, manipulación, almacenamiento y expedición de mercancías, especialmente la exención del pago de derechos arancelarios y otros impuestos, hasta el momento de ser despachadas para su comercialización o consumo».[45]

Las zonas francas se caracterizan por ser espacios donde la mercancía depositada queda exenta de la aplicación de derechos aduaneros y de las medidas de política comercial. En la UE, cada Estado miembro decide la ubicación de estas zonas, cuyos accesos de entrada y salida estarán siempre vigilados.

Las mercancías depositadas en las zonas francas pueden ser comunitarias o no, y pueden ser de cualquier tipo, excepto algunas especiales como por ejemplo las relacionadas con la salud. Existe un control sobre el volumen de entrada de estas mercancías, pero durante su estancia quedan exentas de cualquier intervención aduanera a excepción de las exportaciones sujetas a derechos aduaneros. Cuando las mercancías no son comunitarias se les deberá dar un destino y un régimen aduanero, y pueden ser objeto de manipulación o reexportadas.

Las zonas francas potencian el comercio internacional y facilitan las infraestructuras necesarias para el desarrollo económico en un área geográfica estratégica. Así, la normativa europea también conceptúa la zona franca como un espacio exento de impuestos y aranceles, cuyo fin es promover el comercio con terceros países.

Las zonas francas también pueden ofrecer servicios de manipulación o de perfeccionamiento de la mercancía para reexportarla o transformarla antes de ser importada. En este ámbito se engloba: *a)* limpieza, selección, clasificación u otros tratamientos parecidos; *b)* envasado, desenvasado, cambio o reparación de envase u otros recipientes; *c)* operaciones para la conservación de la mercancía, como la congelación, refrigeración, secado o engrasado; *d)* prueba y puesta en funcionamiento de maqui-

---

[44] Ver más información sobre zonas de actividades logísticas en www.desarrolloyregion.com/webidr/grandes_obras/elpuerto_zal.htm.

[45] LogisNet, Guía de Logística, edit. Marge, 2003, Barcelona, «Glosario», pág. 461. Ver www.logisnet.com.

naria; *e*) examen de la mercancía, inventario y extracción de muestras; *f*) reparación de averías devenidas en el transporte o almacenaje; *g*) numeración de bultos o colocación de signos distintivos y marcas; *h*) adaptación de la mercancía a soportes para su fijación; *i*) preparación de surtidos y clasificación; y *j*) mezcla o división de mercancías.

Figura 2.16. Vista aérea de la Zona Franca de Cádiz (España).

3.3 Puertos secos

Los puertos secos son áreas interiores que reciben y expiden carga cuyo origen o destino son los puertos marítimos. De acuerdo con la Unctad, la definición de puerto seco es: «una instalación no costera de uso publico, distinta de un puerto y de un aeropuerto, aprobada por un organismo competente, equipada con instalaciones fijas y ofreciendo servicios para manipular y almacenar temporalmente cualquier clase de mercancías incluyendo contenedores, que sea considerada como «en tránsito» para efectos de aduanas, por cualquier modo de transporte de superficie no costero, y que tiene además la capacidad de efectuar controles aduaneros que permitan a estas mercancías continuar su tránsito, terminar el viaje y ser utilizadas localmente, ser deseachadas para exportación o ser reexportadas, según sea el caso».[46]

Al igual que cualquier otra plataforma logística, se sitúan cerca de los grandes centros de producción y consumo con un enclave próximo a la intermodalidad, es decir, cercanos a los aeropuertos, puertos y comunicados mediante carretera y ferrocarril. El ferrocarril es un modo de transporte importante en los puertos secos, ya que muchos ferrocarriles especializados en mercancías llegan a estos puertos directamente desde los marítimos.

---

[46] Ver www.mapis.com.co/elpuerto.htm

Como centro operador de mercancías recibe un control aduanero, pues en definitiva complementa o amplía al puerto marítimo y de ahí su nombre. Los puertos secos son centros de intermodalidad dotados de rápida comunicación, servicios públicos, depósitos de mercancías y transferencias de carga, tanto para la exportación-importación como para los movimientos nacionales.

Las funciones de un puerto seco son: *a)* asuntos aduaneros; *b)* transferencia de modo de transporte para contenedores; *c)* almacenamiento temporal de cargas; *d)* limpieza y preparación de contenedores; *e)* mantenimiento y reparación de contenedores.

Los puertos secos garantizan el transporte de contenedores con un riesgo mínimo de manipulación, pues el equipo operador de estos puertos optimiza sus funciones, descongestiona el puerto marítimo y consigue una aportación al sistema multimodal muy positiva. Especialmente, en aquellos países o regiones sin mar, los puertos secos posibilitan que localmente se realicen actividades que antes desarrollaban los puertos marítimos, consiguiendo un mayor control sobre estas operaciones.

Los requisitos fundamentales para establecer un puerto seco son:

a) Óptima ubicación en relación a los recorridos de las cargas; disponer de equipos de manipulación; personal cualificado y, en general, los requisitos propios de todo punto de transferencia de modo de transporte

b) En un puerto seco es importante pronosticar el volumen de carga a manejar y los tipos de mercancías (peligrosa, refrigerada, etc., que pueden exigir instalaciones especiales), así como disponer de amplios espacios para el intercambio de modo de transporte, servicios de agua, suministro eléctrico, y telecomunicaciones. Todo ello para que funcionen a la perfección todas sus instalaciones: oficinas de administración del puerto seco, aduanas, oficinas para los operadores del puerto (aseguradores, operadores de ferrocarril, transitarios y operadores de transporte multimodal), naves para la reparación, mantenimiento y limpieza de contenedores, talleres de reparación y mantenimiento de grúas y montacargas, etc.

3.4 Centros integrales de mercancías (CIM)

Los centros integrales de mercancías están estratégicamente situados con la principal función de servir para el almacenamiento y la distribución de las mercancías, por lo que son puntos operativos del transporte y la logística.

Tal y como define Carbonell i Alart:[47]

«Un CIM es un conjunto de instalaciones y equipos donde se desarrollan diferentes actividades relacionadas directamente con el transporte nacional e internacional de mercancías, y que ofrece una serie de complementos que pone a disposición de todos sus usuarios y clientes».

Estas estaciones al servicio del transporte de mercancías se establecen gene-

---

[47] Carbonell i Alart, Núria: *Les infraestructures del transport*, ed. Generalitat de Catalunya, Barcelona, 2001, pág. 60 y ss.

ralmente por la Administración pública en un determinado territorio, si bien también pueden ser de capital privado o mixto.

Por lo general, son centros de atención para los vehículos y sus conductores, con servicios los 365 días del año durante las 24 horas, con accesos acondicionados y estacionamiento vigilado. Se acostumbran a dividir en varios sectores: servicios (hotel, gasolinera, centro para atender cualquier necesidad del camión –talleres de reparación, trenes de lavado de camiones–, bar, cafetería, restaurante, centro de formación del transporte, bancos, centros de control[48] y oficinas) y empresas de almacenamiento y de distribución de mercancías del sector del transporte.

En los CIM se ubican: naves, patios de maniobras, zonas de equipamiento, viales, aparcamientos y zonas verdes interiores.[49] Estos centros de operaciones logísticas cuidan la protección el medio ambiente, disponiendo de: centros de recogida de residuos, limpieza de viales y depósitos de aceite para los camiones, entre otros servicios.

3.5   Almacenes de mercancías

El almacén es un lugar donde se guardan mercancías para su posterior distribución. Las principales funciones son: almacenamiento, guarda, conservación, manejo, control de la distribución o comercialización de los bienes o mercancías que se encomiendan a su custodia.

Los almacenes pueden ofrecer múltiples servicios: *a)* reparar o transformar la mercancía para aumentar su valor; *b)* prestar servicios al apoderado de aduanas; en ocasiones se pueden convertir en depósitos fiscales donde los impuestos de importación se postergan; *c)* servicios de conservación de las mercancías; *d)* ofrecer financiación a cambio de la garantía de las mercancías depositadas.

Los almacenes juegan un papel muy importante en la cadena logística. Un sistema eficaz de gestión de un almacén facilita el control de las existencias, una disminución de errores para optimizar los procesos y el uso del espacio; todo lo cual redunda finalmente en una reducción de los costes asociados.

3.6   Depósitos de contenedores

Los depósitos de contenedores o superficies de apilamiento son áreas abiertas –sin paredes ni techos, para facilitar el acceso– ubicadas en las terminales de contenedores para su almacén temporal.

Los contenedores se ordenan apilados según unos modelos rectangulares –para contenedores de 20'–, previamente diseñados para poder localizar rápidamente cualquier contenedor. Si se apilan muchos contenedores el coste de manipulación será

---

[48] Los centros de control en un CIM supervisa: el acceso de vehículos, la vigilancia con cámaras de televisión, seguridad, vigilancia, alarmas contraincendios, alarmas contraintrusión, y control de emergencia.

[49] Ejemplo de CIM en España es «CIM Vallès» en Catalunya, www.acte.es/ cacimvalles/

más alto. Esta ubicación física se suele acompañar de un sistema informático de gestión.

Este depósito temporal de los contenedores es necesario dado que éstos no llegan directamente a la terminal vía terrestre, y se descargan directamente en la explanada para ser conducidos mediante grúas hacia el buque o viceversa; sino que los contenedores se depositan con cierta antelación en la terminal para ser después embarcados.

a) Asimismo, en las terminales de contendores también hay zonas exclusivas dedicadas al depósito de contenedores vacíos. Los contenedores vacíos se pueden apilar más fácilmente que los llenos, aunque en ocasiones y dependiendo del espacio del que se disponga también se pueden almacenar mezclados, los llenos con los vacíos. Son varios los factores a tener en cuenta a la hora de decidir el tipo de almacenaje de los contenedores, según:

b) El mayor o menor número de actividades de importación o exportación que se den en ese puerto, consecuentemente, puede haber un mayor número de contenedores llenos o vacíos.

c) La entrada de unidades vacías que deban salir del depósito.

d) La entrada de unidades vacías que se deban llenar en estos almacenes.

e) el vaciado de unidades debidos al grupaje de la descarga de los buques.[50]

En la manipulación de contenedores también hay que tener en cuenta los almacenes de consolidación y desconsolidación, lo cual tiene lugar en los tinglados.

4. Vehículos

4.1 Carretera

Los vehículos de transporte rodado por carretera para el transporte de mercancías pueden ser:[51]

a) Ligeros: «vehículo automóvil especialmente acondicionado para el transporte de mercancías cuyo peso máximo autorizado no exceda de 6 t, o que, aún sobrepasando dicho peso, tenga una capacidad de carga útil no superior a 3,5 t».

b) Pesados: «vehículo automóvil especialmente acondicionado para el transporte de mercancías cuyo peso máximo autorizado sea superior a 6 t y cuya capacidad de carga exceda de 3,5 t. Las cabezas tractoras tendrán la consideración de vehículos pesados cuando tengan una capacidad de arrastre de más de 3,5 t de carga».

En relación a su construcción y función puede distinguirse entre:

a) Vehículo: aparato capaz de circular por vías o terrenos.

---

[50] Palacio López, Perfecto: *Transporte marítimo de contenedores,* págs. 214 y ss.
[51] Según el art. 47.3 y 4 de la LOTT.

b) Automóvil: vehículo que posee un aparato mecánico de propulsión y circula por carretera por sus propios medios, sin necesidad de carriles. Transporta personas y cosas.

c) Camión: vehículo especializado en el transporte de mercancías.

d) Tractor: vehículo con dispositivo mecánico de propulsión para circular por carretera por sus propios medios, no por carriles, y creado para tirar remolques, semirremolques o máquinas, ya sea para empujarlos o accionarlos.

e) Remolque: vehículo que circula gracias al arrastre que le proporciona otro de motor. Puede ser: ligero, de masa máxima autorizada inferior a 750 kg, o pesado, de masa máxima autorizada superior a 750 kg, a los que se les conoce como remolques de mercancías no ligeros.

f) Semirremolque: remolque que se ensambla a un tractocamión, sobre el que parcialmente descansa transmitiéndole parte de su masa y carga. No tiene eje delantero y puede ser: monoeje (un solo eje), *tándem* o doble (dos ejes) y trídem o triple (tres ejes).

Figura 2.17. Cabeza tractora con semirremolque (Open European Fleet).

g) Rígido: vehículo automóvil en el que la carga reposa totalmente sobre el chasis. Su uso es recomendable para vehículos que se mueven sobre tierra, transporte de mercancías y para los repartos en las poblaciones de paquetería, mercancías perecederas, butano,...

h) Vehículo articulado: vehículo compuesto por un tractor y un semirremolque.

i) Tren de carretera: vehículo formado por un camión y un remolque o por un vehículo articulado y un remolque, útil en el transporte a larga distancia.

j) Conjunto de vehículos: varios vehículos acoplados que circulan juntos en una unidad.

k) Vehículo especial: vehículo autopropulsado o remolcado, construido para realizar obras o servicios.

Por lo que respecta a la utilidad de los vehículos de transporte de mercancías por carretera, éstos se pueden clasificar en:

a) Furgón: es un camión cuya cabina se halla integrada con el resto de la carrocería.

b) Plataforma: vehículo indicado para el transporte de mercancías, en el que una superficie plana sirve para cargar la mercancía pesada (bobinas, metal,...).

c) Caja abierta: vehículo diseñado también para el transporte de mercancías, cuya parte superior está abierta y se acostumbra a cubrir con un toldo para salvaguarda de las mercancías.

d) Caja cerrada: vehículo para el transporte de mercancías en un receptáculo cerrado.

e) Portacontenedores: vehículo para transportar contenedores, cuenta con una plataforma con dispositivos que aseguran un perfecto trincaje del contenedor a la misma para asegurar su transporte.

f) Cisterna: vehículo destinado al transporte de graneles líquidos o gases licuados.

g) Capitoné: caja cerrada, a veces acolchada pero, en cualquier caso, adaptada en su interior para el transporte de mercancías frágiles.

h) Góndola: vehículo de plataforma de carga muy estrecha, es un vehículo pesado.

i) Isotermo: vehículo con una caja fabricada en materiales aislantes para evitar el contacto de temperatura exterior e interior.

j) Refrigerante: vehículo isotermo como el anterior, pero que mantiene la temperatura mediante un dispositivo de frío.

k) Jaula: vehículo destinado al transporte de animales vivos.

l) Botellero: vehículo diseñado especialmente para el transporte de botellas o bombonas.

m) Portavehículos: vehículo que, como su propio nombre indica, sirve para el transporte de uno o más vehículos.

n) Silo o tolva: vehículo ideado para el transporte tanto de materiales sólidos, granulosos como pulverulentos.

o) Basculantes: vehículo que cuenta con un dispositivo para elevar y girar la caja, y así poder descargar por el lado o por detrás. Especialmente indicado en el transporte de graneles sólidos.

p) Dumper: camión basculante como el anterior pero muy reforzado, circula por cualquier terreno y dispone de gran maniobrabilidad.

q) Blindado: vehículo que puede transportar personas o cosas, consta de una caja cerrada que se refuerza mediante un blindaje.

r) Batería de recipientes: vehículo destinado al transporte de carga, dispone de varios recipientes fijos conectados entre ellos. Sirve para transportar mercancías peligrosas.

s) Hormigonera: vehículo que sirve para transportar elementos constitutivos del hormigón, e incluso puede mezclarlos durante el transporte.[52]

---

[52] Transporte por carretera, Transporte interior e internacional de mercancías, tomo II, ed. Ceftral (Confederación Española de Formación del Transporte y la Logística), Madrid, 2002, pág. 90 y ss., www.ceftral.es

4.2   Ferrocarril

En este apartado no se hará mención a los distintos tipos de máquinas motrices[53] ferroviarias, sino que se dará una clasificación general y completa de los distintos tipos de vagones para el transporte de mercancías.

Los vagones pueden ser:[54]

1. Cerrados
    1.1. Cerrados polivalentes.
    1.2. Transporte de chapa.
    1.3. Transporte de mercancía palatizada.
    1.4. Transporte de bobinas con su eje horizontal.
    1.5. Transporte de bobinas con su eje vertical.
2. Abiertos
    2.1. Transporte de madera en rollizo.
    2.2. Polivalente.
    2.3. Transporte de traviesas.
    2.4. Polivalente.
3. Cisternas:
    3.2. Transporte de combustibles líquidos.

Figura 2.18. Transporte ferroviario de contenedores de Transporte Combinado Renfe (España).

4. Tolvas:
    4.1. Transporte de cereales.
    4.2. Transporte de balasto.
    4.3. Transporte de mineral.
    4.4. Transporte de carbón.
    4.5. Transporte de cereales, azúcar.

---

[53] Para más información sobre fichas técnicas de máquinas motrices ferroviarias, ver www.todotrenes.com /Fichas/VerFichaMaquina.asp.

[54] Para más información sobre vagones, ver www.renfe.es/empresa/cargas /parque_vagones.html.

    4.6. Transporte de carbón de grano fino, remolacha, abonos o minerales.

    4.7. Transporte de remolacha, abonos o minerales.

    4.8. Transporte de cereales y graneles

    4.9. Transporte de carbón y minerales

    4.10 Transporte de pulverulentos

5. Plataformas

    5.1. Polivalente

    5.2. Transporte de carriles

    5.3. Transporte de alambrón.

    5.4. Transporte de traviesas monobloque de hormigón.

    5.5. Transporte de automóviles.

    5.6. Transporte de automóviles, monovolúmenes y furgonetas.

    5.7. Polivalente y transporte de contenedores.

    5.8. Transporte de mercancías de gran peso y transportes especiales.

    5.9. Transporte de mercancías de gran peso y gran altura.

    5.10. Transporte de bobinas de alambrón.

    5.11. Transporte de madera en rollizo, tubos.

    5.12. Transporte de bobinas.

    5.13. Transportes especiales.

    5.14. Transporte de contenedores

4.3 Marítimos[55]

4.3.1 Ro-Ro

Los buques ro-ro transportan carga rodada, es decir, todo tipo de vehículos. Su nombre viene del inglés *roll on/roll off* (entrar y salir sobre ruedas), que se abrevió en ro-ro y así se ha traspasado a la lengua castellana. El interior de sus bodegas es un garaje de varios pisos comunicados por rampas o ascensores y el acceso suele ser por la popa o por el costado. Disponen de una rampa que los une a tierra y por la que circula la carga hasta ser estibada en la bodega.

La carga, accede al buque conducida normalmente o mediante carretillas elevadoras, aunque también puede acceder a través de grúas en tierra o a bordo. Además estos barcos pueden cargar: contenedores, paletas, grandes piezas y carga sobre trailer.

4.3.2 Portacontenedores

Inicialmente, los contenedores se transportaban en buques de carga general, sin embargo, con el impulso internacional y los avances tecnológicos en la construcción

---

[55] López Palacio, Perfecto; obra citada, pág. 73 y ss.

de buques aparecieron los portacontenedores, totalmente especializados para el transporte de estas unidades de carga.

Figura 2.19. Buque portacontenedores (Grupo Boluda).

El buque portacontenedores, como su propio nombre indica, carga contenedores tanto sobre cubierta como en las bodegas. A estos buques también se les denomina portacontenedores puros o celulares.

Sus bodegas disponen unas guías incorporadas para fijar el contenedor estibado, guías que se apoyan en los diferentes mamparas que dividen la bodega del buque en celdas o *bays*. Las escotillas son de una sola pieza reforzada para sostener los contenedores que van sobre la cubierta. Las categorías y capacidades de los buques portacontenedores son, en función de su tamaño:

- Feeder: entre 100 y 499 TEU.
- Feeder Max: entre 500 y 900 TEU.
- Handy: entre 1.000 y 1.999 TEU.
- Subpanamax: entre 2.000 y 2.999 TEU.
- Panamax: entre 3.000 y 3.999 TEU.
- Overpanamax: más de 4.000 TEU.

4.3.3 Multipropósito

Los buques multipropósito suelen tener dos cubiertas adaptadas a la carga de contenedores al igual que sus bodegas, los más modernos combinan sistema ro-ro, refrigeración, tanques y capacidad para levantar carga pesada. En definitiva, los buques multipropósito, como su propio nombre indica, pueden transportar: graneles líquidos y secos, carga sobre trailer, grandes piezas, paletas, contenedores, carga general y carga perecedera.

4.3.4 Petrolero

El buque petrolero carga por excelencia graneles líquidos. Sobre la cubierta se distribuyen los tubos y mangueras para cargar y descarga el crudo. El interior de la bodega se divide en mamparas por cuestiones de seguridad y, en algunos países, se exige en estos casos doble casco. La construcción actual de este tipo de buques comporta el establecimiento de tanques segregados, de tal modo que algunos de ellos se destinan a transportar solamente agua cuando el buque ha descargado el crudo y el resto sólo transportan crudo.

4.3.5 LNG / LPG

Los buques *LPG Carrier* (las iniciales corresponden a *Liquefied-Petrol-Gas)* transportan tanques de petróleo y gas licuado. Se caracterizan por cargar estas materias a altas presiones y a temperaturas de hasta –104 °C .

Los *LNG Carrier (Liquefied Natural Gas)*, son buques para la carga de gas natural licuado bajo una presión atmosférica y una temperatura de –162 °C, en unos tanques aislados por una membrana.[56]

5. Tráficos[57-58]

5.1 Mercancías

5.1.1 Contenerizada

Con el fin de ofrecer una visión panorámica de los tipos de tráficos que circulan por los puertos comerciales españoles, en la tabla 2.14 se presentan, en dos series anuales acumuladas distintas, los valores en número de toneladas contenerizadas movidas de los diez puertos más importantes.

El puerto de la Bahía de Algeciras se presenta como el que mayor número de toneladas movió en el año 2002. También es importante destacar que fue el puerto de Valencia,[59] con un aumento con respecto al año anterior del 21,54 %, el que mayor tasa de incremento presenta. En el lado opuesto Baleares,[60] que aún y figurando entre los diez primeros, presenta un descenso en el número de toneladas del 4,55 %.

---

[56] Ver www.ship-technology.com/projects/index.html.

[57] Todas las tablas están confeccionas con información facilitada por Puertos del Estado, si bien la confección y manipulación es propia.

[58] Una visión global y resumida de los tráficos mundiales puede encontrarse en el documento www.unctad.org/sp/docs/rmt2002summary_sp.pdf, editado por Naciones Unidas, bajo el nombre de *Revista de Transporte Marítimo 2002*; Resumen de los principales acontecimientos.

[59] La Autoridad Portuaria de Valencia gestiona los puertos de Valencia, Gandía y Sagunto.

[60] Baleares comprende los puertos de Palma de Mallorca, Alcudia, Mahón, Ibiza y Cala Sabina.

	Puertos	Mercancías contenerizadas (t)		
		2001	2002	
1	Bahía de Algeciras	24.153.346	25.402.705	↑
2	Valencia	16.146.246	19.623.426	↑
3	Barcelona	13.398.808	13.764.427	↑
4	Las Palmas	6.335.995	6.598.484	↑
5	Bilbao	4.596.072	4.660.669	↑
6	Sta. Cruz Tenerife	3.185.981	3.106.854	↓
7	Baleares	1.971.395	1.881.641	↓
8	Vigo	1.354.393	1.555.535	↑
9	Alicante	992.869	996.177	↑
10	Bahía de Cádiz	825.578	985.513	↑

Tabla 2.14

	Puertos	TEUs		
		2001	2002	
1	Bahía de Algeciras	2.151.770	2.229.141	↑
2	Valencia	1.506.805	1.816.526	↑
3	Barcelona	1.411.054	1.421.040	↑
4	Las Palmas	658.164	684.322	↑
5	Bilbao	454.382	455.019	↑
6	Sta. Cruz Tenerife	403.021	400.332	↓
7	Baleares	264.948	261.733	↓
8	Vigo	137.517	159.325	↑
9	Alicante	133.604	135.829	↑
10	Bahía de Cádiz	91.421	108.157	↑

Tabla 2.15

Por lo que respecta al número de contenedores movidos, el puerto de la Bahía de Algeciras, al igual que en 2001, se sitúa en cabeza (con un aumento del 3,6 %).63 De nuevo hay que destacar el aumento del 20,55 % en número de contenedores que el puerto de Valencia ha sufrido. En la otra cara de la moneda, Baleares presenta una disminución del 1,21 %

Si realizamos una proporción entre el número de toneladas transportadas y el número de contenedores, veremos que el puerto que obtiene un mayor rendimiento a las unidades transportadas es el puerto de la Bahía de Algeciras, con una media de 11,4 t/TEU, mientras que el que presenta un menor rendimiento es Baleares, con una tasa de 7,2 t/TEU.

5.1.2 Convencional

Entendemos como mercancía convencional, toda aquella que no está contemplada

---

[61] La Autoridad Portuaria de Valencia gestiona los puertos de Valencia, Gandía y Sagunto.

[62] Baleares comprende los puertos de Palma de Mallorca, Alcudia, Mahón, Ibiza y Cala Sabina.

[63] El puerto Bahía de Algeciras se ha consolidado como el 6.º de Europa y el 26.º del mundo. Sus muelles, con profundos calados, disponen de las condiciones necesarias para atender buques de más de 8.000 TEU's, los mayores que operan en la actualidad. Para más información consultar el sitio www.apba.es.

en la mercancía contenerizada, ni considerada como graneles líquidos ni sólidos.

Como puede verse en la tabla, el puerto con un mayor número de toneladas movidas es el de Valencia,[64] con un aumento con respecto a 2001 del 6,51 %, si bien cabe destacar que el aumento máximo lo presenta el puerto de Barcelona con un 15,07 %. El puerto con un descenso mayor es el de la Bahía de Cádiz, con una cifra de 10,66 % menos de carga que el año anterior.

Puertos		*Mercancías convencionales (t)*		
		2001	*2002*	
1	Valencia	5.275.737	5.619.231	↑
2	Barcelona	4.737.463	5.451.456	↑
3	Baleares	4.901.492	5.214.442	↑
4	Bahía de Algeciras	3.191.150	3.497.460	↑
5	Bilbao	3.323.810	3.212.704	↓
6	Sta. Cruz Tenerife	2.879.583	3.052.566	↑
7	Las Palmas	3.058.014	2.826.982	↓
8	Pasajes	1671415	1828366	↑
9	Bahía de Cádiz	1.744.846	1.558.905	↓
10	Vigo	1.537.242	1.490.133	↓

Tabla 2.16

5.1.3 *Graneles líquidos*

El puerto Bahía de Algeciras tiene el máximo movimiento de este tipo de tráfico,[65] presentando una variación positiva del 1,45 % con respecto al año anterior. El puerto con un mayor incremento es A Coruña, con un aumento del 5,89 %. Por el contrario, Las Palmas, con un descenso del 12,89 %, se presenta como el peor situado.

Por lo que respecta a los graneles líquidos, los diez puertos con un mayor tráfico de este tipo de mercancía son los siguientes:

Puertos		*Graneles Líquidos (t)*		
		2001	*2002*	
1	Bahía de Algeciras	19.141.826	19.419.310	↑
2	Tarragona	16.952.477	17.494.782	↑
3	Cartagena	16.300.419	17.154.638	↑
4	Bilbao	14.325.857	13.129.177	↓
5	Huelva	12.073.028	10.871.110	↓
6	Barcelona	9.515.171	9.929.989	↑
7	Sta. Cruz Tenerife	8.510.500	8.220.924	↓
8	A Coruña	7.124.209	7.543.209	↑
9	Castellón	7.751.863	7.501.222	↓
10	Las Palmas	4.620.921	4.025.420	↓

Tabla 2.17

---

[64] Dentro de la mercancía convencional movida, cabe destacar: fundición de hierro y acero, maderas, materiales de construcción, vehículos, frutas, vino, bebidas, papel y pasta de papel. Para más información consultar el sitio www.valenciaport.com.

[65] En *bunkering* y en movimiento de graneles líquidos, destacan las instalaciones de la Refinería Cepsa y el complejo petroquímico anexo, así como las de CLH.

5.1.4 *Graneles sólidos*

Los puertos con mayor movimiento de graneles sólidos son los siguientes:

	Puertos	Graneles Sólidos (t)		
		2001	*2002*	
1	Gijón	17.007.950	18.137.714	↑
2	Tarragona	8.727.140	10.846.192	↑
3	Ferrol- San Ciprián	7.371.977	7.626.424	↑
4	Huelva	5.477.027	6.503.759	↑
5	Almería-Motril	6.826.241	5.868.380	↓
6	Valencia	5.283.694	5.777.142	↑
7	Bilbao	4.413.625	4.619.544	↑
8	Cartagena	3.375.687	4.191.776	↑
9	Santander	3.698.545	4.107.711	↑
10	A Coruña	3.238.178	4.060.549	↑

Tabla 2.18

El puerto de Gijón[66] se presenta como el que mayor número de toneladas mueve, con un aumento del 6,64 % con respecto al año anterior. Es importante señalar los importantes aumentos sufridos por los puertos de A Coruña (25,40 %), Tarragona (24,28 %) y Cartagena (24,18 %).

5.2 Buques

Por número de buques, los puertos que han sufrido más movimientos son los reflejados en la siguiente tabla:

	Puertos	Número de buques		
		2001	*2002*	
1	Bahía de Algeciras	18.082	19.567	↑
2	Sta. Cruz Tenerife	15.554	15.700	↑
3	Las Palmas	12.492	12.410	↓
4	Baleares	8.493	9.946	↑
5	Ceuta	9.685	9.507	↓
6	Barcelona	8.641	8.989	↑
7	Valencia	6.912	7.102	↑
8	Bilbao	3.845	3.673	↓
9	Tarragona	2.622	2.712	↑
10	Almería-Motril	2.218	2.546	↑

Tabla 2.19

El puerto con un mayor número de entradas de buques es el puerto de la Bahía

---

[66] Cabe destacar el tráfico de minerales de hierro, carbón térmico y siderúrgico, cemento y alambrón de hierro y acero. Para más información consultar el sitio www.puertogijon.es.

de Algeciras, con un aumento del 8,21 % con respecto al año anterior, si bien es el puerto de Baleares el que presenta un aumento mayor, con un 17,12 %. El puerto con un mayor descenso es el de Bilbao, con un descenso del 4,47 %.

Si la clasificación la realizamos en base a las toneladas de arqueo bruto de los buques, obtendremos, por puertos, la siguiente relación:

	Puertos	G.T. (t)		
		2001	*2002*	
1	Bahía de Algeciras	187.008.886	209.072.050	↑
2	Barcelona	131.688.630	146.697.608	↑
3	Sta. Cruz Tenerife	125.424.368	137.300.670	↑
4	Las Palmas	101.067.296	110.764.771	↑
5	Baleares	77.826.767	96.898.727	↑
6	Valencia	83.363.231	96.795.789	↑
7	Ceuta	52.575.999	54.389.098	↑
8	Bilbao	35.051.333	36.613.617	↑
9	Tarragona	31.534.706	35.406.945	↑
10	Almería-Motril	23.665.148	28.197.298	↑

Tabla 2.20

El puerto de la Bahía de Algeciras figura en primer lugar, con un aumento del 11,8 % con respecto a 2001. El puerto con un mayor aumento en la capacidad de los buques fue el de Baleares, con un 24,51 %. El puerto con un menor ascenso es el de Ceuta, con sólo un 3,45 %.

A simple vista podemos ver que la capacidad de los buques ha aumentado en todos los puertos, es decir, que el tamaño de los buques es cada vez mayor. El puerto que de media ha recibido a los mayores buques es el de Barcelona, con un aumento del 7 %. El puerto con un mayor aumento en la capacidad de los buques, ha sido el de Valencia, con un aumento del 13 %.

En función de la bandera de los buques extranjeros que han visitado nuestros puertos, tendríamos la siguiente clasificación:

	Banderas	*Buques*	*G.T.*
1	Panamá	4.598	81.913.644
2	Liberia	3.207	56.806.156
3	Bahamas	2.811	50.202.721
4	Malta	3.587	48.509.966
5	Marruecos	5.295	45.034.357
6	Italia	2.150	44.878.167
7	Noruega	1.549	28.194.317
8	Dinamarca	1.901	26.777.105
9	Chipre	2.492	26.263.414
10	Reino Unido	1.639	25.048.611

Tabla 2.21

Como podemos ver, las principales flotas que han visitado los puertos españoles, pertenecen a países de conveniencia.

5.3 Líneas

5.3.1 Cabotaje

Por lo que respecta al estudio de los tráficos de cabotaje, podemos analizar por separado el tipo de buque que se dedica a dicho servicio, según sean buques nacionales o extranjeros. Por lo que respecta a los buques nacionales obtenemos:

	Puertos	*Tráfico de cabotaje (2001)*	
		Buques	*G.T.*
1	Sta. Cruz de Tenerife	13.217	87.488.442
2	Baleares	7.269	56.311.466
3	Las Palmas	5.908	42.484.961
4	Ceuta	6.876	32.851.481
5	Bahía de Algeciras	5.729	25.651.349
6	Barcelona	2.405	23.442.357
7	Valencia	1.874	16.619.458
8	Melilla	880	8.660.824
9	Bahía de Cádiz	466	6.135.439
10	Almería-Motril	593	5.120.006

Tabla 2.22

Donde podemos apreciar que el cabotaje nacional se encuentra centrado en los tráficos con las islas. Para Santa Cruz de Tenerife,[67] el promedio entre el número de buques y su GT es de 6.619 GT/buque. El puerto que presenta una mayor relación es el de la Bahía de Cádiz,[68] con una media de 13.166 GT/buque.

En referencia a los puertos que realizan cabotaje pero de origen extranjero, clasificados por su GT, el resultado es:

	Puertos	*Tráfico de cabotaje int. (2001)*	
		Buques	*G.T.*
1	Baleares	784	12.576.246
2	Bahía de Algeciras	1.307	10.701.427
3	Sta C. de Tenerife	822	6.189.224
4	Valencia	563	5.461.149
5	Las Palmas	535	4.944.553
6	Barcelona	250	3.649.222
7	Vigo	336	2.857.544
8	Cartagena	309	2.466.249
9	A Coruña	422	2.404.105
10	Huelva	225	1.750.000

Tabla 2.23

---

[67] La Autoridad Portuaria de Sta. Cruz de Tenerife comprende los puertos de La Luz y Las Palmas, Salinetas, Arrecife y Puerto Rosario.

[68] La Autoridad Portuaria de la Bahía de Cádiz comprende los puertos de Cádiz, Puerto de Santa María, Rota, Zona Franca y La Cabezuela.

Siendo Baleares el puerto que tiene una relación GT/buque mayor (16.041), mientras que A Coruña tiene la menor (5.697 GT/buque).

5.3.2 Exterior

Siguiendo la misma filosofía aplicada en el apartado anterior, dividiremos el tráfico exterior (todo aquel que no es cabotaje), según que los buques que realicen dichos tráficos sean nacionales o extranjeros. Para los primeros tenemos:

	Puertos	*Tráfico exterior (2001)*	
		Buques	*G.T.*
1	Bahía de Algeciras	1.997	22.114.523
2	Vigo	756	3.719.959
3	Sta. Cruz de Tenerife	114	2.125.796
4	Barcelona	198	1.643.144
5	Huelva	81	1.441.306
6	Tarragona	91	1.258.272
7	Las Palmas	275	970.491
8	Almería-Motril	96	849.390
9	Cartagena	62	830.437
10	Bilbao	71	775.174

Tabla 2.24

Figura 2.19. Vista aérea del Puerto de Valencia (España).

Si bien el puerto con mayor tráfico exterior es el de la Bahía de Algeciras, el de Santa Cruz de Tenerife tiene una mayor relación GT/buque, con un valor de 18.647. El puerto con una menor relación es el de Las Palmas, con un valor de 3.529 GT/buque.

Por lo que respecta al tráfico exterior con buques no nacionales, obtenemos:

	Puertos	*Tráfico ext. Buques no nacionales (2001)*	
		Buques	*G.T.*
1	Bahía de Algeciras	9.049	128.541.587
2	Barcelona	5.798	103.386.116
3	Valencia	4.434	61.097.922
4	Las Palmas	3.972	50.833.917
5	Bilbao	3.313	32.837.615
6	Sta C. de Tenerife	1.466	29.835.085
7	Tarragona	1.728	25.294.989
8	Santander	1.470	18.805.515
9	Ceuta	2.490	18.698.723
10	Almería-Motril	1.364	16.402.701

Tabla 2.25

De nuevo es Bahía de Algeciras la que tiene un tráfico mayor, presentando una relación de GT/buque de 14.205. El puerto con una mayor relación es el de Santa Cruz de Tenerife, con una relación media de 20.351 GT/buque.

Capítulo III

Elementos documentales

1. Introducción

El puerto es un punto de encuentro de diferentes normativas, emanadas de distintos sectores de actividad, que forzosamente deben aunarse teniendo en cuenta los intereses que cada uno de ellos representan. Así, se deben armonizar los requerimientos documentales propios de los buques; los de la aduana, que permitirán a las mercancías entrar o salir legalmente del país; los propios de los transportistas terrestres (regulados principalmente en España por la LOTT,[1] Ley de Ordenación del Transporte Terrestre, y la ROTT,[2] Reglamento de la Ley de Ordenación del Transporte), documentos muchas veces negociados de forma particular entre las diferentes partes; y por último, los documentos que el puerto puede requerir en función de sus necesidades, algunos de ellos únicamente válidos dentro del recinto portuario.

El presente capítulo, sobre la base de estos elementos (buque, aduana, y puerto), además del conjunto de prácticas comerciales más usuales de los diferentes actores del transporte, analiza las características y requerimientos que cada uno de ellos exige. Téngase presente la dualidad que el puerto representa: por un lado la de autoridad marítima y, por otro, la de autoridad portuaria. Como veremos, ambas conviven en un mismo lugar desempeñando funciones diferentes. Hasta no hace mucho, el puerto también suponía un suplemento, un esfuerzo adicional para quien lo utilizaba como eslabón de la cadena de transporte.

2. El buque

2.1 Convención FAL *(Facilitation of Internacional Maritime Traffic)*

2.1.1 Introducción

La Convención FAL se adoptó el 9 de abril de 1965, siendo de obligado cumplimiento por los países firmantes desde el 5 de marzo de 1967. Desde su creación se han

---

[1] Ley 16/1987, de 30 julio; BOE 182, de 31 julio de 1987 (pág. 23451).
[2] Real Decreto 1211/1990, de 28 septiembre; BOE 241, de 8 de octubre de 1990 (pág. 29406).

realizado numerosas enmiendas al texto, la más reciente la efectuada en la 29ª sesión, en enero de 2002.

Si resulta evidente la necesidad de regular una gran mayoría de las actividades humanas, en el caso del transporte marítimo internacional estas regulaciones son más numerosas que en otros sectores. Este exceso se justifica, en parte, por la propia naturaleza de la actividad marítima: cambio de países, aduanas, inmigración, diferentes normativas,... todas basadas en unos principios comunes parecidos, si bien los detalles particulares pueden variar entre los diferentes puertos.

Frente a la diversidad de documentación exigida, muchas veces excesiva, y las dificultades que esto conlleva (variaciones idiomáticas, formato de los documentos, número de copias exigidas), la Organización Marítima Internacional (IMO, *International Maritime Organization),* puso en marcha en los años 60 la creación de la Convención FAL. Los objetivos que se pretende cubrir con la puesta en marcha de este texto son:

— Prevenir retrasos innecesarios en el tráfico marítimo.

— Fomentar la cooperación entre los diferentes gobiernos.

— Asegurar el mayor grado posible en la uniformidad y las formalidades de los procedimientos aplicables.

Como resumen de lo expuesto, por lo que respecta a la carga y el pasaje, el número de declaraciones diferentes que debe acompañar al buque es de siete. En la actualidad, la Convención FAL se ha reactivado gracias a tres factores básicos (todos ellos contemplados en el *Libro Blanco del Transporte):*

— La política de potenciación y promoción del transporte sostenible, en particular el fomento la navegación de corta distancia.

— La posición del transporte marítimo en general, como alternativa y completento a otros modos de transporte puerta a puerta dentro de la cadena de transporte.

— Y, por último, superar el obstáculo que hoy por hoy suponen los diferentes procesos documentales, que no contribuyen al desarrollo del modo de transporte en toda su plenitud.

2.1.2 ¿Qué es la IMO?[3]

El sector marítimo es sin duda uno de los más importantes del transporte, además de ser de los que entrañan un riesgo mayor. Frente a él, con la filosofía de mejorar la seguridad en el mar, nacieron las regulaciones internacionales. Inicialmente, su creación y adopción dependía directamente de los Estados afectados. Fue en el año 1948 cuando se realizó una conferencia en Génova donde formalmente se creó la IMCO *(Inter-Governmental Maritime Consultative Organization),* nombre que en el año 1982 sería cambiado por el de IMO.

---

[3] Para más información consultar el enlace www.imo.org/home.asp.

Los objetivos de este especializado organismo de Naciones Unidas quedan resumidos en el primer artículo de la convención que lo crea: «proporcionar un sistema para la cooperación entre los gobiernos en el campo de las regulaciones relativas a temas técnicos que afecten al comercio marítimo internacional, además de promover y facilitar la adopción de los más altos estándares referidos a la seguridad marítima y a la prevención de la contaminación por parte de los buques».

Con una plantilla de unas 300 personas, la IMO es una de las agencias más pequeñas de Naciones Unidas, si bien su éxito en promover acciones en el sector marítimo son hoy por hoy de importancia capital. Actualmente, más de 160 países son miembros de la Organización. Hasta el momento la IMO ha adoptado unos 40 convenios y protocolos, así como más de 800 códigos y recomendaciones.

2.1.3 Enmiendas

La Convención FAL contiene estándares y recomendaciones de prácticas sobre formalidades documentales y procedimientos que deben aplicarse a la llegada, estancia y salida de un buque. Tales formalidades afectan a la tripulación, el pasaje y la carga.

Con respecto al texto original de 1965, unas pocas enmiendas lo han reestructurado y cambiado. Destacamos, por lo que nos afecta, las siguientes enmiendas:

- 1987 (entrada en vigor el 1 de enero de 1989). Sobre simplificaciones en la documentación requerida a los buques y su carga.
- 1992 (entrada en vigor el 1 de septiembre de 1993). Sobre proceso electrónico de datos y su intercambio (EDP/EDI, *Electronic Data Processing/Electonic Data Interchange).*
- 1999 (entrada en vigor el 1 de enero de 2001). Uso del EDI en el despacho de buques.
- 2002 (entrada en vigor el 1 de mayo de 2003). Sobre el formulario relativo a la declaración de mercancías peligrosas.

2.1.4 Formularios: **IMO Standardized Forms**

Los siete formularios actualmente en vigor son los siguientes:[4]
- IMO FAL Form 1, Declaración general *(General Declaration).*
- IMO FAL Form 2, Declaración de carga *(Cargo Declaration).*
- IMO FAL Form 3, Declaración de provisiones *(Ship's Stores Declaration).*
- IMO FAL Form 4, Declaración de efectos de la tripulación *(Crew's Effects Declaration).*
- IMO FAL Form 5, Lista de tripulación *(Crew List).*

---

[4] Los modelos oficiales de los Form 1, 3, 4, 5 y 6 pueden encontrarse publicados en la Directiva 2001/6/EC del Parlamento Europeo, de 18 de febrero de 2002.

– IMO FAL Form 6, Lista de pasaje *(Passenger List)*.

– IMO FAL Form 7, Manifiesto de mercancías peligrosas (en adelante MMPP, *Dangerous Goods Manifest)*.

De todos los IMO FAL los únicos que pueden interesarnos son los que hacen referencia a la carga, los número 2 y 7.

2.1.5 IMO FAL Form 2

SOLAS. Capítulo VI. Transporte de Carga

Parte A – Disposiciones Generales; Regla 2. Información sobre la carga

1. El expedidor facilitará al capitán o a su representante información apropiada sobre la carga, con tiempo suficiente antes del embarque para que puedan tomarse las precaucione necesarias para su estiba adecuada y su transporte sin riesgo. Tal información[5] se confirmará por escrito[6] y mediante los oportunos documentos de expedición antes de embarcar la carga en el buque.

2. La información sobre la carga deberá incluir:

   2.1. En el caso de la carga general y de la transportada en unidades de carga, una descripción general de la carga, la masa bruta de la carga o de las unidades de carga y las propiedades especiales de la carga que sean pertinentes. A los efectos de la presente regla se proporcionará la información sobre la carga exigida en la sección 1.9 del Código de prácticas de seguridad para la estiba y sujeción de la carga, aprobado por la Organización mediante la resolución A.714 (17), con las enmiendas que se introduzcan en ella. Tales enmiendas a la sección 1.9 se aprobarán, entrarán en vigor y se harán efectivas de conformidad con las disposiciones del art. VII del presente Convenio relativas a los procedimientos de enmienda del anexo que no se refieren al capítulo I.

   2.2. En el caso de las cargas a granel, datos relativos al factor de estiba de la carga, los procedimientos de enrasado y, si se trata de concentrados y otras cargas que puedan licuarse, información adicional en forma de un certificado del contenido de humedad de la carga y su límite de humedad admisible para el transporte.

   2.3. En el caso de una carga a granel que no esté clasificada de conformidad con lo dispuesto en la regla VII/2, pero cuyas propiedades químicas puedan constituir un riesgo potencial, además de la información exigida en los apartados precedentes, datos relativos a sus propiedades químicas.

---

[5] Véase la circular MSC/Circ. 663: Formulario de información sobre la carga.

[6] La referencia a «documentos» en la presente regla no excluye la utilización de técnicas de transmisión para el tratamiento electrónico de datos y el intercambio electrónico de datos como complemento de la documentación impresa.

3. Antes de embarcar unidades de carga a bordo de un buque, el expedidor se cerciorará de que la masa bruta de dichas unidades coincide con la masa bruta declarada en los documentos de embarque.

2.1.6 *IMO FAL Form 7*

Inicialmente, el Form 7 contenía la declaración de MMPP *(Dangerous Goods Declaration)*. Posteriormente se crea el Form 8, el manifiesto de MMPP *(Dangerous Goods Manifest)*, conviviendo durante un tiempo ambos formularios. La enmienda de noviembre de 2000 elimina el antiguo Form 7 (que básicamente es el documento que se expiden entre las partes comerciales), renombrando el 8 a 7.

El nuevo Form 7 es empleado para transmitir detalles de la clase y peligro de la mercancía peligrosa transportada, además de otras informaciones como el nombré técnico, grupo de peligrosidad, número UN, embalaje, etc., aportando de esta forma toda la información relevante para su carga, descarga y manipulación en general.

El documento incluye referencias al capítulo VII del Solas[7] (Transporte de Mercancías Peligrosas) y al Código IMDG.[8]

SOLAS. Capítulo VII. Transporte de mercancías peligrosas

Parte A. Transporte de mercancías peligrosas en bultos o en forma sólida a granel; Regla 5. Documentos

1. En todos los documentos relativos al transporte de mercancías peligrosas por mar en los que haya que nombrar las mercancías, éstas serán designadas por su nombre técnico correcto (no se admitirán sólo nombres comerciales) y estarán debidamente descritas de acuerdo con la clasificación establecida en la regla 2.
2. Entre los documentos de expedición preparados por el expedidor figurará, ya incluida en ellos, ya acompañándolos, una certificación o declaración firmada que haga constar que el cargamento que se presenta para el transporte ha sido adecuadamente embalado/envasado y marcado, etiquetado o rotulado, según proceda, y se halla en condiciones de ser transportado.

---

[7] De todos los convenios internacionales que tratan sobre seguridad marítima, el más importante con diferencia es el Solas, Convenio internacional para la seguridad de la vida humana en el mar (también conocido en España como Sevimar). El Convenio incluye una gran variedad de medidas destinadas a acrecentar la seguridad de la navegación de los buques.
El Convenio Solas es también uno de los más antiguos. La primera versión se adoptó en 1914, tras el trágico hundimiento del Titanic, accidente que costó la vida a más de 1.500 personas. Desde entonces el Convenio no cesa de incorporar nuevas enmiendas resultando así un texto vivo y de plena vigencia.

[8] El Código marítimo internacional de mercancías peligrosas o IMDG *(International Maritime Dangerous Goods Code)* es la publicación técnica que se encarga de regular el transporte de mercancías peligrosas por vía marítima, con el fin de evitar lesiones a las personas, daños al buque, a su carga o al medio marino. El Código fue aprobado por el Comité de Seguridad Marítima (CSM), recomendando la Asamblea de la IMO en 1965 que lo adoptasen los diferentes gobiernos.

3. Las personas responsables de la arrumazón de mercancías peligrosas en un contenedor o un vehículo de carretera facilitarán un certificado firmado de arrumazón del contenedor o una declaración firmada de arrumazón del vehículo que haga constar que el cargamento de la unidad ha sido adecuadamente arrumado y afianzado y que se han cumplido todas las prescripciones aplicables de transporte. Tal certificado o declaración podrá combinarse con los documentos mencionados en el párrafo 2.

4. Cuando haya motivo fundado para sospechar que un contendedor o un vehículo de carretera en el que vayan arrumadas mercancías peligrosas no se ajusta a lo dispuesto en los párrafos 2 o 3, o cuando no se disponga de un certificado da arrumazón del contenedor o una declaración de arrumazón del vehículo, no se aceptará para embarque dicho contenedor o vehículo.

5. Todo buque que transporte mercancías peligrosas llevará una lista o un manifiesto especial que, ajustándose a la clasificación establecida en la regla 2, indique las mercancías peligrosas embarcadas y el emplazamiento de éstas a bordo. En lugar de tal lista o manifiesto cabrá utilizar un plano detallado de su emplazamiento a bordo. Antes de la partida se entregará una copia de uno de estos documentos a la persona o la organización designada por la autoridad del Estado rector del puerto.

IMDG Capítulo 5.4. Documentación

De forma resumida exponemos los diferentes documentos que debe generar el transporte de este tipo de mercancías por barco.

Documento de transporte de mercancías peligrosas. Entre la mucha información que puede contener dicho documento, la fundamental es la que hace referencia al nombre de la expedición, la clase del producto, número ONU,[9] grupo de embalaje, número y tipos de bultos.

Certificado de arrumazón del contenedor/vehículo. Cuando en una unidad de transporte o sobre ella como, por ejemplo, un contenedor, un contenedor plataforma, un remolque u otro vehículo destinado al transporte marítimo, vayan arrumados bultos que contengan MMPP, las personas encargadas de arrumar la carga en la unidad de transporte deben hacer entrega de uno de estos certificados que dan fe de la conformidad con respecto al código.

Documentación exigida a bordo. Todo buque que transporte mercancías peligrosas y contaminantes del mar debe llevar una lista especial o manifiesto que indique las mercancías peligrosas y los contaminantes del mar y su emplazamiento a bordo (Form FAL 7). Esta lista o manifiesto ha de cumplimentarse con arreglo a los documentos y certificados exigidos por el IMDG, y deberá incluir al menos el empla-

---

9   ONU es el acrónimo de la Organización de Naciones Unidas. Su página en internet en lengua castellana se encuentra en: www.un.org/spanish/.

zamiento de estiba y la cantidad total de mercancías. Antes de la salida, la persona u organización designada por la autoridad del Estado rector del puerto debe disponer de una copia de estos documentos.

Otra información y documentos exigidos. En ciertos casos pueden exigirse certificados especiales como:
- Certificado de intemperización, según se exija en las entradas correspondientes de la lista de mercancías peligrosas.
- Certificado que exima a una sustancia, un material o un artículo, del cumplimiento de las disposiciones del código IMDG (como, por ejemplo, el carbón vegetal, la harina de pescado o la torta de semilla).
- Declaración de la autoridad competente del país de origen en la que se aprueben la clasificación y las condiciones de transporte, cuando se trate de nuevas sustancias que reaccionan espontáneamente y nuevos peróxidos orgánicos o de preparados nuevos de sustancias que reaccionan espontáneamente y peróxidos orgánicos existentes.

Impreso para el transporte multimodal de MMPP. El documento cumple con lo prescrito en la Regla 5 del capítulo VII del Solas, ya comentado anteriormente, así como la regla 4 del Anexo III del Marpol 73/78:[10]
1. En todos los documentos relativos al transporte de sustancias perjudiciales por mar en los que haya que nombrar tales sustancias, éstas serán designadas por su nombre técnico correcto (no se admitirán sólo los nombres comerciales), consignándose además, a efectos de identificación, la frase «Contaminante del mar».
2. Los documentos de expedición presentados por el expedidor incluirán o irán acompañados de una certificación o declaración firmada que haga constar que la carga que se presenta para el transporte ha sido adecuadamente embalada/envasada, lleva una marca, etiqueta o rótulo, según proceda, y se halla en condiciones de ser transportada de modo que sea mínimo el riesgo de dañar el medio marino.
3. Todo buque que transporte sustancias perjudiciales llevará una lista o manifiesto especial que indique las sustancias perjudiciales embarcadas y el emplazamiento de éstas a bordo. En lugar de tal lista o manifiesto cabrá utilizar un plano detallado de estiba que muestre el emplazamiento a bordo de todas las sustancias perjudiciales. De tales documentos retendrán también copias en tierra el propietario del buque o su agente hasta que las sustancias perjudiciales hayan sido desembarcadas. Antes de salir del puerto, se entregará una copia de

---

[10] El Convenio internacional para prevenir la contaminación por los buques, de 1973, modificado por el Protocolo de 1978 (de ahí el nombre Marpol 73/78), es uno de los acuerdos internacionales más importantes sobre contaminación del mar. Sus seis anexos contienen reglas detalladas relativas a las diversas fuentes de contaminación por los buques: hidrocarburos, sustancias nocivas líquidas, sustancias perjudiciales transportadas en bultos, aguas sucias de los buques, basuras de los buques y humos contaminantes.

uno de esos documentos a la persona u organización designada por la autoridad del Estado rector del puerto.

4. En caso de que el buque lleve una lista o manifiesto especial o un plano detallado de estiba, de acuerdo con lo prescrito para el transporte de mercancías peligrosas en el convenio internacional para la seguridad de la vida humana en el mar, de 1974, en su forma enmendada, los documentos prescritos en esta regla podrán combinarse con los correspondientes a las mercancías peligrosas. Cuando se combinen dichos documentos, se establecerá en ellos una clara distinción entre las mercancías peligrosas y las sustancias perjudiciales comprendidas en este anexo.

2.2 Lista negra

En el ámbito marítimo podríamos hablar de dos listas negras o *black lists* diferentes. Por un lado, la creada por el control del Estado de cada puerto o *Port State Control* (PSC, lista externa al propio buque) y, por otro, la creada como consecuencia de la aplicación de exclusiones económicas entre países.

Por lo que respecta a la primera, la creada por el PSC, encuentra su base legal en el art. 7b de la Directiva 95/21/EC, y que a raíz del accidente del buque Prestige, en la costa de Galicia, en España, ha cobrado una especial importancia.[11] Así, los Estados pueden impedir la entrada de un buque en alguno de sus puertos en función de tres parámetros: el tipo de buque, el número de detenciones sufridas por deficiencias en los últimos 24 o 36 meses, y la inclusión del pabellón del barco en la lista negra publicada por el MOU.[12] Quede claro que figurar en dicha lista tiene tan sólo un valor indicativo.

A bordo podemos también tener una lista negra. Dicha lista no se fundamenta en control de calidad o seguridad alguno, basando su origen en motivaciones de índole político-económicas que interfieren en el libre comercio, como es el caso de la exclusión económica a las exportaciones que un país o países realizan sobre otros (por ejemplo, entre los países árabes e Israel).

2.3 Otros documentos

Si bien trasciende el objetivo del presente libro, nos parece obligado realizar una mención a los documentos no involucrados directamente con la mercancía pero sí relativos a su medio de transporte, el buque de carga:[13]

---

[11] Ver europa.eu.int/comm/transport/themes/maritime/prestige/blacklist.pdf.

[12] Para más información consultar el sitio www.parismou.org, perteneciente al Paris Memorandum of Understanding on Port State Control.

[13] No hacemos mención a otros buques especializados, como los de pasaje, petroleros, alta velocidad, transporte de graneles, carga de mercancías radioactivas, etc., que cuentan con una documentación todavía más específica.

- Certificado internacional de arqueo.
- Certificado internacional de francobordo.
- Cuaderno de estabilidad sin avería.
- Documento relativo a la dotación mínima de seguridad.
- Títulos de capitán, oficial y marinero.
- Certificado internacional de prevención de la contaminación por hidrocarburos.
- Libro registro de hidrocarburos.
- Plan de emergencia de a bordo en caso de contaminación por hidrocarburos.
- Plan de gestión de basuras.
- Libro de registro de basuras.
- Manual de seguridad de la carga.
- Documento de cumplimiento.
- Certificado sobre la gestión de la seguridad.
- Certificado de seguridad de construcción para buques de carga.
- Certificado de seguridad del equipo para buques de carga.
- Certificado de seguridad radioeléctrica para buques de carga.
- Documento demostrativo de cumplimiento con las prescripciones especiales para los buques que transporten mercancías peligrosas.
- Manifiesto de mercancías peligrosas o plano de estiba.

Como puede suponerse por el volumen de certificados, manuales y cuadernos mínimos exigidos, la gestión de la documentación propia de cada buque, podría ser el tema de una publicación específica.

3. Autoridad marítima y portuaria

3.1 Despacho de buques

La competencia para autorizar la entrada y salida de los buques en aguas sobre las que España ejerce soberanía, derechos soberanos o jurisdicción, corresponde de acuerdo con la Ley de Puertos del Estado y Marina Mercante (LPEMM) a Puertos del Estado a través de sus órganos periféricos, las Capitanías Marítimas, sin perjuicio de las preceptivas autorizaciones que otras autoridades puedan solicitar (básicamente la Autoridad Portuaria). Así, en la Ley 27/1992 de 24 de noviembre sobre LPEMM, leemos:

«Art. 88 Capitanía Marítima. Funciones.

1. En cada uno de los puertos en que se desarrolle un determinado nivel de actividades de navegación o lo requieran las condiciones de tráfico o seguridad existirá una Capitanía Marítima. Reglamentariamente, se establecerán los requisitos mínimos que responden, a los criterios enunciados así como el

procedimiento para la creación de estos órganos periféricos. En los puertos de competencia de las Comunidades Autónomas la Administración portuaria y la Capitanía Marítima coordinarán sus actuaciones para el cumplimiento de sus fines respectivos.

   [...]

3.   El Capitán Marítimo ejercerá, entre otras, las siguientes funciones:

   a)   La autorización o prohibición de entrada y salida de buques en aguas situadas en zonas en las que España ejerce soberanía, derechos soberanos o jurisdicción, así como el despacho de buques, sin perjuicio de las preceptivas autorizaciones previas que correspondan a otras autoridades.»

La comprobación, por parte de la administración marítima, de que los buques cumplen con todos los requisitos exigidos por las normas legales para poder efectuar las navegaciones y tráficos que pretendan realizar, así como las correspondientes autorizaciones que dicha administración otorga al efecto, es lo que tradicionalmente se ha denominado como «despacho del buque». Dicho procedimiento se encuentra regulado por la Orden de 18 de enero de 2000.

El articulado del Reglamento determina los requisitos que deben cumplimentar las navieras, los consignatarios y los capitanes ante las autoridades marítimas para el control de la entrada o salida de puerto de los buques, tanto desde el punto de vista administrativo como desde el de la seguridad marítima, sin perjuicio de las preceptivas autorizaciones previas que corresponda otorgar a otras autoridades.

3.1.1 Documentos. Buques nacionales

Los documentos exigidos son los siguientes:

Rol

En este importante documento, básico para la identificación del buque y de su tripulación, figuran entre otras la siguientes informaciones: la identidad del propietario del buque y los endosos por cambios de titularidad; características principales y matrícula del buque; la lista a la que pertenece y sus cambios; y la relación de los certificados del buque con indicación de su fecha de caducidad.

Declaración General del Capitán

Este documento se ajustará al modelo que figura en el Anexo I de la Orden de 18 de enero de 2000, que a su vez se ajusta al modelo 1 fijado en el Convenio FAL (ver el apartado sobre «El Buque»). En ella deberán consignarse los datos requeridos de acuerdo con el tipo de buque, su carga y la actividad que desarrolla.

Lista de Tripulantes

La Lista se ajustará al modelo del Anexo II de la Orden de 18 de enero de 2000 (también siguiendo el modelo FAL, en este caso el 5) y en ella se consignarán los

datos más significativos de los tripulantes del buque, como son, entre otros, los de su identidad y cargo desempeñado a bordo.

Tal y como se explica en el art. 19 de la citada orden, los buques de carga sólo serán despachados de salida mediante la presentación de la siguiente documentación antes de salir a la mar, ya sea directamente por el capitán o a través de sus consignatarios o representantes:

a) Original y copia de la Declaración General del Capitán debidamente cumplimentada.

b) Original y copia de la Lista de Tripulantes debidamente cumplimentada.

El despacho del buque se considera formalizado tras la expedición de la autorización de salida, *ship clearance,* para los buques que salgan a puerto extranjero. El resto de los buques se consideran despachados si, tras la aportación de la documentación que se cita en el apartado anterior, no existe prohibición expresa de la correspondiente capitanía marítima antes de la salida prevista (ETD, *Estimated Time to Departure).* A efectos de justificación, cuando así se solicite, la Capitanía Marítima sellará y devolverá las copias entregadas de la Declaración General y de la Lista de Tripulantes.

3.1.2 Documentos. Buques extranjeros

Con antelación a la llegada a puerto nacional de un buque extranjero al que resulte aplicable el Convenio FAL, el capitán o persona por él autorizada, o su consignatario, debe presentar la Declaración General del Capitán y la correspondiente Lista de Tripulantes. Tras esta entrega, el capitán marítimo entregará la correspondiente autorización de salida, formalizándose el despacho de salida, si no existe cambio de tripulación. En el caso de que se realice cambio de tripulación, debe completarse la documentación anterior con una segunda Lista de Tripulantes que recoja los cambios producidos, tras lo cual se entregará la correspondiente autorización de salida.

3.1.3 Despacho de buques vía EDI

La potenciación del intercambio de información a la entrada y salida del puerto queda de manifiesto en las diferentes circulares que IMO emite, si bien las buenas voluntades del sistema chocan frontalmente con los siguientes obstáculos:

- Falta de una adecuada regulación en el ámbito nacional.
- Costes involucrados.
- Falta de intercambio de información entre las diferentes autoridades de los distintos gobiernos.
- Gran número de actores implicados.
- Falta de modelos en funcionamiento.

– Presión comercial.

– Carencia de un nivel elevado de compromiso por parte de los gobiernos.

3.2 Documento Único de Escala

3.2.1 Introducción

La facilitación del transporte marítimo y, más concretamente, la agilización de la estancia de los buques en puerto exige la modernización y simplificación de los trámites ante las administraciones marítima y portuaria. Así, con el fin de integrar los procedimientos de solicitud de escala (autoridad portuaria) y la tramitación del despacho aduanero (autoridad marítima), nace en España el Documento Único de Escala (en adelante DUE), bajo la Orden de 29 de noviembre de 2002,[14] por la que se establece el procedimiento integrado de escala de buques en los puertos de interés general. Es obligado decir que dicha simplificación se enmarca dentro del espíritu del Real Decreto 772/1999 de 7 mayo,[15] que se encarga de regular la presentación de solicitudes, escritos y comunicaciones ante la Administración General del Estado, la expedición de copias de documentos y devolución de originales, y el régimen de las oficinas de registro.

En la misma orden también se desarrolla la posibilidad de la presentación del DUE y su aceptación por las Autoridades Portuarias y Capitanías Marítimas mediante la transmisión electrónica de datos (EDI),[16] utilizando para ello mensajes normalizados, de acuerdo con el Real Decreto 263/1996, de 16 de febrero,[17] por el que se regula la utilización de técnicas electrónicas informáticas y telemáticas por la Administración General del Estado.

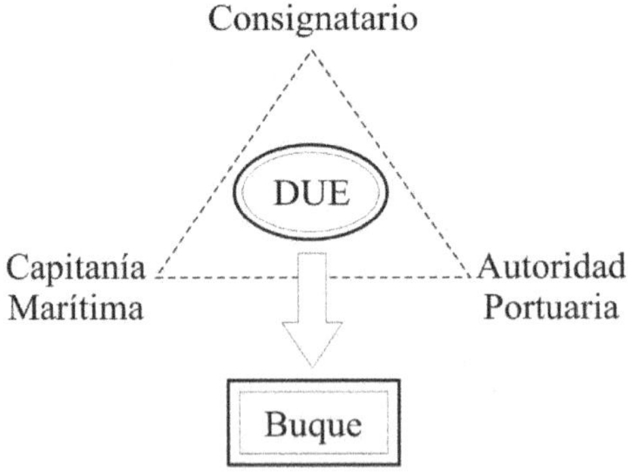

Figura 3.1 Actores implicados

---

[14] BOE 291, del 5 de diciembre de 2002.

[15] BOE 122, de 22 de mayo de 1999 (pág. 19410).

[16] El mensaje electrónico a utilizar será el identificado como Berman (Berth Management), creado por el Grupo de Transporte D4 al amparo de la normativa de intercambio electrónico de datos para la Administración, el Comercio y el Transporte (sintaxis UN/Edicaft).

[17] BOE 52, de 29 de febrero de 1996 (pág. 7942).

En base al desarrollo de la orden, la documentación obligatoria del despacho de buques que debe presentarse ante la capitanía marítima se realizará a través de la autoridad portuaria, de acuerdo con las normas de colaboración en vigor entre la Dirección General de la Marina Mercante y el ente público Puertos del Estado.

3.2.2 Objetivo

En síntesis, se trata de integrar en un solo procedimiento la tramitación de los documentos que han de presentar los agentes consignatarios de los buques civiles ante las autoridades portuarias y las capitanías marítimas. Esta integración se realiza a través del número de escala que ya ha servido para coordinar a las administraciones aduanera y portuaria en relación con los trámites aduaneros de las mercancías.

El DUE contiene toda la información necesaria para la gestión de la escala por parte de la autoridad portuaria y el despacho por parte de la capitanía marítima: consta de información sobre el propio documento, el buque, su agente consignatario, la escala, la tripulación, la declaración de su capitán, las mercancías peligrosas, los residuos y la estancia del buque en puerto; además, tiene cuatro apéndices y la posibilidad de añadir información sobre la estancia del buque cuando solicita varios atraques o puestos de fondeo.

3.3 Declaración Sumaria[18] para el tráfico marítimo

Uno de los objetivos de la creación de la Unión Europea, tal y como se expone en los principios de su Tratado Constitutivo,[19] es la promoción, mediante el establecimiento de un mercado común y de una unión económica y monetaria, y mediante la realización de políticas o acciones comunes, de un desarrollo armonioso, equilibrado y sostenible de las actividades económicas en el conjunto de la Comunidad.

Puntualmente, en su art. 3 expone la expresa prohibición entre los Estados miembros de derechos de aduana y de restricciones cuantitativas a la entrada y salida

---

[18] A modo de recopilación, merece hacer mención de la normativa doméstica que hace referencia a la declaración sumaria:
- Orden de 18 de diciembre de 2001 que modifica la Orden del Ministerio de Economía y Hacienda de 27 de julio de 1995, por la que se establece el modelo de declaración sumaria para el tráfico marítimo (Ver BOE 4, de 4 enero 2002 (pág. 232).
- Orden de 21 de noviembre de 2000, por la que se regula la formulación de declaraciones sumarias por vía aérea.
- Orden de 18 de junio de 1998 (ver BOE 25 junio 1998) que modifica la Orden de 27 de julio de 1995, por la que se establece el modelo de declaración sumaria para el tráfico marítimo.
- Orden de 3 de febrero de 1998 (ver BOE 7 de febrero 1998) que modifica la Orden de 27 de julio de 1995, por la que se establece el modelo de declaración sumaria para el tráfico marítimo.
- Orden de 27 de julio de 1995 (ver BOE 184, 3 agosto 1995 [pág. 23741]), por la que se establece el modelo de declaración sumaria para el tráfico marítimo.
- Orden de 7 de abril de 1988, sobre procedimiento de despacho de mercancías.

[19] Ver el sitio, por ejemplo, www.noticias.juridicas.com/base_datos/Admin/ttce.html

de las mercancías, así como de cualesquiera otras medidas de efecto equivalente. A más ahondamiento, en los arts. 28 y 29 se dice:

> «Quedarán prohibidas entre los Estados miembros las restricciones cuantitativas a la importación/exportación, así como todas las medidas de efecto equivalente».

Así, en base a que la Comunidad se fundamenta en una unión aduanera, de interés tanto para los operadores económicos de la Comunidad como para las administraciones aduaneras, se decide reunir en un Código las disposiciones del derecho aduanero, el Código Aduanero Comunitario. Dicho Código se publica como Reglamento CEE 2913/92 del Consejo de 12 de octubre 1992.[20]

3.3.1 Introducción al circuito de importación

Si bien el desarrollo pormenorizado de los procedimientos de importación se explican en el siguiente capítulo, es necesario hacer una pequeña introducción para comprender el significado de la «Declaración Sumaria».

Bajo el prisma de un esquema funcional lo más sencillo posible, una vez que se introducen las mercancías en el UE, estás son trasladadas a la aduana dónde se realiza la presentación de la mercancía. Fruto de esta presentación, y antes de ser depositadas las mercancías temporalmente en algún espacio, debe crearse una Declaración Sumaria.

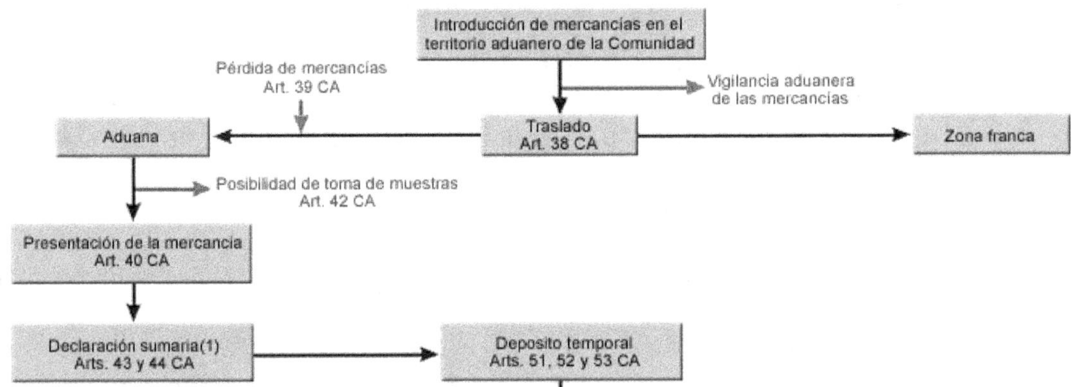

Figura 3.2 Introducción al circuito de importación de mercancías: declaración sumaria para el tráfico marítimo.

Frente a la premura en la presentación de la mercancía, las autoridades aduaneras podrán conceder para efectuar dicho depósito un plazo que finalice a más tardar el primer día laborable siguiente al de la presentación de las mercancías en la aduana.

---

[20] Es posible descargar una versión del Código, en formato PDF, de la dirección www.aeat.es/aduanas /descarga/aduana.pdf.

Todos estos formulismos vienen recogidos con claridad en los arts. 43 y 44 del Reglamento 2913/92 anteriormente comentado.

Por lo que respecta a la redacción física del documento, éste debe estar sujeto a un modelo establecido por las propias autoridades aduaneras. En cualquier caso, la autoridad podrá aceptar que se utilice como declaración sumaria cualquier documento comercial o administrativo que contenga la información necesaria para la identificación de la mercancía.

3.3.2 Últimas modificaciones

Es importante destacar la introducción de matices de orden técnico que la Orden de 27 julio de 1995 incorporó como exigencia por parte de los sectores implicados en agilizar el despacho de las mercancías en las aduanas marítimas, potenciando la modernización y la simplificación de los trámites. Así, destacamos:
- La adaptación del modelo de declaración sumaria a la realidad actual facilitando la automatización de la gestión aduanera.
- El desarrollo de la posibilidad de su presentación y aceptación mediante EDI utilizando para ello mensajes normalizados.
- Y, finalmente, la autorización de su presentación con anterioridad a la llegada del buque (este punto será desarrollado posteriormente).

Con este fin se establecieron los cauces de colaboración entre la Agencia Estatal de la Administración Tributaria[21] y Puertos del Estado,[22] creándose en los recintos marítimos un sistema de ventanilla única para la recepción de la declaración para ambas administraciones. En síntesis, se trata de que Puertos del Estado actúe como ente colaborador de la Administración Tributaria, encargado de la recepción de las declaraciones sumarias marítimas, presentadas tanto en papel como vía EDI, comprometiéndose a su envío electrónico inmediato a la aduana.

Sin embargo, hay que tener en cuenta que existe una limitación que impide rectificar automáticamente los datos referidos a una mercancía para la que ya se ha prestado una declaración de destino aduanero, ya que podrían ocasionarse incoherencias entre los datos rectificados y los contenidos en la declaración. Por este motivo, la Orden de 18 de diciembre de 2001 modifica la disposición séptima relativa a las rectificaciones, ampliando la posibilidad de su aceptación electrónica hasta el momento de la presentación de una declaración ulterior.

La práctica y uso diario de la declaración sumaria también ha puesto de manifiesto la necesidad de realizar una serie de adaptaciones en el contenido de la declaración. Bajo este criterio, la citada orden también elimina de la declaración el puerto de inicio del trayecto marítimo por ser un dato innecesario que en ocasiones es difícil de determinar. También se sustituye la utilización del código de llamada por

---

[21] Ver www.aeat.es.
[22] Ver www.puertos.es.

el código OMI como medio de identificación del buque, cuyo uso se ha generalizado en el tráfico marítimo internacional. Se sustituye el puerto de carga por el de primera carga que se ajusta más a las necesidades de información, tanto de la Administración como de los operadores. Asimismo se incluyen otros datos, como el número de viaje, el número de servicio de mercancía, la indicación de si se trata de una carga de ayuda humanitaria, efectos militares o pertrechos, el manifiesto de carga previsto, código comercial y marca del vehículo necesarios para la operativa portuaria, y la aplicación, en determinados supuestos, de reducciones o exenciones en las tasas correspondientes. Todo ello queda refrendado en los nuevos anexos de la orden: I-A, I-B y I-C.

Finalmente, se incluyen estas modificaciones en el momento, e incluso se simplifica su utilización suprimiendo la necesidad de presentar un ejemplar de cabecera cada vez que fuera necesario hacer una modificación de las partidas o del resumen, o cuando la persona que realiza la declaración no es el consignatario del buque sino únicamente del transporte de la mercancía (Anexos I-D, I-E y I-F). Para ello se incluye el ejemplar de partidas y en el del resumen del consignatario el nombre del buque y el campo para declarar si se acoge al procedimiento simplificado de tránsito (según los arts. 447 y 448 del Reglamento CEE 2454/93 de la Comisión).

3.3.3 *Predeclaración sumaria: el premanifiesto de descarga*

Tal y como comentábamos en el apartado anterior, uno de los matices de gran importancia que la Orden de 3 de agosto incorporó, fue la posibilidad de presentar por parte del consignatario, con anterioridad a la llegada del buque a puerto, un premanifiesto de las mercancías, a fin de obtener así el correspondiente permiso de descarga de forma automática en el momento en que el buque concluya sus operaciones de atraque.

Al respecto, destacamos el punto sexto sobre plazos y efectos de la presentación: «En el momento de la llegada del buque al puerto se entenderán presentadas las mercancías en la Aduana, debiéndose presentar la declaración sumaria a partir de ese momento y, a más tardar, en el primer día laborable siguiente.

»Sin perjuicio de lo anterior, se autoriza la presentación de la predeclaración sumaria, entendiéndose por tal la presentación de la declaración previa a la llegada de la mercancía. En este último supuesto, la predeclaración adquirirá automáticamente la condición de declaración sumaria con la presentación de las mercancías a la autoridad aduanera.

»La aceptación de la declaración sumaria equivaldrá a la autorización para la descarga de la mercancía. Asimismo, a partir de ese momento, tanto si se trata de una declaración o una predeclaración sumaria, los interesados podrán solicitar destino aduanero u otro tipo de operación para la mercancía, así como la salida de la mercancía comunitaria».

3.4 Manifiesto de carga para el tráfico marítimo

Siguiendo con la introducción realizada para la declaración sumaria, válida igualmente para el Manifiesto, el Código Aduanero Comunitario (Reglamento CEE 2913/92 del Consejo), en su art. 59 dispone lo siguiente:

«1. Toda mercancía destinada a ser incluida en un régimen aduanero deberá ser objeto de una declaración para dicho régimen aduanero.

2. Las mercancías comunitarias declaradas para el régimen de exportación, de perfeccionamiento pasivo, de tránsito o de depósito aduanero estarán bajo vigilancia aduanera desde la admisión de la declaración en aduana y hasta el momento en que salgan del territorio aduanero de la Comunidad o se destruyan, o bien quede invalidada la declaración en aduana».

Por lo que respecta a la vigilancia aduanera, el art. 183 ratifica que las mercancías que salgan del territorio aduanero de la Comunidad serán sometidas a dicha vigilancia. A su vez, el art. 37 determina que:

«1. Las mercancías introducidas en el territorio aduanero de la Comunidad estarán bajo vigilancia aduanera desde su introducción. Podrán ser sometidas a controles por parte de las autoridades aduaneras, de conformidad con las disposiciones vigentes.

2. Permanecerán bajo vigilancia aduanera todo el tiempo que sea necesario para determinar su estatuto aduanero y en lo que se refiere a mercancías no comunitarias, y sin perjuicio de lo dispuesto en el apartado 1 del art. 82, hasta que o bien cambien de estatuto aduanero, o bien pasen a una zona franca o depósito franco, o se reexporten o destruyan, de conformidad con el art. 182».

De acuerdo con los artículos citados, podemos concluir que el manifiesto de carga es la declaración que permite controlar la salida efectiva de la mercancía, cuando ésta se realiza por vía marítima, a la que se dé un destino aduanero que suponga el abandono del territorio aduanero de la Comunidad, así como de la mercancía que se transborda a través del muelle, facilitando a la aduana el cumplimiento de las obligaciones de vigilancia de las mercancías establecidas por el Código Aduanero Comunitario. Los operadores están obligados a presentar esta declaración ante la autoridad portuaria y ante la aduana.

3.4.1 Regulación doméstica

Con la ya comentada orden por la que se establece el modelo de declaración sumaria para el tráfico marítimo, cristalizan los primeros trabajos conjuntos de las autoridades aduaneras y portuarias encaminados a satisfacer las demandas de los usuarios, en el sentido de modernizar y agilizar las tramitaciones en las aduanas marítimas.

Siguiendo el proceso de modernización y comprobados los positivos resultados de la puesta en práctica de la citada orden, es indudable que deben aplicarse los mismos principios: la posibilidad de presentar las declaraciones mediante EDI y la utilización de la ventanilla única, creada por acuerdo entre la Agencia Estatal de la Administración Tributaria y Puertos del Estado, para la recepción de declaraciones comunes a ambas autoridades. En base a estos principios nace la Orden de 18 de diciembre de 2001[23] por la que se establecen las instrucciones para la presentación del manifiesto de carga para el tráfico marítimo.[24]

Asimismo, aprovechando la ventaja que supone la informatización de la gestión de estas declaraciones, se establece un sistema simplificado de declaración de los transbordos, al que podrán optar aquellos operadores que se comprometan a comunicar su operación con la antelación suficiente para permitir el control por parte de la administración aduanera. Este procedimiento supone la sustitución de la petición de transbordo realizada documentalmente, por el propio manifiesto de carga y la información de la declaración sumaria.

3.5 Mercancías peligrosas

Paralelamente al aumento del transporte de mercancías por mar, el volumen de mercancías peligrosas y contaminantes también crece. Por la propia naturaleza de estas mercancías y teniendo en cuenta el extenso litoral de la UE, así como su dependencia de los recursos naturales del mar, la UE ha mostrado su preocupación por mejorar la seguridad marítima y prevenir la contaminación marina de las aguas comunitarias. A las conclusiones del Consejo extraordinario de 25 de enero de 1993 siguió la Resolución del Consejo de 8 de junio de 1993, relativa a una política común de seguridad marítima, en la que se definían los principios fundamentales de esta política.

En este ámbito se aprueba la Directiva 93/75/CE,[25] sobre las condiciones mínimas exigidas a los buques con destino a los puertos marítimos de la UE o que salgan de los mismos y transporten mercancías peligrosas o contaminantes, modificada por las Directivas de la Comisión 96/39/CE,[26] y 97/34/CE.[27]

Tal como se desprende de la directiva sobre condiciones mínimas, resulta necesario tomar todas las medidas adecuadas para evitar las circunstancias que puedan causar accidentes de este tipo, y reducir los daños resultantes cuando ocurran dichos accidentes. Para ello, los buques que entren o salgan de los puertos marítimos de la UE deben respetar unos requisitos mínimos.

Sin duda alguna, una mejor información[28] podría contribuir a prevenir y reducir al

---

[23] Ver BOE de 4 de enero de 2002.

[24] Al respecto, ver la Resolución de 28 febrero 2002 que desarrolla la disposición adicional única de la Orden 18-12-2001, de instrucciones para la presentación del manifiesto de carga para el tráfico marítimo. Dicha resolución se encuentra publicada en el BOE 75, de 28 marzo 2002 (pág. 12385).

[25] De 13 de septiembre, LCEur 1993\3149.

[26] De 19 de junio, LCEur 1996\2676.

[27] De 6 de junio.

[28] Como ya comentamos, de conformidad con los Convenios Solas y Marpol, se deberá notificar a las autoridades competentes la naturaleza y la ubicación de las mercancías peligrosas o contaminantes que se encuentren a bordo.

máximo los accidentes, además de permitir también que las autoridades pertinentes tomen las debidas precauciones con respecto a los buques que transporten mercancías peligrosas.

3.5.1 Requisitos documentales

Ninguna mercancía peligrosa o contaminante se entregará para su transporte ni se cargará en un buque sin una declaración previa al capitán u operador del buque, en la que figuren las denominaciones técnicas correctas de las mercancías peligrosas o contaminantes, los números atribuidos por las Naciones Unidas (NU) y las cantidades de dichas mercancías.

Corresponderá al expedidor entregar al capitán u operador del buque dicha declaración y garantizar que el cargamento entregado para su transporte sea efectovamente el declarado.

El operador de un buque que salga de un puerto situado en un Estado miembro deberá notificar a la autoridad competente de dicho Estado, antes de la salida del buque, la siguiente información:

1. Nombre e indicativo de llamada del buque.
2. Nacionalidad del buque.
3. Eslora y calado del buque.
4. Puerto de destino.
5. Hora probable de llegada al puerto de destino o a la estación de prácticos, según requiera la autoridad competente.
6. Hora probable de salida.
7. Itinerario previsto.
8. Naturaleza exacta de las mercancías peligrosas o contaminantes; los números de las Naciones Unidas (NU), cuando existan; las clases de peligro con arreglo a la OMI según la nomenclatura de los códigos IMDG, IBC e IGC; la cantidad y ubicación a bordo de dichas mercancías y, en caso de depósitos portátiles o contenedores de carga, sus marcas de identificación
9. Confirmación de la presencia a bordo de una lista, declaración o plano de carga apropiado que precise con detalle las mercancías peligrosas o contaminantes que se encuentren a bordo del buque y su situación

El operador de un buque que proceda de un puerto situado fuera de la UE y navegue con destino a un puerto situado en ésta, o a un fondeadero situado en las aguas territoriales de un Estado miembro, como condición para entrar en el mismo, al salir del puerto de carga, deberá notificar toda la información antes mencionada a la autoridad competente del Estado miembro en que esté situado el primer puerto de destino o fondeadero.

3.5.2 Regulación doméstica

La incorporación de los requerimientos comunitarios al ordenamiento jurídico español la encontramos en el Real Decreto 1253/1997 de 24 julio.[29] En él se establece una serie de obligaciones para los expedidores de mercancías peligrosas por vía marítima y para los operadores de los buques. Obligaciones que se concretan, fundamentalmente, en la necesidad de cursar a las autoridades españolas competentes diversas notificaciones, con anterioridad a la arribada de un buque a un puerto español o a la salida de él, al objeto de verificar un mejor control y un pleno seguimiento de las mercancías peligrosas en garantía de la seguridad marítima y de la navegación.

El elevado número de notificaciones que deberán cursarse para prever las posibles contingencias en la mar, en función del volumen de tráfico marítimo existente, unido a la necesidad de procesar, registrar y distribuir la información suministrada a fin de que sea puesta a disposición de cada una de las autoridades españolas competentes, así como de los demás Estados integrantes de la UE, obliga a instrumentar los mecanismos y medios informáticos precisos para la recepción y el tratamiento de las notificaciones.

3.5.3 Obligaciones de los operadores de buques

El operador de un buque que salga de un puerto español deberá notificar toda la información referida al mismo y a sus operaciones, antes de la salida del buque, preferentemente a través del sistema EDI, a cualesquiera de los órganos designados como autoridades competentes. El órgano que reciba la información deberá cursarla sin dilación a Puertos del Estado, en su calidad de enlace de comunicación, quien, a su vez, la transmitirá inmediatamente a los restantes órganos designados como autoridades competentes.

El operador de un buque que proceda de un puerto extracomunitario y navegue, como primer destino comunitario, a un puerto español o fondeadero situado en aguas en las que España ejerza soberanía, derechos soberanos o jurisdicción, deberá notificar al salir del puerto de carga toda la información ya comentada, como condición para que sea autorizada su entrada en dicho puerto o fondeadero. La información se cursará a la capitanía marítima, como órgano competente para autorizar o denegar la entrada del buque por razones de seguridad marítima y de prevención de la contaminación marina.

La capitanía marítima deberá transmitir sin tardanza la información a Puertos del Estado, el cual, a su vez, la cursará inmediatamente a los restantes órganos designados como autoridades competentes.

Si, una vez cumplida por el operador del buque la obligación de notificar prevista en este apartado, y recibida la información por la capitanía marítima, dicho órgano no dictase resolución expresa con carácter inmediato, el capitán del buque podrá

---

[29] BOE 198, de 19 agosto 1997 (pág. 25269).

instar también la autorización de entrada en el puerto o fondeadero a la Dirección General de la Marina Mercante.

3.5.4 Entrada a puerto: Declaración de Mercancías Peligrosas

Hasta ahora hemos visto la información mínima que debe acompañar a las mercancías para permitir su entrada a puerto desde el mar. La entrada de este tipo de mercancías por vía no marítima queda sujeta al Real Decreto 145/1989, de 20 enero,[30] que desarrolla el Reglamento de admisión, manipulación y almacenamiento de mercancías peligrosas en la zona portuaria.[31]

La declaración de mercancías peligrosas es el documento por el que el expedidor acredita que las mercancías que presenta pueden ser autorizadas para su transporte, pues están adecuadamente embaladas, marcadas y etiquetadas, de conformidad con la normativa vigente. Debe incluir la información precisa respecto al nombre técnico correcto de la mercancía, número de NU que corresponda, clase y riesgos que entraña, número de bultos, cantidad total que se pretende transportar y el punto de inflamación si procede.[32] En el caso de productos explosivos, gases o radioactivos, se harán, además, las menciones especiales que se indican en este Reglamento.

No se admitirán en la zona terrestre portuaria mercancías peligrosas sin la autorización previa y escrita del director del puerto. El cargador o consignatario solicitará al mismo la admisión con 48 horas de antelación de la llegada a puerto de las mismas. Si la salida del buque del puerto de carga precediera en menos de 48 horas a la llegada prevista al puerto de descarga o escala, el cargador o consignatario solicitará el permiso de admisión en el momento en que conozca que dicho buque está en ruta al puerto de descarga o escala.

La solicitud de admisión se presentará por cuadruplicado y cuyo destino será: un ejemplar para el director del puerto, otro para el capitán del puerto, otro para el operador del muelle y, el cuarto, para el capitán del buque. Si las mercancías llegan por vía terrestre, la solicitud irá acompañada de los informes que a continuación se indican:

1. Nombre y dirección del cargador solicitante, expresando la fecha y hora prevista para el embarque, y modo de transporte por el que la mercancía llega al puerto.
2. Declaración o nota de mercancías peligrosas (apéndices I y V).
3. Instrucciones de emergencia (apéndice IV).
4. Cuando se trate de la clase 1 (explosivos), la información incluirá: clase, división, grupo de compatibilidad y contenido neto de materia explosiva. En este caso debe presentarse la documentación a que haga referencia la legislación en vigor.

---

[30] BOE 37, de 13 febrero 1989 (pág. 4261).
[31] Definida como el área que comprende las aguas del puerto y los terrenos de la zona de servicio, según los arts. 20 y 27 Ley de Puertos y 47 a 54 de su Reglamento, y la Orden de 14 de febrero de 1986.
[32] El modelo de este documento figura en el apéndice I del Reglamento.

5. Cantidad, número y tipo de bultos, en su caso, de la mercancía que se va a embarcar, expresando si está envasada o a granel. En el caso de estar envasada, debe señalarse si el envase responde a las exigencias del Código IMDG.

6. Nombre, nacionalidad, características del buque en que ha de cargarse y si éste dispone del correspondiente certificado de cumplimiento prescrito en la regla 54; capítulo II-2 del Sevimar.

7. Duración que se prevé para la carga.

Todo contenedor deberá acreditar el peso bruto máximo para el que está autorizado. Toda cisterna de carretera o tanque portátil, además de satisfacer los requerimientos del CSC cuando corresponda, deberá llevar una placa de metal resistente a la corrosión, en lugar de fácil inspección en la cual consten, además de sus datos de origen y de sus características físicas, la presión máxima de trabajo y la de prueba a que fue sometida, así como la temperatura del diseño del proyecto, la sustancia o sustancias que está autorizada a transportar y la fecha de la última prueba de presión a que fue sometida, con la marca de la autoridad o entidad colaboradora que la efectuó.

A la solicitud de admisión habrán de adjuntarse los siguientes documentos:

1. Certificado de arrumazón.

2. Certificado de la autoridad competente acreditando que la cisterna o tanque cumple las prescripciones del Código IMDG.

3. Certificación o declaración de que el vehículo cumple las normas del ADR y RID.

3.6 Protección contra terceros

3.6.1 Programa C-TPAT

A raíz de los atentados del 11 de septiembre de 2001 en Estados Unidos, se creó el programa C-TPAT[33] *(Customs-Trade Partnership Against Terrorism)* que protege y garantiza la seguridad de las mercancías que entran en el país.[34] En definitiva, frente al retraso en los procesos documentales por la sobreinspección de sus procedimientos, se pretende un mayor dinamismo al realizar los trámites aduaneros de importación e inspección de mercancías. La entrada en vigor del programa C-TPAT supone que las empresas importadoras adopten las medidas necesarias para incrementar la protección de los productos a la entrada en el país, con el fin de mejorar la seguridad en la cadena de suministro.

---

[33] Para más información consultar el sitio: www.customs.ustreas.gov/xp/cgov/import/commercial_enforcement/ctpat/ perteneciente a la aduana norteamericana.

[34] En este momento conviene realizar una puntualización de lenguaje. Si bien en castellano empleamos indistintamente la palabra «seguridad», los angloparlantes cuentan con dos términos diferentes: *safety* y *security*. El primero, aplicado al transporte de mercancías, haría referencia a la seguridad física de lo transportado en sí, o bien a la seguridad del medio de transporte empleado (que el buque no se hunda, que el camión no sufra algún accidente, etc.). Por lo que respecta a *securtiy,* la seguridad a la que hace referencia trasciende a la propia mercancía o medio, basándose en el peligro malintencionado de terceros.

3.6.1.1 Recomendaciones C-TPAT

Con estas recomendaciones se pretende llevar a cabo una mejora en los procedimientos relativos a la seguridad. Las recomendaciones generales expuestas deben adecuarse al tamaño y la estructura de cada empresa en particular.

Seguridad en el transporte

Debe mantenerse la integridad de los buques contra la introducción de personas o material no autorizado. La seguridad en el transporte debe incluir la búsqueda física en las zonas de más fácil acceso, así como la creación de procedimientos que informen de casos de mercancías no manifestadas o posibles casos de manipulación.

Control de accesos

Debe prohibirse el acceso a los buques del personal no autorizado. Los controles deben incluir la identificación de empleados, visitantes y proveedores. Deberán crearse procedimientos de actuación como respuesta al acceso de personal no autorizado o sin identificar.

Procedimientos seguros

Deben existir procedimientos de protección frente a la introducción de material fuera del manifiesto. Esto requiere disponer de antemano de listas exhaustivas sobre la tripulación y el pasaje. La carga debe cargarse y descargarse de manera segura, bajo la supervisión de personal responsable de su seguridad. Deberán existir procedimientos para la notificación aduanera, así como cualquier otro requisito de organismos implicados, en caso de detectar cualquier anomalía o actividad ilegal.

Procedimientos del manifiesto

El manifiesto debe estar completo, legible, ser exacto y puesto a disposición de la aduana según la forma y manera que su regulación disponga.

Seguridad del personal

Debe realizarse el monitoreo de los empleados, la aplicación de verificaciones, la entrevistas con los futuros empleados, así como periódicas revisiones de sus antecedentes.

Cultura formativa y de experiencia

Deberá realizarse un programa sobre la concienciación de la seguridad, destinado a los empleados, incluyendo la detección de conspiraciones internas, mantenimiento de la carga, etc., determinando accesos no autorizados. Estos programas deben fomentar la participación activa de los empleados en los controles de seguridad.

Seguridad física

Los contenedores (en su sentido más amplio) empleados por los transportistas deben ser construidos con materiales que resistan la entrada ilícita y protejan contra intrusiones exteriores. La seguridad física deberá incluir un perímetro de protección, una adecuada iluminación interna y externa, así como sistemas de bloqueo externo en puertas, ventanas, etc.

3.6.1.2 Instrucciones C-TPAT

Para la inclusión dentro del C-TPAT, las compañías interesadas deben firmar un procedimiento de compromiso sobre perfiles de seguridad, que incluye los siguientes requerimientos:

— Centrar el perfil en las operaciones del transportista, incluyendo países extranjeros con los que se tenga contacto.

— El perfil de seguridad debe contener un resumen de los procedimientos que actualmente se llevan a cabo, identificando a las compañías proveedoras de servicios, confirmando que a su vez tienen activos sus programas de seguridad.

— Indicación de si los proveedores de sus servicios participan en los programas: C-TPAT, CIP *(Carrier Initiative Program,* Programa Iniciativa de los Transportistas), SCIP *(Super Carrier Initiative Program,* Programa Iniciativa de los Grandes Transportistas) o BASC *(Business Anti Smuggling Coalition,* Coalición Comercial Anticontrabando).

3.6.1.3 Requisitos documentales

Los requisitos documentales se agrupan en un cuestionario referente al perfil de seguridad de la cadena de suministro y en el acuerdo voluntario de participación.

Perfil de seguridad de la cadena de suministro
Documento que como mínimo recogerá la siguiente información:

— Programa de seguridad.
  - Seguridad en los accesos.
  - Prevención contra robos.
  - Controles en el envío y la recepción.
  - Controles de seguridad en la información; sistemas automáticos de integridad.
  - Controles internos; procesos para el reporte y corrección de problemas.

— Seguridad del Personal.
  - Monitoreo antes de la colocación y revisiones periódicas de antecedentes.
  - Formación del personal en concienciación y procedimientos sobre la seguridad.
  - Códigos internos de conducta.

- Controles internos; procesos consolidados sobre la denuncia y gestión de problemas relacionados con la seguridad del personal.

— Requisitos en los proveedores de servicios.
  - Documentación sobre los procedimientos de seguridad de los proveedores.
  - Controles internos para la selección de proveedores de servicios.
  - Indicación de si los proveedores participan en los programas C-TPAT, CIP, SCIP o BASC.

Acuerdo voluntario de participación

En el acuerdo se resumen las aceptaciones respecto a la implantación de un marco común de seguridad, tanto por parte del cargador como de la propia aduana. El acuerdo se resume en 33 puntos (22 referentes al cargador y 11 a la aduana).

3.6.2 CSI: Container Security Initiative

Sin duda alguna, el contenedor es la manera más usual de entrada y salida de mercancías de un puerto, en definitiva de un país. El sistema aduanero de EEUU registró en 2002 un movimiento superior a los 16 millones de contenedores. Siendo el puerto la vía de entrada por excelencia de las mercancías, frente a los señalados acontecimientos del 11 de septiembre de 2001, y dada la imposibilidad práctica de inspeccionar el 100 % de los contenedores que entran en el país, la aduana norteamericana puso en marcha en enero de 2002 el sistema de control aduanero CSI *(Container Security Initiative)*.

El sistema funciona mediante acuerdos voluntarios bilaterales entre las diferentes autoridades aduaneras. Los puertos acogidos a la iniciativa son instruidos por personal técnico estadounidense. Lógicamente, la iniciativa cobra especial importancia con aquellos puertos con los que el tráfico de contenedores es mayor.

Hasta marzo de 2003, los puertos bajo el CSI son:

1. Hong Kong[a]	11. Antwerp[b]
2. Shanghai[a]	12. Nagoya[a]
3. Singapore[a]	13. Le Havre[b]
4. Kaohsiung	14. Hamburg[b]
5. Rotterdam[b]	15. Spezia[a]
6. Pusan[a]	16. Felixstowe[a]
7. Bremerhaven[b]	17. Algeciras[a]
8. Tokyo[a]	18. Kobe[a]
9. Genoa[a]	19. Yokohama[a]
10. Yantian[a]	20. Laem Chabang[a]

a)   Puertos con el CSI en marcha.

b)   Puertos con un agente de aduanas de EEUU desplazado.

España, a través del Puerto de Algeciras, firmó la iniciativa CSI el 8 de enero de 2003. El núcleo del sistema CSI se basa en cinco elementos:

— El uso de sistemas inteligentes y automáticos para la identificación de contenedores de alto riesgo.

— El monitoreo anticipado de estos contenedores en el puerto de salida, antes de su llegada a EEUU.

— El uso de tecnología de rápida detección de dichos contenedores.[35]

— El uso de contenedores más eficientes, a prueba de manipulación.

— La creación de un sistema de presentación telemática anticipada (24 horas) del manifiesto de carga.

3.6.2.1 Otras regulaciones

Fuera del programa C-TPAT y el CSI, y sin querer profundizar en exceso en el tema, es posible encontrar más información vinculada con la *security* en las siguientes fuentes de información:

— International Ship and Port Facility Security Code (ISPS Code).[36]

— Maritime Transportation Security Act of 2002.[37]

— Información IMO.[38]

4. La aduana

4.1 DUA: Documento Único Administrativo

4.1.1 Introducción

El conjunto de trámites que los operadores económicos deben realizar antes de que la aduana autorice la entrada o salida de las mercancías del recinto portuario reciben el nombre de «proceso de despacho aduanero». En función de su origen y destino los

---

[35] Algunos puertos se cuestionan quien se encarga de financiar el establecimiento de estos sistemas.

[36] Puede consultarse el documento en formato Pdf, en www.lr.org/image_library/Downloads/ISPS %20Final.pdf.

[37] Puede consultarse el documento en formato Word, en www.lr.org/image_library/Downloads/US %20port %20security%20bill.doc.

[38] Ver www.imo.org/Newsroom/mainframe.asp?topic_id=583&doc_id=2689.

diversos procesos reciben una denominación distinta: de entrada, de salida, en tránsito, y otras, como la vinculación a un depósito aduanero.

Mediante las ordenes ministeriales de 7 de noviembre de 1986[39] y 12 de agosto de 1987,[40] se implantó el formulario de las Comunidades Europeas denominado Documento Único Administrativo (en adelante DUA), como justificante y prueba de los procesos antes comentados.

Actualmente, el Código Aduanero Comunitario en su art. 62 exige que,

«Las declaraciones efectuadas por escrito deberán cumplimentarse en un impreso conforme al modelo oficial previsto a tal fin. Las declaraciones deberán estar firmadas y contener todos los datos necesarios para la aplicación de las disposiciones que regulan el régimen aduanero para el cual se declaran las mercancías».

Este modelo, el DUA, se recoge y desarrolla en el Reglamento 2.454/1993, de la Comisión, por el que se fijan determinadas disposiciones de aplicación del Código, en el Título VII, Cap. 1.º, y en los anexos 36, 37 y 38. De acuerdo con el art. 205 de este último texto legal, el DUA deberá utilizarse para:

«Realizar por escrito la declaración en aduana de mercancías, según el procedimiento normal, para incluirlas en un régimen aduanero o para reexportarlas».

Los continuos cambios que afectan a esta normativa y la concepción de estas instrucciones como «manual de usuario» obligan a que su actualización se realice mediante la publicación completa de una circular con cierta frecuencia, para así facilitar su manejo por parte de los operadores económicos. Hacemos así referencia a la Resolución de 4 de diciembre de 2000,[41] del Departamento de Aduanas e Impuestos Especiales de la Agencia Estatal de la Administración Tributaria, en la que se recogen las instrucciones para la formalización del DUA y a sus posteriores modificaciones, recogidas hasta la fecha en la Resolución de 30 de julio de 2001[42] y la de 31 de julio de 2002.[43]

4.1.2 Composición y uso del documento

El DUA consta de nueve ejemplares, ocho modelos de uso común en la CE y el suplementario nacional autorizado por la reglamentación comunitaria, numerados del 1 al 9. Estos modelos se presentan en legajos o series que incluyen los ejemplares necesarios para el cumplimiento de las formalidades relativas a una fase o a varias fases sucesivas de una operación de intercambio de mercancías: importación,

---

[39] BOE 279, de 21 de noviembre de 1986 (pág. 38738); rectificaciones en BOE 295, de 10 diciembre de 1986 (pág. 40302).
[40] BOE 203, de 25 de agosto de 1987 (pág. 26224).
[41] BOE de 22 de diciembre de 2000.
[42] BOE de 7 de agosto de 2001.
[43] BOE de 14 de agosto orde 2002.

importación vía EDI, exportación, exportación vía EDI, exportación más tránsito o tránsito.

El uso que el DUA nos ofrece, en función del origen/destino de la mercancía es el siguiente:

Mercancía no comunitaria

— Para su despacho a libre práctica o a consumo.

— Para su inclusión bajo cualquier otro régimen aduanero, incluido el tránsito comunitario.

— Para su reexportación fuera del territorio aduanero de la Comunidad.

Mercancía comunitaria

— Para su exportación.

— En los intercambios entre partes del territorio aduanero de la CE, cuando en una de ellas sean de aplicación las disposiciones de la Directiva 77/388/CEE sobre armonización de las legislaciones de los Estados miembros relativas a los impuestos sobre el volumen de negocios, y la otra esté excluida del ámbito de aplicación de la misma.

— En los intercambios entre partes del territorio comunitario donde no sean de aplicación las disposiciones de la Directiva 77/388/CEE.

— Para amparar la circulación por el territorio aduanero comunitario de mercancías previamente despachadas de exportación en un Estado miembro distinto del Estado miembro de salida efectiva.

— En los supuestos de inclusión en el régimen fiscal de depósito distinto del aduanero.

4.1.3 Régimen de entrada

Dentro del amplio y genérico concepto de entrada de mercancías, podemos realizar una diferenciación entre los conceptos de introducción, importación así como los de reintroducción y reimportación.

Entendemos por introducción en España la entrada en la Península y Baleares o en las Islas Canarias, de mercancías comunitarias y, por importación, la entrada en la Península y Baleares o en las Islas Canarias de mercancías no comunitarias, o entrada de mercancía comunitaria o no comunitaria en Ceuta y Melilla.

Por lo que respecta a la reintroducción, ésta se refiere a la entrada en la Península y Baleares de mercancías comunitarias previamente expedidas temporalmente a otra área del territorio aduanero comunitario donde no sean de aplicación las disposiciones de la Directiva 77/388/CEE o, entrada en las Islas Canarias de mercancías comunitarias previamente expedidas temporalmente a otra área del territorio aduanero comunitario donde sean o no de aplicación las disposiciones de la directiva citada. Es reimportación la entrada en la Península, Baleares e Islas Canarias de mercancías que anteriormente fueron exportadas temporalmente a un país tercero.

4.1.4 Régimen de salida

De la misma manera que en el punto anterior, realizamos unas puntualizaciones básicas a la hora de entender los conceptos de expedición, exportación y reexportación.

Entendemos por expedición el envío de mercancías con destino a un Estado miembro de la UE. Por exportación, el envío de mercancías comunitarias con destino a un país tercero, y las salidas de mercancías de Ceuta y Melilla con cualquier destino.

Finalmente, la reexportación es la salida fuera del territorio aduanero de la CEE de mercancías no comunitarias previamente importadas temporalmente o introducidas en depósito aduanero.

4.1.5 Régimen de tránsito

Definimos el tránsito como el régimen aduanero bajo el que se colocan las mercancías para su transporte bajo control aduanero entre dos oficinas de aduana. En base a esta definición nos encontramos con tres tránsitos diferentes, el comunitario interno, el comunitario externo y el común.

El tránsito comunitario interno es el aplicable a la circulación entre dos puntos del territorio aduanero de la UE de mercancías comunitarias que:

— Atraviesen el territorio de uno o varios países de la AELC.[44]

— Circulen hacia o desde una parte del territorio excluido del ámbito de aplicación de la Directa 77/388/CEE, o que circulen entre dos partes de dicho territorio excluidas de la misma.

— Una normativa comunitaria haya establecido expresamente dicho procedimiento.

Por lo que respecta al tránsito comunitario externo, es régimen aplicable a la circulación de mercancías entre dos puntos de la UE, que:

— Que no cumplen los requisitos de los arts. 9 y 10 del Tratado Constitutivo de la CEE.

— Que, estando sometidas al Tratado Constitutivo de la CECA[45] no estén en libre práctica.

---

[44] El grupo AELC, acrónimo de los Países de la Asociación Europea de Libre Comercio, está compuesto por Islandia, Liechstenstein, Noruega y Suiza.

[45] La CECA, Tratado Constitutivo de la Comunidad Europea del Carbón y del Acero, está compuesta por Bélgica, Alemania, Francia, Italia, Luxemburgo y los Países Bajos. El tratado fue firmado el 18-4-1951,

— Cumpliendo las condiciones previstas en los arts. 9 y 10 del Tratado Constitutivo de la CEE, han sido objeto de formalidades aduaneras de exportación:
  - Para la concesión de restituciones a la exportación a terceros países en el marco de la política agrícola común.
  - Están sujetas a gravámenes a la exportación.
  - Se trata de mercancías procedentes de existencias de intervención.

Por último, el tránsito común es aquel aplicable a la circulación de mercancías entre la CE y las demás partes contratantes de los convenios de tránsito común.

4.1.6 Otros regímenes aduaneros

Éstos pueden organizarse en tres grupos:

— La entrada de mercancía comunitaria en almacenes de avituallamiento, zona franca, depósito aduanero o franco, u otros locales bajo control aduanero.

— La vinculación a depósito aduanero de mercancía no comunitaria.

— La vinculación a depósito aduanero de mercancía no comunitaria procedente de un país de la EFTA.[46-47]

4.2 Otros documentos

4.2.1 Declaración de valor

El importador de una mercancía, además de cumplimentar y presentar el ya comentado DUA, debe rellenar y presentar la declaración de valor en aduana. Este documento tiene valor tributario, ya que lo reflejado en él sirve de base para la liquidación de los derechos arancelarios a la importación.

En la declaración de valor en aduana el declarante deberá hacer constar, entre otros, los siguientes datos: el precio efectivamente pagado; los costes soportados como comisiones, gastos de corretaje, etc.; bienes y servicios suministrados por el

---

en París, entrando en vigor el 23-7-1952, pactándose por un período de cincuenta años, expirando el 23-7-2002. Históricamente, la CECA materializó la declaración Schuman de 9-5-1950, que proponía reunir toda la producción francoalemana de carbón y acero bajo una alta autoridad común, en una organización abierta a la participación de los demás países de Europa.

[46] La EFTA (European FairTrade Asociation) es una asociación que engloba a empresas importadoras y comerciales denominadas Organizaciones de Comercio Alternativo (OCA's en español, ATO's en inglés) ubicadas en: Austria, Bélgica, Alemania, Italia, Países Bajos, España, Suecia y Reino Unido. La EFTA se ocupa de hacer que las importaciones de productos sean más efectivas y eficientes. También provee de información a sus miembros sobre productos y productores, apoyando la cooperación bilateral. Sensibiliza al ciudadano a través de diferentes campañas, como son las del café, el coco, o el arroz, proponiendo soluciones concretas.

[47] Ver www.eftafairtrade.org

comprador, gratuitamente o a precio reducido; y los gastos de transporte, carga, manipulación y seguro.

4.2.2 Certificados de circulación

Destacan el EUR 1 y el Form-A, si bien existen certificados particulares para determinados países.

El EUR 1[48] sustituye al Certificado de Origen en los países de la Unión Europea para los intercambios con países con los que mantenga acuerdos comerciales. El documento sirve tanto para las exportaciones como para las importaciones. dado que si sólo existiese trato con carácter unilateral, la presentación de un EUR 1 en exportaciones no tendría sentido.

Por lo que respecta al certificado Form-A, permite importar en la UE los productos originarios de los países del Sistema de Preferencias Generalizadas,[49] siempre que hayan sido transportadas directamente a la UE. Este certificado debe ser expedido por las autoridades aduaneras o gubernamentales del país de exportación.

4.2.3 Certificados de origen

El certificado de origen es requerido por algunos países que requieren determinar la procedencia de las mercancías para aplicar los derechos arancelarios que procedan y, de esta manera, controlar los contingentes arancelarios concedidos a las importaciones procedentes de determinados países de origen.

Los certificados de origen son expedidos en el país de donde se consideran originarias las mercancías en el momento de su exportación, expidiéndose a petición escrita del interesado y formulados ante las autoridades u organismos competentes.

4.2.4 Inspecciones

Merecen destacarse, entre otras, las certificaciones sanitarias, veterinarias, fitosanitarias, y Soivre:

- El certificado fitosanitario se emplea como instrumento de control contra organismos nocivos para los vegetales y otros productos relacionados.
- El certificado de sanidad exterior,[50] documento expedido a petición del exportador, garantiza la salubridad del producto alimenticio exportado.

---

[48] Ver el documento www.sice.oas.org/Trade/mexeufta/spanish/Anx3Ape3.pdf.

[49] Al respecto, ver las «Declaraciones relativas al Reglamento del Consejo relativo a la aplicación de un plan de preferencias arancelarias generalizadas para el período comprendido entre el 1 de enero de 2002 y el 31 de diciembre de 2004», en europa.eu.int/comm/external_relations/andean/doc/gspdc01_es.pdf.

[50] Documento emitido por Sanidad Exterior Española para productos contenidos en la OM de 20-1-1994.

— El certificado veterinario debe acompañar a la exportación de animales vivos, así como a los productos de origen animal.

— El certificado Soivre se emite después de someter a la mercancía[51] al proceso de inspección y control, además de la comprobación de la pertinente adecuación a los requisitos establecidos.

4.2.5 Cuaderno TIR

En los transportes que tienen como destino países que no sean miembros de la UE, con el objeto de facilitar el tránsito sin despacho de aduanas en los países de tránsito, se aplica el Convenio TIR. Dicho convenio se basa en el Cuaderno TIR, un documento expedido por una asociación garante, de forma limitada y controlada, y que proporciona las suficientes garantías a todos aquellos países de paso. En España, dicha asociación es Astic.[52] Es obligado que el transporte se realice en vehículos adecuados y bajo un precinto que garantice la no manipulación de la carga durante su paso por los diferentes Estados.

4.2.6 Cuaderno ATA53

El Cuaderno de Admisión Temporal de Mercancías es válido únicamente en los países miembros firmantes del Convenio ATA, sustituyendo a los documentos nacionales de exportación e importación temporal. Las administraciones aduaneras de algunos países han venido concediendo, desde hace años, ciertas facilidades para la circulación de mercancías con el fin de estimular las relaciones comerciales.

El cuaderno ATA se aplica para que cualquier tipo de mercancía, que no sea de naturaleza perecedera o que requiera una elaboración o reparación, pueda viajar fuera de sus fronteras; también incluye muestras para ferias y exposiciones, de carácter comercial, tanto privadas como oficiales, así como los muestrarios de viajantes de comercio o material empleado en trabajos de tipo profesional.

4.2.7 Documentos de tránsito: T1 y T2

T1. Tránsito comunitario externo

El régimen de tránsito externo permite la circulación de mercancías no comunitarias de un punto a otro del territorio aduanero de la UE, amparadas por el documento T1 y por documentos específicos, como el cuaderno TIR, el cuaderno ATA, etc., sin que

---

[51] Productos alimenticios incluidos en la OM de 24-2-1995, modificada por la OM de 18-5-1995.

[52] Astic (Asociación de Transporte Internacional por Carretera); ver www.astic.net.

[53] Las iniciales ATA son el acrónimo de las palabras en francés o inglés *«Admission Temporaire»* / *«Temporary Admision»*.

dichas mercancías estén sujetas a los derechos de importación y demás gravámenes de política comercial. Además, también pueden acogerse las mercancías comunitarias que sean objeto de una medida comunitaria que requiera su exportación a países terceros y para las que se cumplan los trámites aduaneros de exportación correspondientes. Este régimen finaliza cuando las mercancías y el documento correspondiente se presentan en aduana en el lugar de destino.

T2. Tránsito comunitario interno

El régimen de tránsito interno permite la circulación de mercancías comunitarias de un punto a otro del territorio aduanero de la UE, pasando por el territorio de un país tercero, sin que su estatuto aduanero se modifique. La circulación aduanera podrá efectuarse según el régimen de tránsito comunitario interno, siempre que esté prevista la posibilidad de un acuerdo internacional, como los cuadernos TIR o ATA, o a través de envíos postales.

5. Prácticas comerciales

5.1 Documentos comerciales

5.1.1 Facturación[54-55]

La correcta gestión de los distintos tributos exige que la Administración disponga de la información adecuada, especialmente en lo referente a las transacciones económicas derivadas del desarrollo de actividades empresariales o profesionales. Asimismo, deben ser claros y precisos los documentos aportados por los interesados.

De ahí la importancia de que los empresarios y profesionales cumplan correctamente el deber de expedir factura por cada una de las operaciones que realicen, sin que ello, por otra parte, deba perturbar el normal desarrollo de sus actividades económicas. Es cierto que la emisión de la factura tiene un significado peculiar y especialmente trascendente en el Impuesto sobre el Valor Añadido. En éste, la factura va a permitir el propio funcionamiento de la técnica impositiva que el tributo supone, ya que a través de la factura o documento equivalente se efectuará la repercusión del impuesto. Sólo la posesión de una factura en regla permitirá al destinatario de la operación practicar, en su caso, la deducción de las cuotas soportadas.

5.1.2 Factura comercial

Una factura comercial es el documento emitido por el exportador en el que se

---

[54] Ver el Real Decreto 2402/1985, de 18 de diciembre de 1985, por el que se regula el deber de expedir y entregar factura que incumbe a los empresarios y profesionales.

[55] Descarga del documento desde www.aeat.es/descarga/rdfact-2.pdf.

relacionan los artículos u objetos que se entregan o una relación de servicios que se prestan, además de recoger el precio de la mercancía y las condiciones definitivas en que se efectuará la venta.

En el Reglamento del Impuesto sobre el Valor Añadido,[56] los empresarios o profesionales quedan obligados a expedir y entregar facturas por cada una de las operaciones que realicen, y a conservar copia o matriz de las mismas, incluso en los casos de autoconsumo. Así tenemos que:

«*Art. 63. Libro Registro de facturas emitidas*

1. Las personas que realicen operaciones sujetas al Impuesto, deberán llevar y conservar un Libro Registro de facturas y documentos equivalentes o sustitutivos de ellas que hayan expedido, en el que se anotarán, con la debida separación, las mencionadas operaciones, incluidas las exentas y las de autoconsumo».

Y en el siguiente artículo:

«*Art. 64. Libro Registro de facturas recibidas.*

1. Los sujetos pasivos del Impuesto sobre el Valor Añadido deberán numerar correlativamente todas las facturas y documentos de Aduanas correspondientes a los bienes adquiridos o importados, y a los servicios recibidos en el ejercicio de su actividad empresarial o profesional.

2. Los documentos y operaciones a que se refiere el apartado anterior se anotarán en el Libro Registro de facturas recibidas».

Quede claro que la factura comercial, en determinados casos, sirve de contrato de venta y de forma de cobro, para lo cual debe ir firmada e incluir las cláusulas arbitrales correspondientes a los contratos de compraventa internacionales.

5.1.3 Factura pro-forma

La factura pro-forma tan sólo tiene un valor informativo sobre las condiciones de una futura venta. De llevarse a cabo dicha operación se expedirá una factura comercial. Este tipo de facturas no tiene ningún valor a efectos fiscales, debiendo contener la mención «pro-forma» para su identificación.

5.1.4 Lista de contenido

La lista de contenido o *Packing list* es el documento que acompaña a la factura comercial, y en él que queda recogido el contenido de los bultos que constituyen la propia exportación. La lista proporciona datos sobre el embalaje de las mercancías, el

---

[56] Aprobado por Real Decreto 2028/1985, de 30 de octubre y modificado por el Real Decreto 1624/1992, de 29 de diciembre, BOE de 31 de diciembre.

contenido de los diferentes envases, y especifica los pesos y dimensiones de cada uno de los bultos de la expedición. Es un documento que facilita a las autoridades de aduanas realizar su inspección, y al cliente identificar el contenido de la expedición.

5.2 Documentos del transporte

5.2.1 Introducción

Sin la intención de realizar un tratado sobre los diferentes documentos empleados en el transporte, sí que consideramos conveniente realizar, aunque sea de forma sucinta, una descripción de los diferentes modelos de contrato utilizados en España, en función del modo de transporte empleado.

5.2.2 Marítimo

El contrato de transporte marítimo recibe el nombre de «Conocimiento de Embarque» (más conocido por su nombre o abreviatura inglesa, *Bill of Lading B/L*). La regulación en el ámbito nacional se realiza mediante el Código de Comercio de 22 de agosto de 1885.[57]

En el ámbito internacional rige la Ley de 22 de diciembre de 1949, que incorporó a nuestro ordenamiento el Convenio de Bruselas de 25 de agosto de 1924, además de sus posteriores modificaciones. Otros convenios y protocolos internacionales, como las Reglas de La Haya-Visby o las Reglas de Hamburgo, también se encargan de regular dicho contrato.

Los formatos de contrato más comúnmente empleados son los editados por la Bimco[58] *(Baltic and International Maritime Council).*

5.2.3 Carretera

En el ámbito nacional el contrato de transporte por carretera se denomina «Carta de Porte». Se encuentra establecido por la Ley de Ordenación del Transporte Terrestre (LOTT) y su desarrollo reglamentario, ROTT. Pese al tiempo transcurrido desde su entrada en vigor, todavía no se ha aprobado ningún modelo tipo, a pesar de que resultaría probablemente de gran utilidad.

Internacionalmente se emplea el CMR,[59] Convenio relativo al Contrato de Transporte Internacional de Mercancías por Carretera, realizado en Ginebra el 19 de mayo de 1956 y al que España se adhirió el 12 de septiembre de 1973.

---

[57] Ver el BOE de 24 de noviembre de 1885.
[58] Ver www.bimco.dk.

5.2.4 Ferrocarril

El documento empleado como contrato de transporte, regido por la LOTT y la ROTT, recibe el nombre de «Talón Ferrocarril» o «Carta de Porte», de acuerdo con las condiciones de la Tarifa General publicada en la Orden Ministerial de 15 de febrero de 1945.

Por lo que respecta al contrato-carta de porte internacional, ésta se encuentra regulada por el Convenio Internacional sobre Transporte de Mercancías por Ferrocarril, conocido por sus siglas CIM. El convenio CIM fue firmado el 7 de febrero de 1970, y publicado en España en el BOE de 6 de agosto de 1975. Posteriormente se vería modificado por la Convención Cotif *(Convention concerning International Carriage by Rail)*, firmada en Berna el 9 de mayo de 1980 con un posterior protocolo en 1990. España ratificó el Cotif el 15 de enero de 1982, siendo de obligado cumplimiento desde el 1 de mayo de 1985. Por lo que respecta al protocolo de 1990, éste fue ratificado el 23 de septiembre de 1992 entrando en vigor el 1 de noviembre de 1996.

5.2.5 Aéreo

Las compañías aéreas y sus responsabilidades se establecen en el Convenio de Varsovia de 12 de diciembre de 1929. Dicho convenio fue ratificado por España en 1930, siendo posteriormente modificado por el Protocolo de La Haya, documento firmado el 28 de septiembre de 1955.

Básicamente, el convenio de La Haya regula, además del conocimiento aéreo (contrato real del transporte), la responsabilidad del transportista, los límites de responsabilidad, etc.

El modelo de contrato, «Conocimiento de Embarque» o «Carta de Porte Aérea», es el *Air Way Bill* o *AWB*.

5.2.6 Multimodal

El conocimiento de transporte multimodal recibe el nombre de «Fiata FBL»[60] *(FIATA Bill of Lading)*, documento destinado al tráfico internacional multimodal, si bien también puede ser utilizado si sólo se usa un modo de transporte. El Fiata FBL es el único documento sobre transporte multimodal aprobado oficialmente como adaptado a las reglas de la Unctad[61] *(United Nations Conference on Trade and Develop-*

---

[59] Téngase en cuenta que, tal como se explica en el propio convenio, la Carta de Porte empleada es tan sólo un documento fehaciente de la existencia del contrato de transporte. Su ausencia no afectará a la existencia ni a la validez del contrato de transporte, que seguirá estando sometido a las disposiciones del convenio.

[60] Fiata, acrónimo de International Federation of Freight Forwarders Associations, traducido como Federación Internacional de Asociaciones de Transitarios. Ver www.fiata.com.

[61] Ver www.unctad.org.

ment)/ICC[62] *(International Chamber of Commerce,* Cámara de Comercio Internacional).

5.3 Incoterms

Los incoterms son unas reglas internacionales para la interpretación de los términos comerciales fijados por la ICC. La palabra Incoterm viene de la contracción en inglés entre *Internacional Commercial Terms.* Actualmente están en vigor los incoterms en su versión 2000.

DESCRIPCIÓN DE LOS INCOTERMS 2000			
Grupo E Salida	EXW	*Ex works.*	En Fábrica (... lugar designado).
Grupo F Transporte principal no pagado	FCA FAS	*Free Carrier.* *Free Alongside Ship.*	Franco transportista (... lugar designado). Franco al costado del buque (... puerto de carga convenido).
	FOB	*Free on Board.*	Franco a bordo (... puerto de carga convenido).
Grupo C Transporte principal pagado	CFR CIF	*Cost & Freight.* *Cost, Insurance & Freight.*	Coste y flete (... puerto de destino convenido). Coste, seguro y flete (... puerto de destino convenido).
	CPT	*Carriage Paid To.*	Transporte pagado hasta (... lugar de destino convenido).
	CIP	*Carriage Insurance Paid To.*	Transporte y seguro pagado hasta (... lugar de destino convenido).
Grupo D Llegada	DAF DES	*Delivered At Frontier.* *Delivered Ex Ship.*	Entregada en frontera (... lugar convenido). Entregada sobre buque (... puerto de destino convenido).
	DEQ	*Delivered Ex Quay.*	Entregada en muelle (... puerto de destino convenido).
	DDU	*Delivered Duty Unpaid.*	Entregada derechos no pagados (... lugar de destino convenido).
	DDP	*Delivered Duty Paid.*	Entregada derechos pagados (... lugar de destino convenido).

Tabla 3.1 Descripción de los Incoterms 2000.

Los incoterms se encargan de regular la distribución de documentos, las condiciones de entrega de la mercancía, la distribución de costes de la operación, así como la distribución de riesgos de la misma. A menudo las partes implicadas en el contrato no tienen conocimiento de las distintas prácticas comerciales utilizadas en sus respectivos países. Esto puede ocasionar malentendidos, litigios y procesos, que desencadenarían en pérdidas de tiempo y dinero, y que el uso de estos términos estandarizados evita. Los incoterms no se encargan de regular ni la legislación aplicable a los puntos no reflejados en ellos ni la forma de pago de la operación.

---

[62] Ver www.iccwbo.org.

INCOTERMS 2000

	Modo transporte / *Transportation mode*	Reembalaje y Verificación / *Repacking and verification*	Carga / *Load*	Transporte Interior / *Domestic transport*	Formalidades aduaneras exportación / *Customs procedure for export*	Costes Manipulación / *Handling fee*	Transpoprte Principal / *Main transport*	Seguro / *Insurance*	Costes manipulación / *Handling fee*	Formalidades aduaneras importación / *Customs procedure for import*	Transporte interior / *Domestic transport*	Entrega / *Delivery*
EXW	P	■	●	●	●	●	●	●	●	●	●	●
FAS	M	■	■	■	■	●	●	●	●	●	●	●
FCA	P	■	■	■	■	●	●	●	●	●	●	●
FOB	M	■	■	■	■	◆	●	●	●	●	●	●
CFR	M	■	■	■	■	■	■	●	●	●	●	●
CIF	M	■	■	■	■	■	■	■	●	●	●	●
CPT	P	■	■	■	■	■	■	●	●	●	●	●
CIP	P	■	■	■	■	■	■	■	●	●	●	●
DAF	P	■	■	■	■	■	◆	◆	●	●	●	●
DES	M	■	■	■	■	■	■	■	●	●	●	●
DEQ	M	■	■	■	■	■	■	■	■	●	●	●
DDU	P	■	■	■	■	■	■	■	■	●	■	■
DDP	P	■	■	■	■	■	■	■	■	■	■	■

P　Polivalente / *Polyvalent*
M　Marítimo / *Maritime*

■ Vendedor / *Salesman*　　　● Comprador / *Buyer*　　　◆ Vendedor/ Comprador / *Salesman / Buyer*

5.3.1 Estructura de los incoterms

Los Incoterms 2000 se encuentran agrupados en cuatro categorías, que se describen según refleja la Tabla 3.1.

Grupo E

Presenta un único Incoterm, *EXW*, por el que el vendedor pone las mercancías a disposición del comprador en los propios locales del vendedor.

Grupo F

Esta segunda categoría agrupa los términos *FCA, FAS y FOB*, en los que el vendedor es el encargado de entregar la mercancía en el país de origen a un medio de transporte escogido por el comprador.

INCOTERMS MÁS UTILIZADOS EN CADA MODO DE TRANSPORTE						
Grupo	*Incoterms*	*Marítimo*	*Camión*	*Tren*	*Avión*	*Multimodal*
E	EXW[63]	—	●	●	●	●
F	FAS[64]	●	—	—	—	—
F	FCA[65]	—	●	●	●	●
F	FOB[66]	●	—	—	—	—
C	CFR[67]	●	—	—	—	—
C	CIF[68]	●	—	—	—	—
C	CPT[69]	—	●	●	●	●
C	CIP[70]	—	●	●	●	●
D	DES[71]	●	—	—	—	—
D	DAF[72]	—	●	●	●	●
D	DEQ[73]	●	—	—	—	—
D	DDU[74]	—	●	●	●	●
D	DDP[75]	—	●	●	●	●

Tabla 3.2 Incortems y modos de transporte.

Grupo C

En este caso, el vendedor ha de contratar el transporte pero no asume el riesgo de pérdida o daño de la mercancía o los costes adicionales que se produzcan después

---

[63] Ver www.iccwbo.org/incoterms/preambles/pdf/EXW.pdf
[64] Ver www.iccwbo.org/incoterms/preambles/pdf/FAS.pdf
[65] Ver www.iccwbo.org/incoterms/preambles/pdf/FCA.pdf
[66] Ver www.iccwbo.org/incoterms/preambles/pdf/FOB.pdf
[67] Ver www.iccwbo.org/incoterms/preambles/pdf/CFR.pdf
[68] Ver www.iccwbo.org/incoterms/preambles/pdf/CIF.pdf
[69] Ver www.iccwbo.org/incoterms/preambles/pdf/CPT.pdf
[70] Ver www.iccwbo.org/incoterms/preambles/pdf/CIP.pdf
[71] Ver www.iccwbo.org/incoterms/preambles/pdf/DES.pdf
[72] Ver www.iccwbo.org/incoterms/preambles/pdf/DAF.pdf
[73] Ver www.iccwbo.org/incoterms/preambles/pdf/DEQ.pdf
[74] Ver www.iccwbo.org/incoterms/preambles/pdf/DDU.pdf
[75] Ver www.iccwbo.org/incoterms/preambles/pdf/DDP.pdf

de la carga y despacho. En este grupo se hallan los términos *CFR, CIF, CPT y CIP*.

Grupo D
El grupo D agrupa los términos *DAF, DES, DEQ, DDU y DDP*, en los que el vendedor debe soportar todos los gastos y riesgos necesarios hasta llevar la mercancía al país de destino.

5.3.3 Incoterms y transporte

Las características de cada incoterm lo hacen especialmente adecuado para uno u otro modo de transporte, como se representa en la Tabla 3.2.

5.4 Instrumentos de pago

Independientemente del medio de pago empleado en cualquier transacción comercial internacional, todos se rigen por unas características que los hacen adecuados en unas u otras circunstancias: confianza, velocidad, integridad y coste son los parámetros fundamentales que caracterizan a los diferentes medios. La elección del medio de pago es contractual, siendo a nuestro entender el documento principal en cualquier acción comercial que, por definición, se encuentra orientada al intercambio entre servicios o productos y dinero.

5.4.1 Cheque personal

Este instrumento no se diferencia sustancialmente del cheque usado en el comercio interior, siendo emitido contra la propia cuenta bancaria del importador, bien en euros bien en divisas. Este cheque no siempre ofrece garantía de cobro, por lo que ningún banco negociará un cheque personal sino que se limitará a tomarlo en gestión de cobro. Para el exportador es sin duda el método de pago con mayor riesgo, además de emplear en su operativa una velocidad baja.

5.4.2 Cheque bancario

Este instrumento de pago se basa en la emisión de un cheque por una entidad bancaria contra una cuenta que ésta mantiene con otra entidad financiera. Es decir, que tanto el librador del cheque como el librado son bancos. Comparado con el cheque personal, el cheque bancario ofrece una mayor seguridad en el cobro para el exportador, si bien el riesgo viene por el hecho de que el banco librado se encuentre en dificultades económicas.

5.4.3 Transferencia simple

Es una orden dada por el importador a su banco para que ponga una determinada cantidad de dinero a disposición de un beneficiario en una cuenta en su país. Es recomendable que la transferencia se realice por SWIFT,[76-77] ya que al ser el pago en tiempo real se efectúa de manera automática, evitando retrasos o pérdidas. Su efectividad frente a los cheques resulta evidente, aunque el peligro de la operación radica en el hecho de que la mercancía y los documentos han sido enviados antes de tener la seguridad de que se ha cursado la orden de pago.

5.4.4 Transferencia documentaria

Es una modalidad de transferencia que permite al importador tener una mayor seguridad de que el exportador dispondrá de los fondos única y exclusivamente cuando sea capaz de presentar ciertos documentos requeridos ante el banco pagador, como pueden ser los que prueben la entrega de la mercancía al transportista (acreditando su destino), o aquellos que su posesión conlleve la propiedad de la mercancía. La clara ventaja frente a la transferencia simple es que la mercancía no pasa a poder del importador mientras éste no efectúe el correspondiente pago.

5.4.5 Remesa simple

Consiste en que una vez el exportador ha enviado la mercancía al importador y ha remitido directamente los documentos requeridos por éste para proceder al despacho de la mercancía, entrega a su banco una letra a cargo del comprador para que éste gestione su cobro y aceptación por el importador. A diferencia de los cheques y órdenes de pago, en los que era el deudor quien iniciaba el pago, en el caso de las remesas el procedimiento es inverso, ya que es el acreedor quien inicia el procedimiento de pago instruyendo a su banco a enviar o remesar los giros para obtener el cobro del deudor.

En su modalidad simple, uno o varios documentos financieros (letras de cambio, pagarés, cheques) no van acompañados de documentos comerciales. Podemos encontrar las modalidades contra pago o contra aceptación.

---

[76] SWIFT (Society for Worldwide Interbank Financial Telecommunication), sociedad conformada por una red de intercambio mediante la cual una orden emitida desde cualquier punto puede ser recibida por cualquier otro punto de la red.

[77] Para más información visitar el sitio www.swift.com.

5.4.6 Remesa documentaria

La operativa es la misma que la ya comentada, si bien, en las remesas documentarias, además de los documentos financieros, se adjuntan otros comerciales o sólo estos últimos (facturas, documentos de expedición o de propiedad, etc.). Al igual que la remesa simple, dispone de las modalidades contra pago o contra aceptación.

5.4.7 Crédito documentario

Es un convenio en virtud del cual un banco, obrando a petición de un cliente y de conformidad con sus instrucciones, se obliga a efectuar un pago a un tercero o autoriza a otro banco a efectuar dicho pago, cuando se presenten una serie de documentos solicitados con un contenido predeterminado dentro de un tiempo límite especificado. Resulta el medio de pago que ofrece más garantías de cobro por parte del vendedor.

Existen diversas modalidades de crédito documentario, siendo los más habituales los revocables e irrevocables, los transferibles, y los rotativos.

5.5 Intrastat[83]

La anulación de las formalidades aduaneras dentro de los países de la UE, en 1993, han obligado a las empresas que tengan relaciones comerciales con los Estados miembros a presentar mensualmente una Declaración de Operaciones de intercambio de bienes entre Estados Miembros de la Unión Europea, documento también conocido como Declaración Intrastat, siempre y cuando reúnan las exigencias establecidas dentro de la legislación vigente.[84]

La obligación de presentar la declaración estadística viene determinada por dos factores que se consideran de forma conjunta, a saber, la naturaleza del operador, que es la que determina la obligación de suministrar la información estadística, y su volumen de comercio intracomunitario, que dentro del grupo anterior establece la obligación de presentar declaración.

La Declaración Intrastat se presenta con una periodicidad mensual, debiendo ser presentada dentro del plazo de los doce primeros días naturales del mes siguiente a aquel que se declara.

---

[83] Para más información consultar el sitio www.aeat.es/aduanas/idep/idepinic.htm.
[84] Resolución CEE 3330/91 y CE 1901/00, que desarrolla la Resolución de 16 de diciembre de 2002 del Departamento de Aduanas e Impuestos Especiales de la AEAT.

Capítulo IV

Elementos jurídicos

1. Introducción

En este capítulo se realiza un breve estudio de la contratación internacional, centrado básicamente en los siguientes contratos: la compraventa internacional, y los contratos de transporte terrestre (en sus dos vertientes, carretera y ferrocarril) y marítimo, ya que son los diferentes modos de transporte que se dan cita en el puerto.

La logística portuaria es producto del comercio exterior, cuyas principales operaciones son la importación, la exportación y el tránsito de las mercancías. Tras estas operaciones existe un conjunto de contratos que se utilizan para materializar voluntades y defender intereses, además de obtener un beneficio. La premisa que da origen a cualquier operación comercial internacional es el interés de intercambiar bienes o servicios entre dos partes situadas en dos puntos geográficos distintos. Centrándose este estudio en el intercambio de bienes derivados mayormente de un contrato de compraventa, será *condictio sine qua non* el consecutivo contrato de transporte para conseguir que la mercancía alcance el punto de demanda, su destino final. Facultativamente, estas mercancías podrán asegurarse, pero no es un imperativo legal, puesto que las normas internacionales prevén unas responsabilidades legales para el incumplimiento contractual del transporte.[1]

Siendo el puerto nodo logístico del transporte marítimo y enclave de los flujos de mercancías y documentos que centran esta obra, los contratos de transporte internacional que en él confluyen son a través de la vía marítima y la terrestre, razón por la que sólo se tratarán estos dos modos de transporte de mercancías.[2]

Por lo general, el procedimiento comercial se inicia y desarrolla con la compraventa de mercancías, cuyo contrato se perfecciona con la entrega de las mismas al comprador, lo cual conlleva el transporte de éstas. Así, el contrato de transporte subyace en la compraventa en la mayoría de las ocasiones, aunque también puede aparecer con el contrato de alquiler de un producto. En definitiva, la oferta y la demanda no siempre nacen en un mismo territorio geográfico, razón por la que el producto ofertado se traslada allí donde se ha solicitado.

Una compraventa se inicia cuando el fabricante de un producto, el propietario de una materia prima o el intermediario de cualquiera de ellos, oferta un bien al mer-

---

[1] Para más información sobre la protección jurídica de las mercancías, ver cap. 2, apartado 2.1.2.
[2] Por razones de extensión, en esta obra sólo se trataran estos contratos desde su vertiente internacional.

cado. El comprador interesado en uno de estos bienes contacta con el vendedor y es aquí donde comienza la relación comercial, termine o no con su objetivo: la conclusión del contrato de compraventa. Ante el interés del ahora posible comprador, el vendedor lanza una oferta que se formalizará una vez sea aceptada por el comprador. No siempre esta aceptación llega a documentarse, puesto que la confianza interpersonal sigue siendo hoy día el pilar de una gran parte de las relaciones comerciales.

Tras el sucesivo procedimiento de oferta y contraoferta, que será más o menos dilatado según sean las costumbres de comprador y vendedor, así como el tipo de producto, si se llega a un acuerdo final, éste debe plasmarse en un contrato de compraventa internacional.

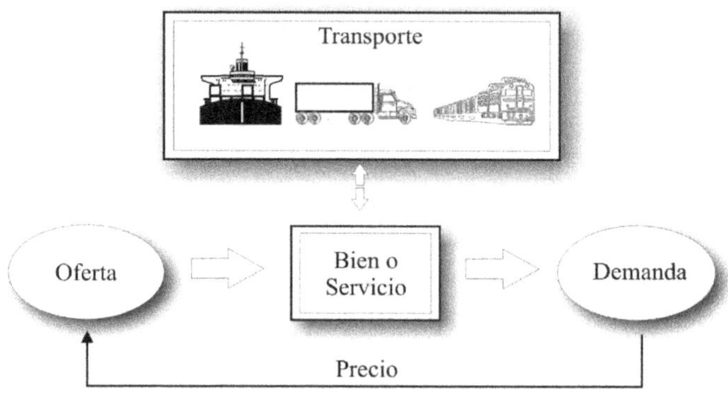

Figura 4.1

2. La contratación internacional

El comercio internacional impulsado por la globalización y la creación de uniones comerciales supranacionales como la UE, ha supuesto un reto para los operadores del comercio exterior, cuyo objetivo principal es minimizar los riegos en la contratación internacional, en pro de una mayor seguridad jurídica.

Las operaciones de comercio exterior conllevan la contratación de servicios de transporte, seguros,[3] bancarios, financiación, aduaneros,[4] etc.

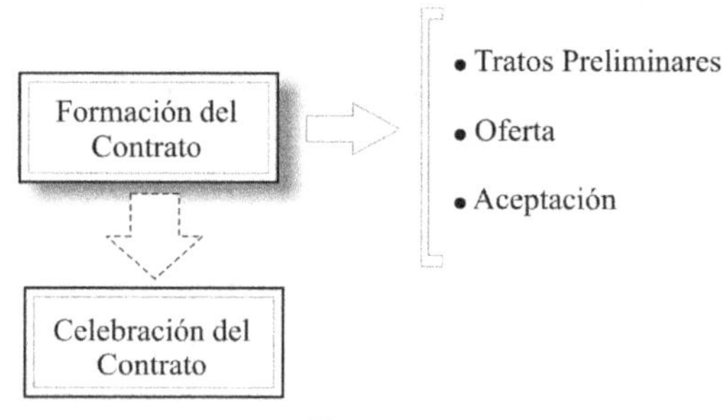

Figura 4.2

---

[3] Ver 2.1.2. Sobre protección jurídica de las mercancías, donde se habla del contrato del seguro de éstas.

[4] Se tratan en cada uno de los capítulos que desarrollan estas operaciones: cap. 6, «Operaciones de importación»; cap. 7, «Operaciones de exportación», y cap. 8, «Operaciones de tránsito».

La contratación internacional se podría definir, tal como expresa Cabello González: «aquel acuerdo de voluntades suscrito entre dos o más partes, con domicilio en Estados diferentes, tendentes a la realización de una operación comercial».[5]

2.1 Elementos contractuales

Al igual que cualquier otro contrato tiene elementos personales, formales y reales.

Los elementos personales, son las personas físicas o jurídicas que en plena capacidad de contratar, directamente o mediante sus representantes, emitirán su voluntad como partes del contrato para someterse a las obligaciones respectivas allí descritas.

En cuanto a los elementos formales no se exigen, y así lo reconoce el Convenio de Viena sobre venta internacional de mercancías de 11 de abril de 1980.[6]

Por lo que se refiere a los elementos reales, cabe señalar que son los bienes o servicios que las partes intercambian mediante el contrato.

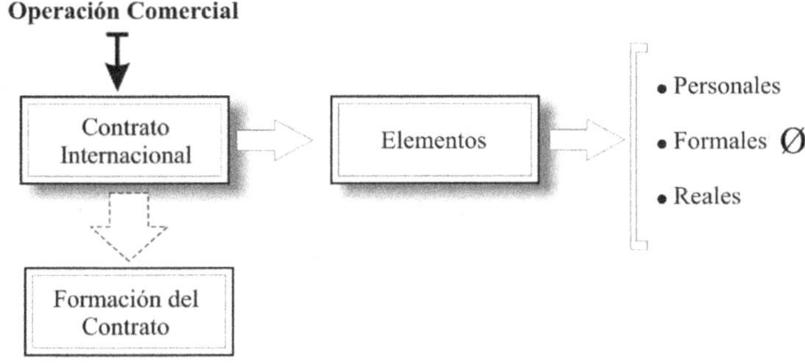

Figura 4.3

2.2 Formación del contrato

La negociación de todo contrato pasa a través de varias etapas, dado que la compensación de derechos y obligaciones entre las partes ha de confluir en la dicotomía de la oferta y aceptación.

La primera fase son los tratos preliminares, que son todos los actos encaminados a fijar los derechos y obligaciones de las partes. La segunda fase es la oferta o declaración unilateral de voluntad para celebrar un contrato. Esta declaración ha de reflejar la intención de su emisor para vincularse si la otra parte acepta, ha de ser concreta en cuanto a la descripción del bien o servicio que se ofrece, y se ha de dirigir a personas determinadas. La última fase es la de aceptación, cuando el destinatario confirma

---

5   Cabello González, José Miguel: *Contratación Internacional*, ed. ESIC, Madrid, 2000, pp. 21.
6   Sobre el contrato de compraventa internacional ver siguiente apartado.

su acuerdo con la oferta. Si la oferta se modifica de alguna manera, se estará ante una contraoferta que para llegar a consolidarse en un contrato necesitará de una aceptación.

Aceptada la oferta o contraoferta se celebra el contrato internacional pertinente, estableciendo todas las cláusulas necesarias (cláusulas que garantizan la ejecución del contrato, las que producen la adaptación del contrato como consecuencia de la alteración de las circunstancias iniciales, las limitativas y las exonerativas de responsabilidad, las que definen las obligaciones contractuales, y las de legislación aplicable y sumisión a tribunales o arbitraje).[7]

3. La compraventa internacional

El concepto jurídico de compraventa «es el contrato por el que uno de los contratantes se obliga a entregar una cosa determinada y el otro a pagar por ella un precio cierto en dinero o signo que lo represente» (art. 1445 del Código Civil español). Es un contrato consensual, bilateral y oneroso.[8]

La compraventa es el contrato núcleo del comercio internacional y de él se derivan otros contratos como los de transportes, seguros o los servicios de intermediarios, además de ser el punto de partida en las operaciones de importación y exportación.

Para que una compraventa sea internacional es necesario que se dé uno de los siguientes casos: *a)* el establecimiento o domicilio de los contratantes están en países distintos; *b)* el objeto de la compraventa ha de trasladarse de un lugar a otro; y *c)* la suma de los dos anteriores.

La utilización de los incoterms en la compraventa internacional para saber la forma, condiciones, lugar, gastos y riesgos que afectan a cada una de las partes en la entrega de las mercancías es del todo esencial.[9]

Legislación

La compraventa internacional se rige por la Convención de Naciones Unidas aprobada en Viena el 11 de abril de 1980.[10] Este convenio trata los siguientes aspectos:

- Parte Primera: Ámbito de aplicación y Disposiciones generales: Cap. Primero, sobre Ámbito de aplicación (arts. 1 a 6); y Cap. II, sobre Disposiciones Generales (arts. 7 a 13).
- Parte II: Formación del contrato (arts. 14 a 24).
- Parte III: Compraventa de mercancías: Cap. Primero, Disposiciones generales (arts. 25 a 29); Cap. II, Obligaciones del vendedor (Sec. 1ª Entrega de las mercancías y de los documentos; Sec. 2ª Conformidad de las mercancías y preten-

---

[7] Cabello González, José Miguel: obra citada, pp. 29 y ss.

[8] Sobre la compraventa mercantil: Sánchez Calero, Fernando: *Principios de Derecho Mercantil,* 7ª edición, ed. Mc Graw Hill, Madrid, 2003, págs. 429 y ss.

[9] Para más información sobre los incoterms, ver cap. 3, apartado 5.3.

[10] España se adhirió a este contrato el 17 de julio de 1990 (BOE 30-01-91). Puede verse texto completo en www.uncitral.org/sp-index.htm

siones de terceros; y Sec. 3ª Derechos y acciones en caso de incumplimiento del contrato por el vendedor) (arts. 30 a 52); Cap. III Obligaciones del Comprador (Sec. 1ª Pago del precio; Sec. 2ª Recepción; Sec. 3ª Derechos y acciones en caso de incumplimiento del contrato por el comprador (arts. 53 a 65); Cap. IV, Transmisión del riesgo (arts. 66 a 70); Cap. V, Disposiciones comunes a las obligaciones del vendedor y del comprador (Sec. 1ª Incumplimiento previsible y contratos con entregas sucesivas; Sec. 2ª Indemnización de daños y perjuicios; Sec. 3ª Intereses; Sec. 4ª Exoneración; Sec. 5ª Efectos de la resolución; y Sec. 6ª Conservación de las mercancías) (arts. 71 a 88).
– Parte IV Disposiciones finales (arts. 89 a 101).

Ámbito de aplicación

Este Convenio es de aplicación siempre que las partes del contrato tengan sus establecimientos en Estados diferentes miembros del Convenio, o si la norma de Derecho internacional contempla su aplicación.

Esta norma no será de aplicación en compraventas si la mercancía es: *a*) para uso personal, familiar o doméstico, con la excepción de que el vendedor de buena fe no haya sido informado de tal uso; *b*) procede de subasta; *c*) judicial; *d*)de valor mobililiario, títulos o efectos de comercio y dinero; *e*) de buques, embarcaciones, aerodeslizadores y aeronaves; o *f*) de electricidad.

Formación del contrato

No se exige requisito alguno de forma contractual, y podrá probarse incluso por testigos.

La oferta es una propuesta detallada de las mercancías de una parte a una o más personas determinadas, de tal modo que si ésta o éstas aceptan, el oferente quedará obligado. El silencio o la inacción no suponen en ningún modo la aceptación. Esta propuesta será válida cuando llegue al destinatario y hasta que éste no acepte será revocable, excepto si: *a*) se fija un plazo para la aceptación o ha transcurrido un plazo razonable para aceptar; y *b*) el destinatario razonablemente debería haber considerado que la oferta era irrevocable y le ha dado curso.

Siempre que la respuesta a una oferta conlleve modificaciones se entenderá como una contraoferta y no como una aceptación, a menos que los cambios no sean sustanciales en cuyo caso el contrato reunirá la propuesta y las modificaciones. Los cambios sustanciales son, por ejemplo, el precio, la calidad y cantidad de mercancías, el lugar y fecha de entrega, y la solución de controversias.

Las partes podrán modificar el contrato, a menos que hayan establecido por escrito que no podrá modificarse.

El contrato se perfecciona cuando la aceptación surte efecto.

Obligaciones del vendedor

El vendedor tiene la obligación de entregar las mercancías, transmitir su propiedad y entregar todos los documentos referentes a las mismas.

El vendedor debe entregar las mercancías según calidad, cantidad, tipo, embalaje o envasado pactados.

El vendedor se responsabilizará de la falta de conformidad que pueda haber cuando se transmita el riesgo o después. Podrá subsanar esta falta de conformidad sin incurrir en indemnización alguna, siempre que dicha subsanación no suponga un inconveniente o gastos excesivos al comprador.

El comprador deberá comprobar el estado de las mercancías recibidas tan pronto como le sea posible, si éstas han de transportarse el examen podrá ser cuando lleguen a su destino. La falta de conformidad deberá manifestarse en un plazo razonable y nunca superior a dos años desde que las mercancías llegaron al comprador, salvo que exista una garantía contractual que estableciese un plazo diferente.

El comprador ante el incumplimiento de obligaciones del vendedor establecidas por este Convenio podrá:

a) exigir el cumplimiento de sus obligaciones: por ejemplo, sustituir la mercancía no conforme, ampliar el plazo para el cumplimiento de sus obligaciones.

b) exigir la indemnización de los daños y perjuicios.

El comprador podrá resolver el contrato ante el incumplimiento esencial por parte del vendedor, lo cual implica el incumplimiento de las obligaciones contractuales. Asimismo, el comprador tendrá la potestad de rebajar el precio de las mercancías si el valor de las entregadas es menor, y siempre que el comprador no subsane la obligación.

Obligaciones del comprador

El comprador debe pagar el precio y recibir las mercancías según lo pactado en el contrato.

Si en el contrato no se menciona precio alguno, se entenderá que el precio es el de las mercancías en el momento de la celebración del contrato, según el tráfico mercantil habitual.

Si el precio se fija en función del peso se entenderá que es el peso neto de las mercancías .

El lugar del pago del precio será el establecimiento del vendedor o el lugar de entrega de las mercancías.

El momento del pago –de no haberse estipulado– será a la recepción de las mercancías.

Ante el incumplimiento de las obligaciones por parte del comprador, el vendedor podrá:

a)   exigir el pago del precio o el cumplimiento de la obligación incumplida, también podrá prorrogar el plazo de cumplimiento al vendedor

b)   exigir la indemnización de daños y perjuicios

El vendedor podrá resolver el contrato: *a)* por incumplimiento de una obligación esencial del contrato; *b)* el comprador no paga el precio o no cumple las obligaciones durante el aplazamiento que el vendedor le haya otorgado. La resolución del contrato será efectiva si se comunica a la otra parte.

Transmisión del riesgo

Si tras la transmisión del riesgo al comprador se producen pérdidas o deterioros en las mercancías, el comprador no quedará exonerado de su obligación de pagar el precio, salvo que un acto u omisión del vendedor hayan causado dicha pérdida o deterioro.

Cuando la entrega de la mercancía esté sujeta a un contrato de transporte, la transmisión del riesgo comenzará en el momento en que el primer porteador comience el traslado de las mismas hacia el comprador, de no existir un lugar determinado en el contrato para que el porteador la recoja, caso este último en el que la transmisión del riesgo se iniciaría en ese lugar.

La transmisión del riesgo de las mercancías vendidas en tránsito tiene lugar con la celebración del contrato de compraventa.

En el caso de que las mercancías no se hallen identificadas en el contrato, la transmisión del riesgo no procederá hasta que éstas no queden claramente especificadas.

Disposiciones comunes a las obligaciones del comprador y del vendedor

a) Incumplimiento previsible y contratos con entregas sucesivas

Por lo general, el incumplimiento del contrato tiene lugar cuando una de las partes no asume sus obligaciones y perjudica a la otra, salvo que dicho incumplimiento fuera imprevisible.

Si una parte prevé el incumplimiento del contrato por parte del otro, ya sea por una grave merma de su capacidad para cumplir o por su comportamiento, aquél podrá diferir el cumplimiento de sus obligaciones. El que haya diferido su cumplimiento deberá comunicarlo a la otra parte y deberá cumplir sus obligaciones si el presunto incumplidor asegura el cumplimiento de sus obligaciones. La parte previsora también podrá resolver el contrato si es patente el incumplimiento de una obligación esencial del contrato por la otra parte.

En los contratos con entregas sucesivas de mercancías, de darse un incumplimiento previsible de una obligación esencial, la otra parte podrá resolver el contrato por lo que respecta a esa entrega. La resolución del contrato podrá ser completa, es decir, también para las futuras entregas, si el incumplimiento esencial de las obligaciones afecta a posteriores entregas.

En el caso de que sea el comprador el que resuelve el contrato por causa de incumplimiento de una obligación esencial en entregas sucesivas, y los bienes a entregar formen un todo, de existir entregas ya efectuadas éstas también podrán ser anuladas.

b) Indemnización de daños y perjuicios

La indemnización de daños y perjuicios por incumplimiento de las obligaciones de cualquiera de las partes, implica el valor de la pérdida sufrida y la ganancia dejada de percibir por la otra parte debido al incumplimiento. Ello significa que la indemnización es la suma de lo efectivamente perdido y el lucro cesante, que nunca podrá superar el valor por el incumplimiento previsto *ab initio* por la parte incumplidora.

Si resuelto el contrato se procede a una compra de reemplazo o a una venta de reemplazo, por el vendedor o comprador respectivamente, la indemnización alcanzará la diferencia entre lo fijado en el contrato y el reemplazo.

Ante la resolución del contrato por inexistencia de reemplazo, la parte reclamante de la indemnización podrá conseguir la diferencia entre el precio del contrato y el del precio corriente de la mercancía en el momento de la resolución. Por precio corriente, se entiende el del lugar previsto para la entrega de la mercancía.

Aquella parte que solicite la indemnización deberá hacer lo posible para minimizar la pérdida y lucro cesante consecuencia del incumplimiento, en caso contrario, la parte incumplidora podrá exigir la reducción proporcional de la indemnización.

c) Intereses

El precio de la mercancía o cualquier otra suma debida derivada del contrato generará unos intereses reclamables.

d) Exoneración

De darse un impedimento ajeno a la voluntad de una de las partes que le imposibilite el cumplimiento de sus obligaciones, siempre que este impedimento no fuera razonablemente previsible, la parte incumplidora se exonerará de su responsabilidad.

Para el supuesto en que el cumplimiento de una de las partes se haya delegado a un tercero, ésta sólo quedará exonerada de responsabilidad si: *a)* se ha provocado un impedimento ajeno a su voluntad y ese impedimento era razonablemente imprevisible; *b)* el tercero se encuentra en el supuesto anterior.

La parte que incumpla sus obligaciones debe comunicárselo a la otra, de no hacerlo en un plazo razonable incurrirá en responsabilidad por los daños y perjuicios causados.

e) Efectos de la resolución

La resolución del contrato supone la inactividad del cumplimiento de las obligaciones de las partes, aunque no afectará a la existencia de indemnizaciones por daños y perjuicios.

Si las partes ya habían cumplido una parte de sus obligaciones podrán exigirse mutuamente, la parte que cumplió a la que no, la restitución de lo suministrado o pagado (se incluyen los intereses). En el caso de que las dos partes tengan que restituir, lo deberán hacer al mismo tiempo.

f) Conservación de las mercancías

El vendedor deberá conservar las mercancías hasta que el comprador le pague o las recepcione. Si el comprador se demora en alguna de estas dos obligaciones, el vendedor no sólo las conservará, sino que no se las entregará al comprador hasta que éste no le pague los gastos realizados razonablemente.

En caso de rechazo justificado de las mercancías recibidas por parte del comprador, éste deberá conservarlas y exigirle al vendedor el reembolso de los gastos razonablemente efectuados.

En los gastos razonables de conservación se comprenden los de depósito de las mercancías en los almacenes de un tercero.

Ante la demora injustificada por parte del que ha de reembolsar los gastos de conservación, pagar el precio, aceptar su devolución o recibirlas, la otra parte podrá vender las mercancías siempre que lo comunique con una antelación temporal razonable.[11]

En resumen, para redactar un contrato de compraventa internacional éste deberá contener: identificación de las partes y de las mercancías, precio y condiciones de pago, términos de entrega incluyendo los incoterms pertinentes, cláusulas generales (exoneración de responsabilidad, causas de incumplimiento,...), legislación aplicable, jurisdicción competente y firma del contrato.[12]

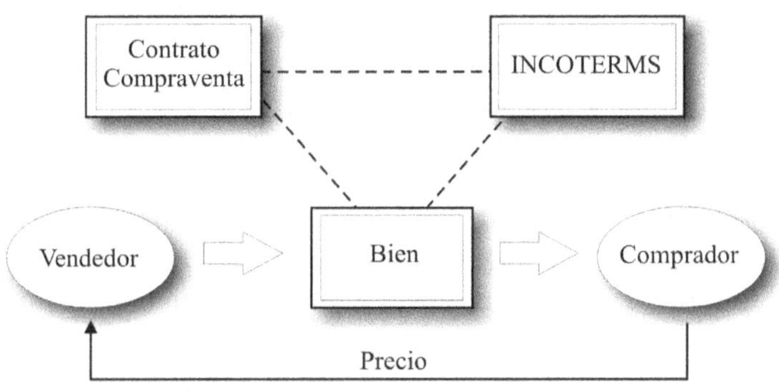

Figura 4.4

4. Los contratos de transporte internacional

El contrato de transporte es un acuerdo jurídico entre dos partes, mediante el cual una de ellas –llamada «transportista»– se compromete, mediante precio, a trasladar una cosa material o mercancía de un lugar a otro, bajo su propia custodia, siguiendo las instrucciones de la otra parte –llamada «remitente»–, y a entregar esa mercancía a un tercero –llamado «destinatario»– designado por el remitente, en las mismas condiciones que el transportista la recibió, dentro de un determinado plazo de tiempo si así se hubiere acordado; y ambas partes, a cumplir las restantes obligaciones que el Derecho tenga establecidas.[13]

Se estará ante un contrato de transporte internacional cuando el movimiento físico de mercancía vaya de un Estado a otro, o aún cuando comience y acabe en un mismo Estado pero tenga parte de su trayecto por un país tercero.

Es importante resaltar la diferencia entre:

a) Transporte privado o por cuenta propia.

---

[11] Guardiola Sacarrera, Enrique: *La compraventa internacional,* 2ª edición, ed. Bosch, Barcelona, 2001.

[12] *La contratación internacional de mercancías,* edita el Banco de Sabadell, Barcelona, 1996.

[13] Definición de Sánchez Gamborino, Francisco José, *El contrato de transporte internacional. CMR,* ed. Tecnos, Madrid, 1996, pp. 26.

b)   Transporte público o por cuenta ajena o profesional.

El primero se refiere al transporte de las mercancías propias, es decir cuando la actividad principal de una empresa no es el transporte pero traslada sus propias mercancías.

El segundo es el que origina la existencia de un contrato de transporte, el profesional dedicado al transporte traslada mercancías que son propiedad de otras personas.

Elementos personales del contrato de transporte

Transportista: En francés *transporteur* y en inglés *carrier*. Es la persona, normalmente una empresa, que asume la obligación de transportar por sí mismo la mercancía, en función de las condiciones que se hayan pactado. En España también se denomina «porteador» en algunas ocasiones.

Remitente: En francés *expéditeur* y en inglés *sender*. Es el que solicita el transporte, por cuenta propia o ajena (si lo hace por cuenta ajena actuará como mediador en la operación), celebra el contrato de transporte en nombre propio y entrega la mercancía al transportista. En España también se le conoce como «remitente» o «cargador».

Destinatario: En francés *destinataire* y en inglés *consignee*. Es la persona que recibe las mercancías cuando éstas llegan a su destino. En España se utiliza el término de «destinatario» o «consignatario» (no se debe confundir con consignatario de buques, que es el representante del armador en los puertos en que éstos hacen escala y el que realiza todas las operaciones necesarias para su buena gestión —suministro de agua, víveres, *bunkering*, recogida de basuras,...—, además de representar al armador frente al cargador y o receptor).

Elementos reales del contrato

Mercancía: Todos los objetos físicos con los que se comercia y son objeto del contrato de transporte y del contrato de compraventa del que suele traer origen.

Precio del transporte y gastos: El precio es la contraprestación que emite el remitente a cambio de que el transportista le preste el servicio de trasladar la mercancía de un punto de origen a otro de destino. El precio es denominado en transporte terrestre «porte» o «portes», y en transporte marítimo y aéreo «flete».

En todo contrato de transporte debe expresarse a quién corresponde el pago del precio, así como la moneda en que será realizado.

El concepto de gastos engloba al precio debido por las prestaciones accesorias efectuadas antes, durante o después del transporte, ya sean realizadas por el transportista u otros (por ejemplo, almacenaje, etiquetado,...).

La atribución de portes y gastos debe especificarse en el contrato de transporte, ya sea al remitente, destinatario o mediador. En su caso, habrá que ver el incoterm utilizado en el contrato de compraventa, si es éste contrato el que causa el transporte.

Las expresiones «portes pagados» y «portes debidos» son poco precisas aunque muy utilizadas, por lo que sería recomendable en caso de su utilización especificar «portes pagados por X» o «portes debidos por X».

5. El contrato de transporte internacional de mercancías por carretera

Este modelo de contrato, también conocido por sus siglas CMR, se realizó en Ginebra el 19 de mayo de 1956.[14]

Las diferentes partes de este convenio[15] según su texto son:
– Preámbulo.
– Cap. Primero, Ámbito de aplicación (arts. 1 y 2).
– Cap. II, Personas por las cuales responde el transportista (art. 3).
– Cap. III, Conclusión y ejecución del contrato de transporte (arts. 4 a 16).
– Cap. IV, Responsabilidad del transportista (arts. 17 a 29).
– Cap. V, Reclamaciones y acciones (arts. 30 a 33).
– Cap. VI, Disposiciones relativas al transporte efectuado por transportistas sucesivos (arts. 34 a 40).
– Cap. VII, Nulidad de las cláusulas contrarias al Convenio (art. 41).
– Cap. VIII, Disposiciones finales (arts. 42 a 51).

En su Preámbulo se reconoce la intención de las partes contratantes en normalizar el transporte internacional de mercancías por carretera, y concretamente en dos aspectos:
1. Documentos utilizados.
2. Responsabilidad del transportista.

Ámbito de aplicación

Requisitos necesarios para la aplicación del CMR:
a) Que la expedición comience y finalice en dos países diferentes y al menos uno de ellos sea contratante, independientemente de la nacionalidad y domicilio de las partes del contrato.
b) Que el contrato sea oneroso, es decir, que se pague un precio por el transporte.
c) Que el transporte se realice mediante vehículos:
  – Automóviles.
  – Vehículos articulados.
  – Remolques.
  – Semirremolques.

---

[14] La adhesión de España a este Convenio tuvo lugar en 1974 (BOE 109, de 7 de mayo). Este Convenio fue modificado por el Protocolo de 5 de julio de 1978, al que se adhirió nuestro país en 1982 (BOE 303, de 18 de diciembre). Los comentarios del CMR recogen las modificaciones introducidas por el Protocolo y las correcciones a la mera traducción inicial del texto, versiones inglesa y francesa, según BOE 142 de 15 de junio de 1995.

[15] Para ver el texto original de este convenio: www.jus.uio.no/lm/un.cmr.road.carriage.contract.convention.1956/doc.html

d) Que las partes contratantes se comprometan a no modificar el contenido del convenio, a menos que tal modificación sea su no aplicación al trafico fronterizo o el uso de la carta de porte para el transporte nacional.

e) También se ampararán bajo este convenio los transportes efectuados por Estados, instituciones u organismos gubernamentales.

Este convenio no se aplicará en los siguientes transportes:

a) Postales internacionales.

b) Funerarios.

c) Mudanzas.

En el caso de que el vehículo que contiene la mercancía sea transportado por mar, ferrocarril, vía navegable interior o aire, sin ruptura de carga y por el mismo transportista o diferentes, en principio se aplicará este convenio a toda la expedición. Para el caso de pérdida, avería o demora en la entrega de la mercancía no causados por el transportista, se aplicará la responsabilidad legal correspondiente al medio de transporte. Si esta responsabilidad no estuviera contemplada por las leyes de los otros modos de transporte se aplicará el CMR.

Personas por las cuales responde el transportista

El transportista responde de sus actos y omisiones así como de los de sus empleados o personas que trabajen a su servicio.

Conclusión y ejecución del contrato de transporte

Este contrato se formaliza mediante un documento denominado «Carta de porte», conocido comúnmente como «carta de porte internacional» o «CMR», que consta como mínimo de tres ejemplares:

a) El primero lo firmará el remitente.

b) El segundo acompañará a la mercancía.

c) El tercero lo firmará el transportista.

Habrá tantas cartas de porte como vehículos y mercancías transportadas.

La carta de porte tiene valor probatorio de las condiciones del contrato y de la recepción de las mercancías por parte del transportista. Su ausencia no afecta a la existencia ni a la validez del contrato.

La carta de porte debe contener los siguientes términos:

a) Lugar y fecha de la declaración.

b) Nombre y domicilio del remitente.

c) Lugar y fecha de la toma de la carga y lugar de entrega.

d) Nombre y domicilio del transportista.

e) Nombre y domicilio del destinatario.

f) Descripción de la mercancía, tipo de embalaje, y su denominación, si es peligrosa.

g)   Número de paquetes.
h)   Cantidad de la mercancía.
i)   Gastos relativos al transporte (derechos aduaneros).
j)   Instrucciones exigidas por las aduanas.
k)   Indicación de estar sometido al CMR.

En su caso, la carta de porte ha de contener lo siguiente:
a)   Valor declarado de la mercancía e interés especial de la entrega.
b)   Instrucciones del remitente concernientes al seguro.
c)   Plazo de entrega.
d)   Documentos entregados al transportista.
e)   Cualquier otra cuestión que las partes consideren útil.

Derechos y obligaciones de las partes

Derechos del remitente
- Disponer de la mercancía. Este derecho implica la inscripción de las nuevas instrucciones en la carta de porte, resarcimiento al transportista por los gastos extras y nunca supondrá la división de la consignación (disgregar el cargamento entre dos o más destinatarios cuando iba sólo a uno).
- Detener el transporte.
- Modificar el lugar de entrega.

Iguales derechos ostenta el destinatario siempre que así se haga constar en la carta de porte.

Responsabilidad del remitente
- El remitente es responsable de todos los gastos y perjuicios que sufra el transportista por inexactitud o insuficiencia de los datos que constan en la carta de porte.
- El remitente es responsable de los daños derivados de la deficiencia de embalaje (a personas, a la mercancía u otros), salvo que esta deficiencia fuese conocida por el transportista y éste no haya hecho las oportunas reservas al recoger la mercancía.
- El remitente debe suministrar al transportista todos los documentos de aduanas que sean necesarios y será responsable de las irregularidades de éstos.

Derechos del destinatario
- El destinatario tiene derecho a pedir un segundo ejemplar de la carta de porte al recibir la mercancía.
- Si el destinatario no se hace cargo de la mercancía, el remitente podrá disponer de ella sin necesidad de la carta de porte.

Derechos del transportista
El transportista puede proceder a la venta de la mercancía, cuando el destinatario

no se haga cargo de ella, si se dan las siguientes situaciones:
a) Mercancía perecedera o estado crítico de la mercancía.
b) Gastos de custodia que resulten desproporcionados.
c) Al no recibir instrucciones en contra en un plazo razonable.
d) Mercancías peligrosas no indicadas en el CMR. También puede descargarlas, destruirlas o hacerlas inofensivas, corriendo los gastos a cargo del remitente.

Responsabilidad del transportista

– El transportista está obligado a revisar la mercancía en el momento de hacerse cargo de la misma. Para ello puede utilizar la siguiente lista de comprobación:

CMR LISTA DE COMPROBACIÓN

I. Leer atentamente cada rúbrica del contrato CMR.
II. Si observa alguna de las situaciones o circunstancias que a continuación se enumeran, hacerla constar en la casilla 18 (escribiendo tanto el texto como su número).

Vehículo
1. Vehículo abierto y sin cubrir con lona conforme a lo convenido con el expedidor o remitente.

Embalaje
2. Sin embalaje.
3. Defectuoso.
4. Insuficiente.

Número de bultos, marcas, número de cada bulto (toneles, sacos, paquetes, piezas, etc.).
5. Encontrado exacto después de la comprobación.

Imposible de verificar por causa de:
6. Carga efectuada por el remitente o expedidor.
7. Las condiciones atmosféricas.
8. Gran número de bultos.
9. Contenedor precintado.

Mercancía
10. En aparente mal estado.
11. Dañada.
12. Mojada.
13. Helada.
14. No protegida de las inclemencias atmosféricas. Transportada en estas condiciones a petición de remitente o expedidor.

Manipulación, carga, estiba, descarga

— Manipulación, carga y estiba efectuada:

15. Por el expedidor o remitente.
16. Por el conductor, en condiciones atmosféricas desfavorables para la mercancía, a petición del expedidor.

— Descarga efectuada:

17. Por el destinatario.
18. Por el conductor, en condiciones atmosféricas desfavorables para la mercancía, a petición del destinatario.

III.- No inicie el viaje sin que previamente el expedidor haya firmado el contrato CMR.

Si no es así pida instrucciones a su empresa o rechace la ejecución del transporte.

El transportista podrá efectuar las reservas que considere pertinentes tras la comprobación, anotando las causas de las mismas. Estas reservas no comprometen al remitente si éste no las acepta expresamente en la carta de porte.

— El transportista será responsable de la pérdida de los documentos aduaneros. El valor a indemnizar nunca podrá superar al de la mercancía.
— El transportista debe solicitar instrucciones al remitente o destinatario, en función del que ostente el poder de disposición sobre la mercancía, cuestión que debe figurar en la carta de porte, para aquellos casos en que la ejecución del contrato resulte irrealizable. Si la realización del contrato es posible pero en condiciones diferentes y el transportista no ha podido recibir instrucciones de la persona que tiene el poder de disposición de las mercancías, éste actuará de la manera más conveniente para la persona que ostente ese poder de disposición.

En resumen, el transportista es responsable de:
— Pérdida total.
— Pérdida parcial.
— Averías.
— Retrasos en la entrega.
— Cualquier acto u omisión de sus empleados.

El transportista quedará exonerado si:
— Existe responsabilidad del que tiene derecho sobre la mercancía.
— Instrucción de éste, no derivada de una acción responsabilidad del transportista.
— Vicios propios de la mercancía.
— Circunstancias que el porteador no pudo evitar.

Exoneración del transportista para los casos de pérdidas o averías sólo en estos supuestos:
- Empleo de vehículos abiertos y no provistos de toldo, expresamente pactado en la carta.
- Manipulación, carga y descarga si son a cargo del remitente o destinatario o por personas por cuenta de uno u otro.
- Naturaleza propia de las mercancías (derrames, rupturas, moho, deterioro interno o espontáneo, plagas, roedores,...).
- Insuficiencia o imperfección de las marcas o números de paquetes.
- Transporte de animales vivos.

En todo caso el transportista correrá con la carga de la prueba de estas causas.
El transportista no podrá exonerar su responsabilidad por:
- Defecto del vehículo de transporte.
- Culpa de las personas a que haya alquilado el vehículo o sus empleados.

Indemnización por retrasos, pérdida total y avería

Hay demora cuando se incumple el plazo o cuando no existiendo un plazo se supera el tiempo que tardaría un transportista diligente.

Se considerará pérdida total:
- Pasados 30 días de la fecha fijada para la entrega sin haber recibido la mercancía.
- Pasados 60 días de no existir fecha fijada.

Cálculo indemnización: Se calculará de acuerdo con el valor de la mercancía en el tiempo y lugar en que el transportista se hizo cargo de ella. La indemnización no podrá exceder de 8,33 unidades de cuenta por kilogramo de peso bruto que falte.[16] También se indemnizará los derechos de aduanas y los gastos de transporte.

La indemnización nunca será superior a lo anteriormente indicado, a menos que exista una declaración de valor de la mercancía o declaración de interés especial en la entrega. Esto es, una declaración en la carta de porte convenida entre las partes pactando una indemnización superior.

En principio, la indemnización no podrá superar el precio del transporte. Si se da dolo sí que podrá haber más indemnización.

Los intereses de la indemnización serán del 5 % anual a partir del día de la reclamación dirigida por escrito al transportista.

Reclamaciones y acciones

Se presume de no existir reservas que las mercancías se han recibido en perfecto estado, según lo indicado en la carta de porte.

---

[16] Ver tabla de responsabilidades en el Cap 2, apartado 2.1.2. sobre protección jurídica. El cómputo de las unidades de cuenta se actualiza por el Fondo Monetario Internacional. Véase www.imf.org/.

- Los casos de daños o faltas aparentes se deberán señalar reservas en la carta de porte.
- En el caso de que no sean aparentes existe un plazo de 7 días desde la entrega para realizar la reclamación, sin contar domingos ni festivos.

Para que un retraso dé lugar a una indemnización se deberá reclamar por escrito en un plazo de 21 días desde la llegada de la mercancía.

La prescripción es de un año como regla general, y de tres años en caso de dolo o falta equivalente.

La prescripción corre:

- En caso de pérdida parcial, avería o retraso, desde el día en que se entregó la mercancía.
- En caso de pérdida total, a partir de 30 días desde la finalización del plazo convenido y, de no existir éste, a partir de 60 días de la toma en carga de la mercancía por el transportista.
- En los demás casos, a partir de los tres meses de la conclusión del contrato de transporte.

Disposiciones relativas al transporte efectuado por transportistas sucesivos

Si un transporte sometido a un solo contrato es ejecutado por sucesivos transportistas por carretera, cada uno de éstos asumirá la responsabilidad por la ejecución del transporte total (art. 34).

La acción por pérdida, avería o retraso, se dirigirá contra el primer transportista o contra el último o contra el que ejecutó el parte de transporte que dio lugar a la reclamación. También se puede reclamar contra varios transportistas al mismo tiempo.

El transportista que pague podrá repercutir por el total más intereses y gastos contra los restantes transportistas partícipes en el transporte.

Si el daño ha sido causado por varios, se aplicará una regla proporcional. Si no es posible deslindar el porcentaje se prorrateará en función de la remuneración que cada uno recibió por su servicio.

Nulidad de las cláusulas contrarias al convenio

La nulidad de las cláusulas que contravengan el convenio no anulará la totalidad del contrato.

Son especialmente nulas de pleno derecho aquellas cláusulas por las que el transportista sobrevenga beneficiario del seguro de mercancías, y aquéllas cláusulas que inviertan la carga de la prueba.

6. El contrato de transporte por ferrocarril internacional

El transporte internacional ferroviario, viene regulado por el Convenio Internacional relativo a los Transportes Internacionales por Ferrocarril (Cotif),[17] aprobado en

---

[17] Para ver texto original completo: www.unece.org/trade/cotif/Welcome.html

Berna el 9 de mayo de 1980.[18] Sin embargo es el Apéndice B —«Reglas Uniformes relativas al Contrato de Transporte Internacional de Mercancías por Ferrocarril (CIM)»—,[19] el que regula su contrato y el que a continuación se presenta.

El convenio CIM como comúnmente se conoce a la regulación del contrato internacional de mercancías por ferrocarril, se estructura del siguiente modo:

— Título Primero. Generalidades (arts. 1 a 10)
— Título II. Conclusión y ejecución del contrato de transporte (arts. 11 a 29)
— Título III. Modificación del contrato de transporte (arts. 30 a 34)
— Título IV. Responsabilidad (arts. 35 a 51)
— Título V. Ejercicio de los derechos (arts. 52 a 58)
— Título VI. Relaciones entre los ferrocarriles (arts. 59 a 64)
— Título VII. Disposiciones excepcionales (arts. 65 a 66)
— Anexo I. Reglamento relativo al transporte ferroviario de mercancías peligrosas (RID)
— Anexo II. Reglamento relativo al transporte internacional ferroviario de vagones de particulares (RIP)
— Anexo III. Reglamento relativo al transporte internacional ferroviario de contenedores (RICo):
— Anexo IV. Reglamento relativo al transporte internacional ferroviario de paquete exprés (RIEx)

Generalidades

Las reglas de este Convenio son de aplicación para las mercancías que se transportan bajo una carta de porte para recorridos que incluyan al menos dos países, dado que el transporte nacional no es objeto de esta norma. Ahora bien, si las líneas por las que se explota un transporte más allá de una frontera son de uso exclusivo de un solo Estado, serán las normas de ese Estado las que se le apliquen al transporte ferroviario.

Existe la obligación de transportar mercancías por vagones completos siempre que se cumplan los siguientes requisitos: *a*) el expedidor acatará las normas de este convenio; y *b*) el transporte es posible con los medios habituales utilizados; si se necesitan medios especiales sólo se aceptará el transporte si a esa especialidad se tiene fácil acceso en las estaciones de recorrido.

El ferrocarril sólo aceptará la mercancía que pueda transportar sin demora.

En el caso de que la autoridad competente suprima o suspenda un servicio, ya sea total o parcialmente, o excluya algunas remesas, o sólo las admita bajo condición, lo deberá comunicar públicamente a los ferrocarriles.

Los objetos que se excluyen del transporte por ferrocarril son: *a*) objetos prohibidos para el transporte en algún país del recorrido; *b*) objetos reservados a la

---

[18] Instrumento de ratificación en España el 16 de diciembre de 1981; BOE 16, de 18 de enero de 1986; corrección de errores en el núm. 125, de 26 de mayo.
  Jiménez Sánchez, Guillermo: *Legislación de Transportes,* 2ª edición, ed. Ariel, Barcelona, 2002.
[19] Para ver el texto original completo ver: www.jus.uio.no/lm/cim.rail.carriage.contract.uniform.rules.19xx /28.html

administración de correos, aún cuando sólo sea en un país del recorrido; *c)* objetos que por sus dimensiones no se adapten al ferrocarril, aunque sólo ocurra en uno de los países del recorrido; *d)* las mercancías peligrosas según el RID del anexo I de estas reglas, que se explicará a continuación.

El transporte de algunos objetos queda sujeto a determinadas condiciones, por ejemplo, las mercancías peligrosas transportables siguiendo las indicaciones del RID, los transportes funerarios, los animales vivos y los vehículos de ferrocarril que circulen sobre sus propias ruedas.

El precio del transporte y los gastos accesorios se calcularán según las tarifas fijadas públicamente por los Estados. El precio podrá reducirse por: acuerdos particulares entre ferrocarriles, para las administraciones públicas u obras de beneficencia. Las tarifas internacionales se podrán declarar de aplicación obligatoria en el tráfico internacional, excluyendo a las internas.

La unidad de cuenta que prevén estas reglas internacionales es el Derecho Especial de Giro, cuyo cómputo a las diferentes monedas nacionales lo realiza el Fondo Monetario Internacional.[20] Si un Estado miembro de este convenio no lo fuera del Fondo, este derecho especial de giro se considerará como tres francos oro, considerando un franco oro como $10/31$ g de oro de una ley de 0,900.

Conclusión y ejecución del contrato de transporte

El contrato de transporte se concluye en el momento en que el ferrocarril expedidor acepta para su transporte la mercancía junto con su carta de porte. La manifestación de la aceptación se hará mediante la estampación de un sello o la indicación de la máquina contable en la carta de porte y otros documentos que la puedan acompañar. La carta de porte sellada será prueba de la conclusión y contenido del contrato de transporte.

Cada remesa o carga de un solo vagón tendrá una carta de porte. La carta de porte se imprimirá en dos o tres idiomas, y uno de ellos se corresponderá con el de la empresa de ferrocarril operante.

El contenido obligatorio de la carta de porte es (art. 13 del Convenio):

a) La designación de la estación de destino.

b) El nombre y dirección del destinatario; deberá indicarse como destinatario una sola persona física u otro sujeto de derecho.

c) La denominación de la mercancía.

d) El peso o, en su defecto, una indicación análoga, de acuerdo con las prescripciones vigentes en la estación de partida.

e) El número de bultos y la descripción del embalaje, para las remesas de detalle y los vagones completos que contengan uno o más elementos de carga facturados en tráfico combinado de ferrocarril y mar, y que hayan de ser transbordados.

f) Para las remesas cuya carga incumba al expedidor, el número de vagón y, además, para los vagones de particulares, la tara.

---

[20] www.imf.org

g) La enumeración detallada de los documentos exigidos por las aduanas y demás autoridades administrativas que acompañen a la carta de porte, o que se mencione que están a disposición del ferrocarril en una estación determinada o en una oficina de aduanas o de cualquier otra autoridad.

h) El nombre y la dirección del expedidor. Deberá indicarse como expedidor una sola persona física u otro sujeto de derecho; si lo exigen las prescripciones vigentes en la estación de partida, el expedidor deberá añadir a su nombre y dirección su firma manuscrita, impresa o fijada mediante una estampilla. Las prescripciones en vigor en la estación de partida determinarán las nociones de «vagón completo» y de «remesa de detalle» para el conjunto del recorrido.

El expedidor podrá indicar el itinerario a seguir (por ejemplo, indicar las estaciones en que se han de cursar formalidades aduaneras) y las tarifas aplicables.

Los gastos, o sea, el precio del transporte, gastos accesorios, derechos de aduanas y demás gastos que puedan darse desde la aceptación hasta la entrega de la mercancía tras su transporte, se pagarán por el destinatario o expedidor según los siguientes principios:

a) Si es el expedidor el que asume los gastos o parte de ellos deberá indicar en la carta de porte la expresión «Franco de porte» si se compromete a pagar el transporte, o «Franco de porte, comprendido...» si también asume otros gastos en cuyo caso deberá especificar cuáles son.

b) La inclusión de la expresión «Franco de porte hasta X» implica que el expedidor pagará el transporte hasta el lugar en que tengan soldadura las tarifas de los países limítrofes; y «Franco de porte, comprendido... hasta X» supondrá lo mismo pero añadiendo otros gastos a pagar que han de especificarse.

c) «Franco de todo gasto» cuando el expedidor paga todos los gastos que se den durante el transporte (precio, gastos de aduanas, gastos accesorios y otros que se puedan originar).

d) «Franco por...», una cantidad determinada que el expedidor asume.

Los gastos no asumidos por el expedidor se entenderán cubiertos por el destinatario. Mientras que los gastos accesorios, por ejemplo el almacenaje, correrán en principio a cargo del expedidor.

En la carta de porte o en su duplicado se reflejarán los gastos percibidos en porte pagado.

Es posible establecer un interés en la entrega para todo el recorrido, cuya valoración se deberá hacer constar en la carta de porte en una moneda fijada por las tarifas o en unidades de cuenta.

El expedidor responderá por la inexactitud de los enunciados en la carta de porte.

El expedidor tiene la obligación de embalar adecuadamente la mercancía con el fin de preservarla de cualquier siniestro. Si el ferrocarril recibe la mercancía en mal estado para su transporte, exigirá la indicación de dicho estado en la carta de porte.

Las remesas de detalle deberán estar etiquetadas –según aprobación del ferrocarril– para que se puedan identificar claramente sin originar confusión con el nombre y dirección del destinatario y la estación de destino. El ferrocarril podrá verificar el contenido de la remesa con lo indicado en la carta de porte. Asimismo, deberá comprobar el peso de las mercancías y el número de bultos.

El expedidor deberá adjuntar a la carta de porte los documentos aduaneros o administrativos necesarios para tal expedición. Esta obligación es del expedidor y no del ferrocarril, por lo que aquél será responsable de los perjuicios en que pueda incurrir el ferrocarril a consecuencia de irregularidades, falta o insuficiencia de dichos documentos. Si la irregularidad, falta o insuficiencia del documento es por causa del ferrocarril, éste deberá indemnizar al expedidor pero nunca tal indemnización sobrepasará la prevista para el caso de pérdida de la mercancía.

De no haberse establecido un plazo de entrega de las mercancías mediante acuerdo entre los ferrocarriles que participen en el transporte, este convenio establece los siguientes plazos:

a) Para los vagones completos:
  - En gran velocidad:
    Plazo de expedición 12 horas, plazo de transporte por fracción indivisible de 400 km, 24 horas.
  - En pequeña velocidad:
    Plazo de expedición 24 horas, y plazo de transporte por fracción indivisible de 300 km, 24 horas.

b) Para las remesas de detalle:
  - En gran velocidad:
    Plazo de expedición 12 horas y plazo de transporte por fracción indivisible de 300 km, 24 horas.
  - En pequeña velocidad:
    Plazo de expedición 24 horas y plazo de transporte por fracción indivisible de 200 km, 24 horas

Todas estas distancias son los kilómetros a que se aplican las tarifas. El plazo de transporte se calcula por la distancia total entre la estación de origen y la de destino. El ferrocarril podrá establecer plazos suplementarios en algunos casos; por ejemplo, remesas que utilicen el mar o vías navegables interiores. El plazo de entrega podrá prorrogarse siempre que no sea por falta imputable al ferrocarril; por ejemplo, si las formalidades aduaneras precisan más tiempo del previsto.

La entrega de la mercancía junto a la carta de porte por el ferrocarril al destinatario en la estación de destino, es una obligación del ferrocarril y el destinatario deberá pagar los créditos adeudados al ferrocarril que le correspondan.

Modificación del contrato de transporte

El expedidor podrá establecer las siguientes modificaciones (art. 30) mediante órdenes ulteriores: *a)* retirada de la mercancía en la estación de partida; *b)* detención en ruta de la mercancía; *c)* aplazamiento de la entrega de la mercancía; *d)* cambio de destinatario receptor de la mercancía al indicado en la carta de porte; e) cambio de estación de destino, distinta de la señalada en la carta de porte; *f)* reexpedición de la mercadería a la estación de partida; *g)* establecimiento de un reembolso; *h)* aumento, disminución o anulación de un reembolso; *i)* asunción de gastos de una remesa no franqueada o aumento de gastos asumidos.

Estas órdenes deberán comunicarse por escrito a la estación de partida, según las formalidades del ferrocarril. La estación comunicará su recepción.

El expedidor no podrá modificar el contrato si ha retirado la carta de porte o la mercancía, por ejemplo,

El destinatario podrá modificar el contrato de transporte (art. 31) mediante órdenes ulteriores: *a)* detención en ruta de la mercancía; *b)* aplazamiento de entrega de la mercancía; *c)* cambio de destinatario; *d)* cambio de estación de entrega; *e)* por cumplimiento de formalidades aduaneras. Las órdenes ulteriores también se comunicarán por escrito y según las formalidades del ferrocarril, en la estación de destino o de entrada al país de destino.

Ante un impedimento para el cumplimiento del transporte ferroviario, el ferrocarril podrá cobrar el precio del transporte y decidirá por sí mismo si debe modificar el itinerario para terminar el contrato, o pedirá instrucciones al expedidor. La carta de porte podrá contemplar indicaciones a seguir en caso de impedimento temporal.

De darse un impedimento para la entrega de la mercancía deberá comunicarse al expedidor por escrito. Si el destinatario rehúsa la mercancía, el expedidor podrá dar instrucciones para solventar tal situación.

Responsabilidad

Existe responsabilidad colectiva de los ferrocarriles. El ferrocarril que acepte la carta de porte y la mercancía será responsable hasta el final de la entrega, no obstante los ferrocarriles participantes restantes en este recorrido también asumirán las obligaciones derivadas de sus respectivos trayectos, y el damnificado podrá dirigirse contra cualquiera de los ferrocarriles parte del recorrido total.

A menos que exista falta por parte del expedidor, por ejemplo, embalaje inadecuado de las mercancías, el ferrocarril será responsable de los daños por pérdida total o parcial y averías que pueda haber sufrido la mercancía desde su aceptación hasta su entrega.

En definitiva, el ferrocarril quedará exento de responsabilidad cuando la falta o avería se deban a (art. 36): *a)* transporte efectuado en vagón descubierto; *b)* embalaje inadecuado; *c)* operaciones de carga efectuadas por el expedidor o de descarga por el destinatario; *d)* carga defectuosa llevada a cabo por el expedidor; *e)* si el expedidor, destinatario o representante no cumplieran debidamente las formalidades administrativas o aduaneras; *f)* causas inherentes a las mercancías; *g)* incumplimiento de las condiciones de transporte establecidas para determinadas mercancías; *h)* transporte de animales vivos. En principio, la carga de la prueba recae sobre el ferrocarril.

En caso de pérdida de la mercancía, la indemnización total o parcial será por cuenta del ferrocarril según su cotización en bolsa. De no existir dicha cotización, según el valor habitual de mercancías de igual naturaleza, pero nunca podrá exceder de 17 unidades de cuenta por kilogramo que falte. Además del precio del transporte también deberá indemnizar el ferrocarril los derechos de aduanas y demás gastos.

Las averías serán indemnizadas por el ferrocarril en función del valor de la mercancía dañada.

Ejercicio de los derechos

El ferrocarril tiene el deber de peritar los daños o pérdidas parciales de la mercancía y comunicarlo por escrito al derechohabiente que haya alegado tales incidencias.

Las reclamaciones del contrato de transporte deberán realizarse por escrito y prescriben al año. Los tribunales competentes son los del Estado del que dependa el ferrocarril.

Relaciones entre los ferrocarriles

Cuando un transporte implica el uso de más de un ferrocarril, el que haya cobrado el total del precio por el transporte deberá liquidar cuentas con los demás. En caso de reclamaciones, cualquiera de los ferrocarriles intervinientes podrá responder, pero entre ellos deberán averiguar a quien fue debido el incumplimiento y responsabilizarse en consecuencia. De no poderse escindir la culpabilidad se responsabilizarán en función del porcentaje recorrido.

Disposiciones excepcionales

Son posibles las derogaciones temporales si a la situación económica de un Estado le es insostenible la aplicación de este Convenio. El convenio no prevalecerá por encima de los tratados europeos.

Los siguientes anexos regulan disposiciones especiales sobre determinados transportes: mercancías peligrosas, vagones particulares, contenedores y paquete exprés.

- Anexo I. Reglamento relativo al transporte ferroviario de mercancías peligrosas (RID).
- Anexo II. Reglamento relativo al transporte internacional ferroviario de vagones de particulares (RIP).
- Anexo III. Reglamento relativo al transporte internacional ferroviario de contenedores (RICo).
- Anexo IV. Reglamento relativo al transporte internacional ferroviario de paquete exprés (RIEx).

7. Los contratos de transporte marítimo

Los contratos de transporte marítimo son todos aquellos cuyo objeto es el traslado de mercancías por mar. Este transporte se divide en dos tipos de tráficos:[21]

---

[21] La bibliografía básica para los contratos de transporte marítimo, según los principales autores españoles es:
Arroyo Martínez, Ignacio: *Curso de Derecho Marítimo,* ed. Bosch, Barcelona, 2001, págs. 507 y ss.
Gabaldón García, José Luis y Ruiz Soroa, José María: *Manual de Derecho de la Navegación Marítima,* ed. Marcial Pons, Madrid, 1999, págs. 339 y ss.

a) El tráfico regular, similar a las operaciones de los autobuses urbanos. Determinadas líneas comerciales han creado verdaderas autopistas marítimas con una serie de escalas portuarias. El precio de este transporte, flete, se fija a través de las conferencias marítimas.[22] Este tráfico es por excelencia el dedicado a la carga general contenerizada y, en segundo lugar, a todas las líneas regulares de mercancías a granel.

b) El tráfico no regular, también conocido como *tramp* (vagabundo en inglés), es equiparable al servicio que ofrecen los taxis en las ciudades. El precio de sus fletes se fija en función de la oferta y la demanda del mercado internacional. Está básicamente destinado al transporte de mercancía a granel, tanto sólida como líquida.

7.1 Contrato de transporte marítimo en régimen de conocimiento

Es el contrato mediante el cual los cargadores –independientemente de la cantidad de carga– contratan con un porteador, que explote su buque en una línea regular, el transporte de su mercancía de un lugar a otro, a cambio de un precio o flete.[23]

Origen

Con el surgir de las líneas regulares en el transporte marítimo a finales del siglo XIX, gracias a los avances tecnológicos de los buques y del impulso del comercio internacional, aparece este contrato de transporte marítimo en régimen de conocimiento. Hasta entonces sólo existían las pólizas de fletamento, de las que se hablará a continuación, que cubren otro tipo de necesidades.

Existe una clara desventaja entre las partes que pesa sobre el cargador, el cual únicamente deposita las mercancías y paga el flete establecido para que el porteador transporte sus mercancías a un puerto de destino. Esta desventaja se extiende a otros sujetos indirectamente vinculados a este contrato, como, por ejemplo, las compañías aseguradoras de la mercancía, las entidades bancarias o las cámaras de comercio.

Regulación

Debido a la internacionalidad del transporte marítimo, este contrato se encuentra regulado por:

1) El Convenio de Bruselas de 25 de agosto de 1924[24] sobre «Unificación de ciertas reglas en materia de conocimientos», modificado con posterioridad por el Protocolo de Bruselas de 23 de febrero de 1968, también conocido como las Reglas de Visby y el de 21 de diciembre de 1979.[25] A la modificación del citado

---

González-Lebrero, Rodolfo A.: *Curso de Derecho de la Navegación*, ed. Servicio Central de Publicaciones del Gobierno Vasco, Bilbao, 1998, págs. 333 y ss.

[22] Las Conferencias marítimas son la unión de varias navieras que explotan una misma línea y fijan el precio del flete a aplicar en ese tráfico. Estas conferencias se dan por zonas geográficas.

[23] Romero Serrano, Rosa: obra citada, págs. 123 y ss.

[24] Publicado en la *Gaceta de Madrid*, n° 212, de 31 de julio de 1930.

[25] BOE de 11 de febrero de 1984.

convenio mediante los dos protocolos también se le denomina las «Reglas de la Haya-Visby».[26]

Este convenio se introdujo al Ordenamiento Jurídico español a través de la Ley de 22 de diciembre de 1949, de transporte marítimo de mercancías en régimen de conocimiento de embarque.[27]

2) El anterior convenio ha sido sustituido por el Convenio de Hamburgo de 31 de marzo de 1978 sobre el transporte marítimo de mercancías, «Reglas de Hamburgo de 1978»,[28] que aún no habiendo tenido tanto eco internacional como el anterior es un referente para el derecho internacional aplicable en este transporte.[29] Este convenio emana de las Naciones Unidas.

A continuación se exponen las características básicas de este contrato según el Convenio de Bruselas de 1924.

Ámbito de aplicación

Este convenio entiende por «Contrato de transporte», según su art. 1 b) «únicamente al contrato de porte formalizado en un conocimiento o en cualquier documento similar que sirva como título para el transporte de mercancías por mar; se aplica igualmente al conocimiento o documento similar emitido en virtud de una póliza de fletamento, a contar desde el momento en que este documento regula las relaciones del porteador y del tenedor del conocimiento».

Por tanto, se aplica a todo contrato que se haya formalizado en un conocimiento de embarque o documento similar para el transporte internacional de mercancías.

Forma: Conocimiento de embarque

El contrato de transporte marítimo aparece reflejado en el conocimiento de embarque, que según las Reglas de Hamburgo de 1978, art. 1 es el: «documento que hace prueba de un contrato de transporte marítimo y acredita que el porteador ha tomado a su cargo o ha cargado las mercancías, y en virtud del cual éste se compromete a entregarlas contra la presentación del documento. Constituye tal compromiso la disposición incluida en el documento según la cual las mercancías han de entregarse a la orden de una persona determinada, a la orden o al portador».

El conocimiento de embarque se caracteriza por:

a) Es el documento donde se plasma este contrato.

b) Es prueba del contrato de transporte.

c) Es un título valor, la posesión de dicho conocimiento implica el derecho a recoger las mercancías en el puerto de destino. La tenencia del conocimiento implica la posesión de las mercancías.

---

[26] Estas reglas modifican al Convenio, para ver texto completo: www.jus.uio.no/lm/sea.carriage.hague.visby.rules.1968/doc.html

[27] BOE 358, de 24 de diciembre de 1949. Para más información sobre los textos legales de la legislación marítima: Arroyo Martínez, Ignacio: *Legislación marítima y fuentes complementarias*, ed. Tecnos, 2.ª ed., Madrid, 1998.

[28] Para ver el texto original completo: fog.it/convenzioni/inglese/amburgo-1978.htm

[29] España aún no es Estado parte de este Convenio.

El conocimiento de embarque contiene los siguientes datos: nombre, matrícula y porte del buque, nombre del capitán y su domicilio, puertos de carga y descarga, nombre del cargador y del consignatario —si es un conocimiento nominativo—, el flete, datos identificativos de las mercancías así como número de bultos o de piezas, o la cantidad o el peso, y estado aparente de éstas. Un conocimiento de embarque puede emitirse a la orden, al portador y nominativamente.

Existen documentos similares al conocimiento como:

a) El conocimiento recibido para embarque. Este documento lo entrega el porteador al cargador, con él se prueba su entrega al porteador para el transporte. Además tiene la función de título valor por el que su tenedor podrá retirar las mercancías en el puerto de destino.

b) Las órdenes de entrega *(delivery orders)*. El tenedor del conocimiento puede emitir estas órdenes para que el porteador entregue la mercancía transportada al sujeto en ellas indicado. Estas órdenes pueden ser: *a)* propias, emitidas por el porteador o capitán y devienen títulos-valor que representan la totalidad de la mercancía o una parte de ella; y *b)* impropias, emitidas por el tenedor del conocimiento y su uso como título tradición no es diáfano.

c) El conocimiento directo o corrid. Es típico del transporte combinado y recoge el transporte de varios porteadores.

Los conocimientos de embarque se recogen en formularios y funcionan como auténticos contratos de adhesión. Las diferentes navieras acogen estos formularios con pequeñas modificaciones, en su caso, y los extienden para los contratos de transporte. Así se conocen los modelos de la Bimco[30] *(Baltic International Maritime Conference,* Conferencia Marítima Internacional del Báltico) como: Congenbill y Intankbill 78 (ambos para tráficos graneleros), y Conlinebill de la Bimco que fue modernizado en 1973 por el Visconbill que incorpora las Reglas de Visby.

Al ser un contrato de adhesión, los cargadores de pequeñas cargas consolidadas o contenedores, que es el caso más común, controlan mínimamente el transporte y se limitan simplemente a aceptar el contrato de transporte, sin existir negociación. Debido a este desequilibrio entre las partes, los Estados han intervenido para proteger a la parte más débil del contrato, el cargador. A través de este contrato se pretende conseguir la protección de los cargadores y de otros interesados, frente al naviero en el tráfico de líneas regulares.

Elementos personales:[31]

a) El porteador.

b) El consignatario.

c) Los transitarios y comisionistas del transporte.

d) Los dependientes del porteador.

e) El cargador.

f) El destinatario.[32]

---

[30] Ver www.bimco.org. Aquí se pueden descargar todos los formularios de los contratos de línea regular.

[31] Los elementos personales, las obligaciones y responsabilidades de las partes se han tomado del libro de Romero Serrano, Rosa: obra citada.

a)   *El porteador* según el Convenio de Bruselas, Art. 1, comprende al propietario del buque o el fletador parte en un contrato de transporte con el cargador. El porteador se obliga a transportar una mercancía del cargador, y fe de ello es el contrato de transporte, el conocimiento de embarque.

b)   *El consignatario,* auxiliar terrestre del transporte marítimo, es un agente marítimo del naviero ajeno a las responsabilidades en que haya podido incurrir el porteador. Como representante de éste último, será éste último el que responda de cualquier anomalía y no el consignatario.[33]

c)   *Los transitarios* y comisionistas del transporte son profesionales cuya actividad versa sobre la contratación de transportes por cuenta de otros. Respecto al contrato de transporte en régimen de conocimiento, pueden intervenir como simples intermediarios –en cuyo caso no formarán parte del contrato–, o como porteadores si emiten el conocimiento de embarque en virtud de una relación de agencia.

d)   *Los dependientes del porteador* son el capitán y la dotación, y como tales no serán nunca calificados de porteadores.

e)   *El cargador* es la empresa o persona individual que contrata un transporte de mercancías con un porteador, constando como tal en el conocimiento de embarque.

f)   *El destinatario* es la persona física o jurídica autorizada a recoger las mercancías en el puerto de destino. Está legitimado para reclamar cualquier incidencia relacionada con las mercancías.

Obligaciones de las partes

Obligaciones del porteador

a)   Transportar y custodiar las mercancías El transporte ha de seguir la ruta prevista y la custodia se extiende desde la recepción de las mercancías hasta su entrega.

b)   Gestión náutica del buque, el cual deberá estar armado, equipado y perfectamente aprovisionado, en perfectas condiciones de navegabilidad.

c)   La zona del buque donde se depositen las mercancías deberá estar en perfectas condiciones para preservar el buen estado de las mismas. Asimismo, cuidará la carga y estiba de las mercancías.

d)   Recibidas las mercancías por el porteador para transportarlas, éste deberá emitir un conocimiento de embarque, que le pedirá el cargador.

e)   Se encargará de la descarga de la mercancías, en su caso, y las entregará al destinatario.

---

[32] El destinatario también está reflejado en el Cap. III. En el presente capítulo se analizan someramente estas figuras, desde el punto de vista de la especialidad de este contrato y del papel por éstas en él desempeñado.

[33] Esta irresponsabilidad del consignatario como representante del porteador ha sido cuestionada por alguna jurisprudencia, como la española.

Obligaciones del cargador

a) Depositar las mercancías a bordo o al costado del buque según se haya pactado.

b) Pagar el flete o precio por el transporte.

c) Retirar las mercancías en el puerto de llegada, personalmente o por la persona consignada o que se halle en posesión del conocimiento de embarque. La entrega y admisión de las mercancías implica que éstas se hallan en buen estado, a menos que antes o en el acto de retirada, se haga constar por escrito al porteador o a su agente los daños o pérdidas de las mercancías (de no ser estos menoscabos visibles a simple vista, existe un plazo de tres días siguientes a la entrega para hacerlo constar por escrito al porteador o a su agente).

Responsabilidad del porteador

La responsabilidad del porteador aparece cuando éste incumple sus obligaciones principales, el transporte o la custodia de las mercancías.

No siempre coinciden los sistemas nacionales de responsabilidad referidos al porteador –aplicables al transporte desarrollado en sus aguas– con los impuestos por los convenios, que se ocupan del transporte internacional y sólo afectan a los países que lo hayan ratificado e incorporado a sus ordenamientos.

El Convenio de Bruselas de 1924 establece un sistema hermético, el porteador no podrá incluir cláusula alguna de exoneración o limitación de responsabilidad. En principio, estas cláusulas se admitieron pero los repetidos abusos por parte de los porteadores dieron lugar a que esta norma internacional las eliminase.

El valor de la mercancía en caso de reclamación será el declarado por el cargador en el conocimiento de embarque, aunque se admite prueba en contrario. De no existir dicha declaración, el valor de las mercancías en el puerto de descarga será el que tome el porteador en caso de tener que indemnizar al cargador, con el límite de 666,67 unidades de cuenta[34] por bulto o unidad, o dos unidades de cuenta por kilogramo y se escogerá el límite más alto. Estos límites no son operativos en caso de dolo.

7.2 Contratos de fletamento

A continuación se hace una breve presentación sobre estos contratos de transporte marítimo internacional, teniendo en cuenta que el núcleo de esta obra se centra, por lo que respecta al transporte marítimo, en su tráfico de línea regular.

Gran parte de las mercancías se mueven a través del tráfico de línea regular contenerizado, sin embargo la mercancía a granel de gran tonelaje se transporta a través de tráficos no regulares, cuyos contratos se plasman en distintas modalidades que pueden englobarse bajo la rúbrica de contratos de fletamentos.

Efectivamente, el transporte de graneles sólidos (soja, trigo, mineral, carbón,

---

[34] El Fondo Monetario Internacional define esta unidad de cuenta como Derecho de Giro Especial, www.imf.org

cemento, grava,...) y los graneles líquidos (hidrocarburos, sustancias químicas,...) se transportan mediante contratos internacionales de fletamento.

Son muchas las organizaciones internacionales que toman parte en los mercados de fletamentos, por citar las más importantes:

1. Fonasba *(The Federation of National Associations of Ship Brokers and Agents,* Federación de las Asociaciones Nacionales de Intermediarios de Buques y Agentes).[35] Representa internacionalmente a los agentes de buques.

2. Bimco *(The Baltic International Maritime Conference,* Conferencia Marítima Internacional del Báltico).[36] Formada por navieros, intermediarios y otros agentes del transporte marítimo. Se encargan de emitir y actualizar los formularios de los contratos de transporte marítimo cuya aplicación se extiende a escala internacional.

3. ICS *(International Chamber of Shipping,*[37] Cámara de Comercio Marítimo Internacional). Representa los intereses de los petroleros, graneleros, cruceros y terceros involucrados, en el transporte marítimo. También emiten formularios de contratación internacional en el transporte marítimo.

4. Intertanko[38] *(The International Association of Independent Tanker Owners,* Asociación Internacional de Propietarios de Buques Petroleros). Velan por un transporte seguro, mares limpios y libre competencia.

5. Intercargo[39] *(The International Association of Dry Cargo Shipowners,* Asociación internacional de los propietarios de buques graneleros). Defienden los intereses de los propietarios, operadores y directivos del transporte marítimo de granel sólido, para promover su seguridad, alta calidad y beneficio en su servicio.

6. ITIC[40] *(International Transport Intermediaries Club Ltd.,* Club de Intermediarios del Transporte Internacional). Aseguran la responsabilidad civil de los profesionales del mundo del transporte.

Todas estas organizaciones dictan las pautas en la contratación del transporte marítimo de fletamentos, ya que representan los diferentes intereses que en el confluyen.

Los contratos de fletamento son:

a) El contrato de fletamento a casco desnudo o arrendamiento del buque *(bareboat charter o charter by demise).* El propietario de un buque –arrendador– otorga a otro –arrendatario– el goce y disfrute del mismo, a cambio de un precio o flete.

El buque a arrendar puede ser armado y equipado o sin armar ni equipar.

Se regula en varios modelos de pólizas de la Bimco; por ejemplo, Barecon 89 y Barecon 2001.

Su finalidad es: *a)* ampliación flotas de navieras; *b)* uso de buques de

---

[35]   www.fonasba.com/index.html

[36]   www.bimco.org

[37]   www.marisec.org

[38]   www.intertanko.com

[39]   www.intercargo.org

[40]   www.itic-insure.com/home.html

difícil introducción en el mercado; *c)* gobiernos que pretenden aumentar el transporte marítimo de su país; y *d)* cambio temporal de abanderamiento.

Las obligaciones del arrendador son: poner el buque a disposición del arrendatario y entregar el buque en perfecto estado de navegabilidad, además de asegurar el buque.

Las obligaciones del arrendatario son: pagar el precio o flete, usar el buque diligentemente y según lo pactado, devolver el buque en el plazo indicado y en el estado en que se encontraba cuando le fue entregado, asumir las reclamaciones derivadas del ejercicio de su explotación, y no subarrendar el buque sin consentimiento del arrendador.

Este contrato se extingue por la venta del buque, requisa o expropiación forzosa, o por la pérdida del mismo.

b) En el contrato de fletamento por viaje *(voyage charter),* el fletador contrata la capacidad de carga total de un buque para un viaje a cambio de un flete. La gestión náutica y comercial van a cargo del fletante, naviero/armador.

Se utiliza para el transporte de mercancías a granel. El fletador posiciona la carga en el buque y también puede subcontratar mercancía.

Se formaliza mediante pólizas de la Bimco y de la *Chamber of Shipping.*

Las obligaciones del fletante: entrega del buque, realización del viaje, entrega de la mercancía, también se pueden pactar obligaciones accesorias.

Las obligaciones del fletador: pago del flete, cargar lo pactado, asumir gastos de carga y descarga si así se pactó.

La responsabilidad del fletante se deriva de los daños de las mercancías transportadas y habrá que estar al Régimen de responsabilidad aplicable según lo hayan pactado las partes en el contrato de fletamento: Reglas de Haya Visby o el modelo de póliza de la Bimco Gencon.

Este contrato se extingue si en el puerto de salida se declara una guerra, o se bloquea el puerto de llegada, o no se pueden cargar las mercancías, o se arresta el buque por el gobierno, o éste pierde su navegabilidad.

Pero también las partes pueden rescindir el contrato. El fletador puede alegar, por ejemplo, que la capacidad del buque no coincide con la pactada, y el fletante puede alegar, por ejemplo, que pasado un plazo fijado en el contrato, el fletador no ha depositado las mercancías al lado del buque.

c) En el contrato de fletamento por tiempo *(time charter),* el fletante pone a disposición del fletador un buque por un tiempo determinado, a cambio de un flete. El fletante lleva a cabo la gestión náutica y la comercial.

El fin de este contrato es para la ampliación de capacidad de las navieras de línea regular, y para los importadores y exportadores que persigan un flete estable para el transporte de sus mercancías, sin tener que estar expuestos a las oscilaciones que el fletamento por viaje ofrece, ya que para éste último cada vez que se finaliza un contrato, se pacta el flete y ello va en función de la situación del mercado.

Se plasma en los modelos de la Bimco Baltime, Linertime, Asbatime...

Las obligaciones del fletante son: poner el buque a disposición del fletador, realizar los viajes que disponga el fletador, y responder por incumplimiento del plazo de entrega del buque, y daños o pérdidas de las mercancías.

Las obligaciones del fletador son: pagar el flete, asumir los gastos de explotación comercial, devolver el buque, y responder de los daños por carga inadecuada.

Se extingue este contrato básicamente por dos causas: frustración del contrato (por ejemplo, guerra) y por la venta del buque.

Figura 4.5. Vista aérea del Puerto de Algeciras (España).

Capítulo V

Introducción a las operaciones

1. Introducción a los movimientos físicos

1.1 Vehículos y mercancía

Determinar los procedimientos globales de los movimientos físicos portuarios podría ser tan extenso como variada es la tipología de vehículos, mercancías y eventualidades que puedan encontrarse dentro del puerto. Es por ello que resulta necesario acotar una serie de parámetros para que la descripción sea lo más clara posible.

Los movimientos físicos de los vehículos pueden segmentarse en dos grupos: los de transporte y los auxiliares. Respecto a los vehículos empleados para el transporte, se contempla: el buque, el camión y el ferrocarril (ver cap. 2 para ampliar la información referente a los vehículos). En referencia a los vehículos auxiliares, se tendrán en cuenta principalmente a grúas y carretillas elevadoras.

Por lo que respecta a las mercancías, se ha considerado únicamente la mercancía contenerizada. La decisión de contemplar este tipo en exclusiva viene motivada por ser el método más usual de movimiento de mercancías en el puerto (ver cap. 1). Además, por su naturaleza intrínseca, es la única que permite un tratamiento sistemático en cuanto a su movimiento físico, desde que entra hasta que sale del puerto. En cuanto al transporte en contenedores, se ha disociado el tratamiento del contenedor de carga completa (FCL)[1] del que se somete a un grupaje (LCL).[2]

1.2 Estiba y desestiba

Para describir los diferentes procesos del movimiento de la mercancía en el puerto, es necesario utilizar los conceptos de estiba y desestiba.

Utilizamos la palabra estiba para designar la «acción de carga de una mercancía a bordo de un buque». Al referirnos a la estiba también lo hacemos implícitamente a las características de adecuación, trincaje, etc., resultando de esta manera en su trans-

---

[1] *Full Container Load*, contenedor cargado completamente.
[2] *Less than Container Load*, literalmente: contenedor menos cargado; sometido a consolidación/desconsolidación.

porte un acondicionamiento tan seguro como sea posible. El proceso de desestiba es el proceso inverso al de la estiba.

La indudable importancia que las actividades de estiba y desestiba tienen para la economía, habida cuenta del importante volumen de tráficos que se suceden a través de los puertos, justifica su tratamiento en una norma con rango de ley[3] que contempla, mediante una regulación global y completa, los distintos aspectos de esta actividad, a partir su consideración como un servicio público esencial de titularidad estatal.

1.3 Seguridad de los movimientos

Como comentábamos en el apartado 1, los contenedores que acceden a la zona portuaria pueden tratarse de FCL o LCL. La seguridad física de las mercancías es significativamente más elevada en el caso de los FCL, ya que el precinto con el que entran las unidades impide la manipulación de su contenido sin revelarla, permitiendo asimismo que también salgan precintadas del recinto portuario (para más información sobre precintos consultar el cap. 2).

En el caso de contenedores LCL, su apertura y manipulación (vaciado en operaciones de importación y llenado en la de exportación), los hacen potencialmente peligrosos a efectos de seguridad. Las autoridades portuarias, conscientes de este peligro, extreman las medidas de seguridad entorno a los tinglados de consolidación/desconsolidación de las mercancías.

1.4 *Terminal Handling Charge* (THC)[4]

El THC es una cantidad fija que deben abonar los explotadores del buque en concepto de manipulación de la mercancía (estiba, desestiba, movimientos internos,...). Esta cantidad no es fija entre puertos, pudiendo resultar en valores dispares entre diferentes terminales. Con la misma variedad, los servicios que agrupan el pago de esta cantidad no son siempre los mismos, pudiendo contemplar o no servicios añadidos como la toma de conexión eléctrica, las remociones añadidas (inspecciones, aduanas,...), colocación de precintos, el retorno del contenedor en vacío, etc.

Otros conceptos a tener en cuenta son el BAF, factor de ajuste por combustible *(Bunker Adjustment Factor);* el CAF, factor de ajuste por el cambio *(Currency Adjustment Factor);* el DF, tasas por documentación *(Documentation Fee)* o el WRS, recargo por riesgo de guerra *(War Risk Surcharge).*

---

[3] Para más información, consultar el Real Decreto-ley 2/1986, de 23 de mayo, sobre el servicio público de estiba y desestiba de buques, además del Real Decreto 2541/1994, de 29 de diciembre, por el que se suspende temporalmente la aplicación del Real Decreto-ley 2/1986, de 23 de mayo, sobre el servicio público de estiba y desestiba de buques, a las labores y actividades de carga, descarga, estiba, desestiba y transbordo de pesca fresca, congelada y de bacalao.

[4] En castellano, «cargo por manipulación en terminal».

1.5 Control

Por último, no podemos dejar de mencionar una de las constantes que en los últimos 20 años han marcado más significativamente los movimientos físicos portuarios: la velocidad. En efecto, resulta vital la coordinación entre las diferentes partes implicadas en dichos movimientos. Así, toda la logística de movimientos podría englobarse operativamente en tres segmentos de control: el que hace referencia a la operación marítima (buque-muelle-buque), a la operación terrestre (movimiento dentro del recinto portuario y salida/entrada) y al segmento general de control o planificación. De este último depende, en buena parte, que la estancia en puerto tanto del buque como de la mercancía sea lo más breve posible.

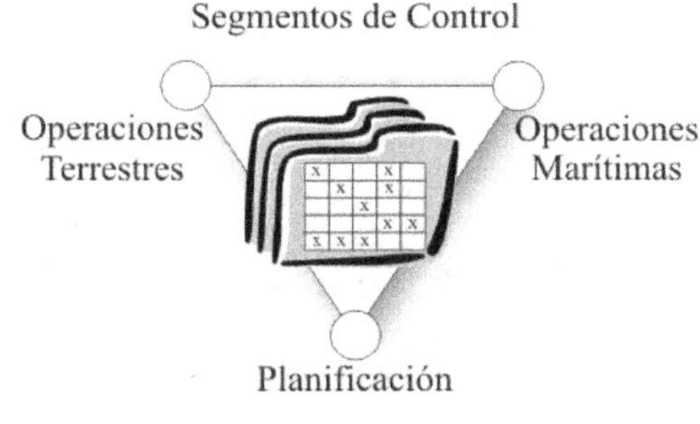

Figura 5.1

Una demora excesiva en la salida del buque se traduce en pérdidas económicas para los explotadores del buque. Recordemos la máxima que afirma que «el buque que no navega pierde dinero». Por otro lado, de la excesiva demora en el paso de las mercancías por el puerto pueden derivarse responsabilidades económicas, fruto de la aplicación de los planes de calidad de las autoridades portuarias, los cuales garantizan el paso de las mercancías en unos límites de tiempo máximos.

1.6 Proyecto COMPAS

En España, Puertos del Estado[5] y la Agencia Estatal de Administración Tributaria[6] han puesto en marcha el proyecto Compas (Comunicación de Manifiestos a Puertos y Aduanas). El proyecto tiene como objetivo la introducción de un nuevo proceso de automatización y agilización en la transmisión de manifiestos y DUAs, que facilita el tráfico a los diferentes operadores en las operaciones de importación, exportación y tránsito, además de aportar claridad y transparencia a toda la cadena de transporte, reduciendo tiempos de paso y posibles errores de trascripción en la información.

El sistema se basa en la transmisión de la información mediante el estándar de mensajes Edifact.[7-8]

---

[5] Ver www.portel.es.

[6] Ver www.aeat.es.

[7] Ver www.unece.org/trade/untdid/welcome.htm.

```
     OPERADOR                                    ADUANA

     1. Crea un mensaje (CUSDEC/IMPORT-EXPORT)
     2. Envía uno o varios mensajes >------+
                                           +--->> 3. Recibe mensajes
                                                  4. Procesa mensajes
                                           +----< 5. Envía Respuestas
     6. Recibe respuestas    <<------------+
```

Figura 5.2

En el marco del estándar fijado se emplean tres mensajes diferentes: CUSREP, CUSCAR y CUSRES. Todos ellos fueron diseñados y están actualmente mantenidos por el grupo de «Aduanas e impuestos» EG3[9] del Consejo Edifact para Europa Occidental *(Western European Edifact board, WE-EB)*, con el objeto de permitir la transferencia de datos de un operador a una administración de aduanas.

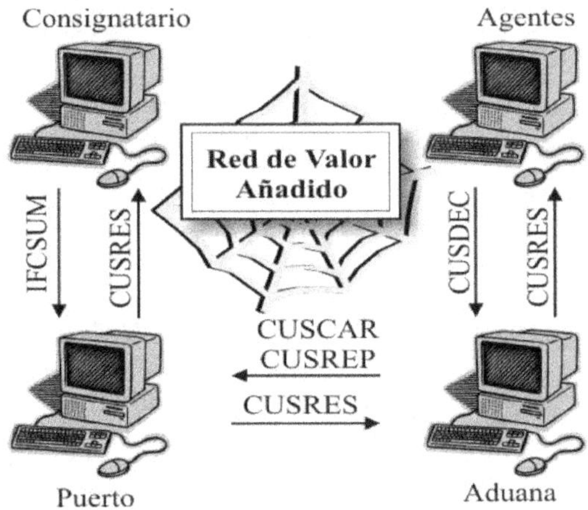

Figura 5.3

El mensaje Cusrep es el encargado de contener la información relativa al medio de transporte en que se presenta la mercancía. El mensaje Cuscar agrupa la información relativa a la mercancía contenida en el medio de transporte referenciado. Finalmente, el mensaje Cusres se centrará en la información relativa a las respuestas de admisión o rechazo de la aduana a las declaraciones previas. El mensaje Ifcsum hace referencia al envío de la declaración de carga y descarga.

En el mercado existen paquetes ofimáticos integrados que realizan bajo un entorno «amigable» la gestión de los diferentes mensajes, además de otras funciones.[10]

---

8   Edifact se corresponde con la norma ISO 9735: Intercambio electrónico de datos para la administración, el comercio y el transporte *(Electronic Data Interchange For Administration, Commerce and Transport)*.

9   Para más información sobre el grupo EG3, ver el documento www.cs.mfcr.cz/eeg3/01ebes/40/40000515/99002-20.rtf.

10 Para la gestión de DUAs ver, por ejemplo, el paquete «Gades» que Portel se encarga de comercializar: www.portel.es/_PRINCIPAL/NOTICIA/gades.PDF. Por lo que respecta a manifiestos, ver el paquete «Empuries»: www.portel.es/_PRINCIPAL/NOTICIA/empuries.PDF.

1.6.1 Resumen del procedimiento[11]

Si bien los procedimientos específicos para las importaciones y exportaciones se encuentran descritos en otros capítulos, el referente a la entrega de la declaración sumaria, se puede resumir en:

- Los agentes consignatarios remiten los datos a través de mensajes electrónicos basados en la ya comentada normativa Edifact, los cuales serán enviados al centro de servicios de una «red de valor añadido».
- El sistema portuario, por su parte, dispone de las aplicaciones necesarias para gestionar los mensajes recibidos.
- En esta recepción se efectúa un chequeo informático de los mensajes de acuerdo con las directrices de las autoridades portuarias y aduaneras.
- Los mensajes que no pasen este chequeo informático son rechazados y se envía al emisor, a través de la red, un mensaje electrónico comunicándole dicha incidencia.
- En el caso de que en un mismo viaje en un único medio de transporte, la mercancía venga consignada a más de un consignatario, cada uno de ellos podrá enviar su declaración directamente. El consignatario del buque indicará la relación de declaraciones del resto de consignatarios al presentar los datos de cabecera de la declaración. Cada una de las declaraciones de cada consignatario deberá tener identificadas sus partidas con un número único.
- La aplicación informática de la autoridad portuaria procede a transmitir de forma automática a la aduana la información que requiera de dichas declaraciones, utilizando en algunos casos mensajes aduaneros de la normativa Edifact.
- La aduana acepta o rechaza las declaraciones sumarias con sus propios controles y comunica a la autoridad portuaria el resultado de su gestión.
- Una vez obtenida esta aceptación/rechazo por parte de la aduana, la autoridad portuaria comunica esta circunstancia al consignatario correspondiente con objeto de que resuelva los errores detectados, si los hubiere.

2. Introducción a los procesos de inspección

2.1 Procesos de inspección de las mercancías

Los procesos de inspección de las mercancías, tanto las que entran como las que salen, tienen un doble objetivo. Por una parte sirven para que la aduana pueda cumplir con el control de las mercancías; que aquello declarado sobre el papel, se corresponda con la realidad física de lo transportado. Este control de correspondencia busca, por un lado, la vigilancia de entrada/salida sobre mercancías ilegales[12] y, por

---

[11] Ver el documento www.portic.net/telematic_publico/guias_usuario/IFCSUMV3.pdf.

[12] La Ley Orgánica 2/1986, de 13 de marzo, de Fuerzas y Cuerpos de Seguridad del Estado, en su art. 12 apdo. B), letra b), establece que la Guardia Civil ejercerá las competencias relativas al

otro, la lucha contra el fraude de, aún y transportando mercancías autorizadas, el transporte de mercancías que no se corresponden en número o tipo con las manifestadas (fraude fiscal).

Otro objeto que justifica los procesos de inspección es el control en la aplicación de regulaciones específicas. Estas inspecciones vendrán de la mano de sus correspondientes organismos (autoridades para-aduaneras).

No en todos los puertos existe una coordinación entre los diferentes cuerpos con potestad inspectora, si bien la tendencia generalizada es la de buscar una unificación general entre las diferentes inspecciones, de manera que no se requiera una duplicidad de movimientos hacia las zonas de inspección.

Planteado el proceso de inspección desde el punto de vista del importador /exportador, sus principales temores se centran en:

- El retraso en el proceso general del despacho que pueden suponer dichas inspecciones.
- La inseguridad sufrida por las mercancías al ser desprecintadas, abiertas, manipuladas y, en algunos casos, con toma de muestras.

2.2 Inspección aduanera

La gestión de las inspecciones por la aduana se inicia paralelamente a su correspondiente proceso documental. Los criterios para acceder al proceso de inspección no son fijos, fluctuando en función de las pautas impuestas a escala nacional o incluso europea (localización de nuevas zonas dedicadas al narcotráfico, sospechas respecto al expedidor, etc.). Como se especificará en el apartado dedicado a la importación, la entrada de la mercancía en el «circuito naranja» implicará la inspección documental de la misma. El «circuito rojo», requerirá de una inspección física.

2.3 Inspección para-aduanera

Del mismo modo que la aduana, el transporte de ciertas mercancías (sobre todo las que tienen como destino su consumo, o las que tienen un origen animal o vegetal) puede requerir una inspección física por parte de los siguientes organismos: Sanidad Exterior, Sanidad Animal, Sanidad Vegetal y el Soivre. Dichas inspecciones se llevan a cabo con el fin de determinar si la calidad de las mercancías se ajusta a la realidad de la documentación que las acompaña. La solicitud de inspección se realiza en función de la clasificación TARIC de las mercancías.

---

resguardo fiscal del Estado y las actuaciones encaminadas a evitar y perseguir el contrabando. Para más información consultar el sitio www.guardiacivil.org/11quees/organizacion /operaciones/fiscal/fiscal/index.asp.

2.3.1 TARIC[13]

Como se ha comentado, parte de la política económica de la Unión Europea se basa en su fusión aduanera, lo que implica la utilización de un arancel aduanero común. En base a este arancel, la mejor manera de efectuar la recogida e intercambio de datos estadísticos referidos al comercio exterior de la Unión consiste en el uso de una «nomenclatura combinada», a fin de satisfacer simultáneamente las exigencias arancelarias y estadísticas.

El arancel integrado de aplicación establecido por la Comisión recibe el nombre de «Taric», satisfaciendo las exigencias del arancel aduanero común, de las estadísticas del comercio exterior y de las políticas de la Comunidad (comerciales, agrícolas o de otra índole) relativas a la importación o exportación de mercancías.

La nomenclatura combinada se crea para facilitar la información de los complejos regímenes arancelarios aplicados por la Unión de acuerdo con el origen de las mercancías, las diversas reglamentaciones específicas y las liquidaciones de los derechos arancelarios e impuestos sobre comercio exterior. Sobre la base de la nomenclatura combinada, la Comisión establece el arancel integrado de las Comunidades Europeas, el Taric.

Se compone de claves numéricas de un máximo de 11 dígitos. A cada una de las subpartidas de la nomenclatura combinada le corresponde un código numérico de ocho cifras. Las seis primeras cifras indican las posiciones y subpartidas de la nomenclatura del sistema armonizado. Las séptimas y octavas cifras definen las subpartidas de la nomenclatura combinada. Las novenas y décimas cifras indican las subpartidas Taric.

2.3.2 Sanidad exterior

La Dirección General de Salud Pública[14] es un Organismo dependiente del Ministerio de Sanidad y Consumo.[15]

Mediante el Certificado Sanitario para la Exportación de Productos Alimenticios, se autentifica que la condición sanitaria en la que se encuentra la mercancía exportada es apta para el consumo humano, cumpliendo la reglamentación sanitaria.

También es posible el requerimiento del Certificado Farmacológico. Dicho certificado debe acompañar a todas las sustancias, medicamentos o preparaciones que se consideren estupefacientes o psicotrópicos.[16]

---

[13] Puede ampliarse la información acerca del Taric en el sitio europa.eu.int/comm/taxation_customs/dds /es/tarhome.htm, donde puede encontrarse información arancelaria en función de la descripción o el código Taric.

[14] Ver www.msc.es/informacion/organizacion/SSSC/dgsp/info_dgsp.htm.

[15] Para más información sobre la normativa vigente referente a la Reglamentación Sanitaria, consultar la Orden de 12-5-1993 (BOE de 21 de mayo de 1993), y la Orden de 20-1-1994 (BOE de 4-2-1994).

[16] Para ampliar la información referente al transporte de este tipo de mercancías, consultar el Real Decreto 2829/1977, de 6 de octubre, en materia de substancias y preparados medicinales psicotrópicos, y el Real

2.3.3 Sanidad animal

La Subdirección General de Sanidad Animal[17] es un organismo dependiente del Ministerio de Agricultura, Pesca y Alimentación. Se encarga de realizar el control de las mercancías de origen animal destinadas a consumo humano, animales vivos y productos que puedan transmitir enfermedades a los animales.

El Certificado Veterinario de Exportación[18] es aquél mediante el cual se justifica el riesgo de propagación de enfermedades infectocontagiosas existentes en el ganado español. Dado que la principal preocupación es la introducción de enfermedades en el país, las inspecciones se centran en el proceso de importación más que en el de exportación.

2.3.4 Sanidad vegetal

La Subdirección General de Sanidad Vegetal,[19] es un organismo dependiente del Ministerio de Agricultura, Pesca y Alimentación. Se encarga de emitir el Certificado Fitosanitario,[20] documento de control y lucha contra las plagas. Determinados vegetales deben ir acompañados de dicho certificado para obtener su correspondiente autorización.[21]

El Certificado debe contener únicamente información inherente a su naturaleza y objetivo específico, con excepción de aquella que sea necesaria y sirva para identificar claramente el embarque al cual se refiere.

2.3.5 Comercio exterior. Soivre

Organismo dependiente del Ministerio de Industria, Comercio y Turismo. También se le conoce como Soivre[22-23] (Servicio Oficial de Inspección, Vigilancia y Regulación

---

Decreto 1573/1993, de 10 de septiembre, por el que se somete a ciertas restricciones la circulación de los productos psicotrópicos y estupefacientes.

[17] Para más información ver el enlace www.igsap.map.es/cia/funciones/mapa/mapamain.htm.

[18] La normativa vigente es amplia, si bien merece destacar el Real Decreto 1977/1999, de 23 de diciembre, por el que se establecen los principios relativos a la organización de los controles veterinarios sobre los productos procedentes de países terceros.

[19] Para ampliar la información ver el enlace www.igsap.map.es/cia/funciones/mapa/mapamain.htm.

[20] El modelo de este certificado fue aprobado por la FAO en noviembre de 1997, en su 29ª sesión.

[21] Para ampliar la información, consultar el sitio www.fao.org

[22] El Soivre es el organismo oficial encargado de la expedición del «Certificado de Control e Inspección Oficial» de una serie de productos alimentarios incluidos en la Orden Ministerial de 24 de febrero de 1995, modificada por la Orden de 18 de mayo de 1995. Esta exige que para el despacho de la mercancía se debe garantizar el cumplimiento de las normas de calidad de las especificaciones comerciales y de aquellas concernientes a sus envases y embalajes.

[23] Ver el sitio www.mcx.es/sgcomex/soivre.

de las Exportaciones). Se encarga de realizar el control de la calidad comercial en importaciones y exportaciones, en especial de productos para la alimentación.

El Soivre realiza sus funciones en los Centros de Asistencia Técnica e Inspección del Comercio Exterior (Catices),[24] que se encuentran distribuidos por la geografía española. Esta red de centros está coordinada y dirigida por la Subdirección General de Asistencia Técnica del Comercio Exterior.

2.4 Procedimiento

El procedimiento de inspección se realiza a través del agente de aduanas correspondiente. En el caso de inspecciones para-aduaneras, éstas se solicitan por la autoridad correspondiente, si procede, después de entregárseles el correspondiente documento de inspección. Dicho documento recibe el nombre de «Solícito de inspección» a los organismos oficiales de inspección,[25] y abarca las siguientes solicitudes:
- Solicitud de control de calidad comercial.
- Solicitud de control CEE/Soivre de frutas y hortalizas.
- Solicitud de inspección de sanidad animal.
- Solicitud de inspección fitosanitaria para mercancías de exportaciones.
- Solicitud al organismo de sanidad exterior.
- Solicitud de inspección de especies protegidas.[26]

Por lo que respecta a la posible inspección por parte de la aduana, ésta será notificada directamente al agente. El documento base sobre el que realizar la inspección es la «Solicitud de actuaciones previas al despacho» (C-5).[27] Sobre el documento C-5 los inspectores, en caso de requerir muestras de la inspección, anotarán en él las diferentes extracciones realizadas.

Figura 5.4

Hay que puntualizar que, en caso de requerir inspección, la apertura del contenedor necesitará de una autorización C-5 específica emitida por la aduana, autorizando la rotura de precintos y posterior apertura.

---

[24] Ver www.mcx.es/sgcomex/soivre/catices.htm para una relación detallada de los diferentes centros.

[25] Ver la Orden Ministerial de 24 de febrero de 1995, por la que se dictan normas de inspección y control para los Centros de Inspección de Comercio Exterior (Soivre).

[26] Más conocido como Cites *(Convention on International Trade in Endangered Species of Wild Fauna and Flora)*.

[27] Dicho «Solícito» se encuentra regulado por el Reglamento (CEE) 2454/1993 de la Comisión, de 2 de julio de 1993 (L-253, de 11 de octubre de 1993), con modificación en el Reglamento (CE) 2193/1994 de la Comisión, de 8 de septiembre de 1994 (L-235, de 9 de septiembre de 1994).

2.4.1 Inspección visual

El agente de aduanas, en representación del propietario de la mercancía, o incluso el propio propietario, pueden estar presentes en el procedimiento de inspección visual. Además, se encontrará en la zona de inspección el inspector que corresponda, el personal encargado de la terminal (que se encarga de la apertura física de la mercancía) y un representante del Resguardo Fiscal.

Finalizada la inspección, en caso de no requerir extracción alguna de muestras, se procede al nuevo precintado del contenedor.

2.4.2 Extracción de muestras

En función de la inspección visual, el inspector también tiene la potestad de requerir la extracción de parte de la mercancía, con el fin de efectuar los correspondientes análisis que determinarán si la mercancía presenta las condiciones mínimas requeridas. Dado que la toma de muestras supone un menoscabo en la cantidad de mercancía transportada, dicha toma se debe justificar formalmente mediante el correspondiente Solícito (C-5).

Fruto del análisis, se obtiene un Certificado de Análisis, documento que será entregado al correspondiente agente y éste, a su vez, a la aduana.

3. Introducción al TIR[28]

3.1 Principios de funcionamiento

Como comentamos en el cap. 3, el convenio TIR[29] agiliza y facilita el transporte de mercancías a través de los países que han suscrito dicho convenio.[30] Con el objetivo fundamental de que las mercancías puedan viajar con la agilidad administrativa necesaria, sin dejar de ofrecer un máximo de garantías a la administración aduanera

---

[28] Para ampliar cualquier tipo de información sobre el Convenio TIR, consultar el sitio tir.unece.org.

[29] El Convenio TIR de 1975, que entró en vigor en 1978, nace bajo los auspicios de una conferencia de revisión, convocada por la Comisión Económica para Europa de las Naciones Unidas (CEE - ONU) en el mes de noviembre de 1975. La última enmienda del Convenio TIR entró en vigor el 12-5–2002.

[30] Actualmente son partes contratantes del Convenio TIR los siguientes países: Afganistán; Albania; Alemania; Argelia; Armenia; Austria; Azerbaiján; Bielorrusia; Bélgica; Bosnia-Herzegovina; Bulgaria; Canadá; Croacia; Chile; Chipre; Dinamarca; Eslovaquia; Eslovenia; España; Estados Unidos; Estonia; Federación Rusa; Finlandia; Francia; Georgia; Grecia; Hungría; Indonesia; Irán (República islámica de); Irlanda; Israel; Italia; Jordania; Kazajistán; Kirguizistán; Kuwait; Letonia; Líbano; Lituania; Luxemburgo; Macedonia (Ant. Rep. Yugoslava); Malta; Marruecos; Moldavia (República de); Noruega; Países Bajos; Polonia; Portugal; Reino Unido; República de Corea; República Checa; Rumanía; Siria (República Árabe de); Suecia; Suiza; Tajikistán; Turkmenistán; Túnez; Turquía; Ukrania; Uruguay; Uzbekistán y Yugoslavia.

en todos los países de tránsito, el régimen TIR plantea cinco exigencias que constituyen los cinco principios básicos del sistema de tránsito aduanero:

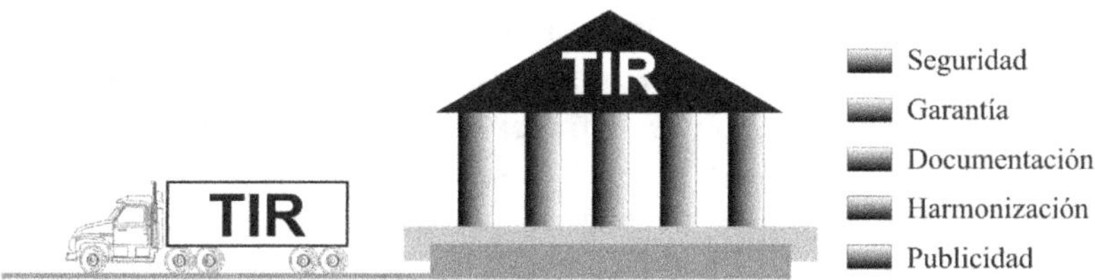

Figura 5.5

- **Que las mercancías se transporten en vehículos o contenedores que ofrezcan la suficiente garantía para la seguridad aduanera.**
  Así, el compartimiento reservado a la carga debe estar construido de forma que no se pueda tener acceso al interior una vez haya sido precintado por las autoridades aduaneras, y que toda tentativa de infracción de esta disposición pueda ser fácilmente detectable.

  A estos fines, el Convenio TIR define normas de construcción y procedimientos de aceptación. Las mercancías al amparo de un cuaderno TIR sólo pueden transportarse en los compartimientos de carga de vehículos de carretera o en contenedores aceptados según estas normas. Satisfaciendo las exigencias del Convenio, las autoridades nacionales competentes expedirán un certificado de aprobación para los vehículos de carretera o una placa de aprobación para contenedores. Dicho certificado tendrá una validez de dos años.

- **Que los derechos e impuestos en cuestión deben estar garantizados a lo largo de toda la duración del transporte, en base a una garantía de carácter internacional.**
  El sistema ha sido concebido para asegurar que los impuestos y los derechos de aduana exigibles durante las operaciones de tránsito están cubiertos en todo momento por una asociación garante nacional que respalde al transportista. Esta asociación garantiza el pago de los derechos e impuestos de los transportistas, nacionales o extranjeros, con ocasión de un transporte realizado bajo un cuaderno TIR expedido por ella misma o por una asociación de otro país.

  De esta forma, el conjunto de asociaciones garantes internacionales (en España la asociación garante es Astic)[31] constituye una cadena de garantía que

---

[31] Astic (Asociación de Transporte Internacional por Carretera); ver www.cetm.es. Entre otras asociaciones garantes, destacan: Febetra (Fédération Belge des Transporteurs); DTL (Danish Transport and Logistics Association); Aftri (Association Française du Transport Routier International); BGL (Bundesverband Gueterkraftverkehr und Logistik); Aist (Arbeitsgem. zur Foerderung und Entwicklung des Internationalen Strassenverkehrs); Ofae ((Fédération Hellénique des Transports Routiers Internationaux); Irha (Irish Road Haulage Association); Uicciaa (Unione Ital. Delle Camere di Commercio, Industria, Artigianato & Agricultura); Kazato (Union of International Road Carriers); Astag (Association Suisse des Transporteurs Routiers); KNV (Nederlands Vervoer). Dentro del sitio tir.unece.org puede encontrarse un listado pormenorizado de todas las asociaciones garantes.

vincula a todos los países TIR. En la actualidad, la única cadena de garantía en funcionamiento es administrada y está asegurada por la Unión Internacional de Transportes por Carretera (IRU, *International Road Transport Union*),[32] con sede en Ginebra (Suiza), que es una organización no gubernamental que representa los intereses de los transportistas por carretera de todo el mundo. Los límites monetarios de la garantía se fijan separadamente para cada país.

— **Que las mercancías deben ir acompañadas de un cuaderno TIR, columna vertebral del sistema TIR, que debe servir de documento de control aduanero en las aduanas de expedición, de tránsito y de destino.** Bajo la supervisión del Consejo Ejecutivo TIR (TIRExB, *TIR Executive Board*),[33] la IRU es la única organización internacional facultada para imprimir y entregar los cuadernos TIR a sus asociaciones nacionales garantes, de acuerdo con las condiciones establecidas por un compromiso firmado por ellas con la IRU. Cada asociación garante expide a su vez los cuadernos TIR a los transportistas de su país.

Figura 5.6

La presentación de un cuaderno TIR debidamente cumplimentado por el transportista, constituye por sí mismo una prueba de la existencia y la validez de la garantía. El cuaderno TIR permanece válido hasta la finalización de la operación TIR en la aduana de destino, siempre que haya sido aceptado en la aduana de salida en el plazo fijado por la asociación expedidora.

— **Que las medidas de control aduanero tomadas en el país de partida deben aceptarse por los países de tránsito y de destino.** Como consecuencia de este principio, por regla general, las mercancías transportadas no serán objeto de inspección por las aduanas de paso, lo que constituye una de las principales ventajas del sistema. Por supuesto, esto no excluye controles esporádicos, pero se sobreentiende, e incluso se estipula en el Convenio, que tales controles deben constituir una medida excepcional. Así, el control realizado por la aduana de salida se acepta por todas las

---

[32] Ver www.iru.org. Específicamente para el TIR, consultar www.iru.org/TIR/TirSystem.E.htm.

[33] El objetivo del TIRExB no es otro que el promover la cooperación internacional entre las autoridades aduaneras en la aplicación del Convenio TIR y crear un órgano intergubernamental que supervise y apoye la aplicación del sistema TIR y al sistema de garantía internacional. El TIRExB está compuesto por nueve miembros elegidos a título personal por los gobiernos que son partes contratantes del Convenio, para un mandato de dos años.

demás aduanas en el curso de la operación de tránsito TIR. Por ello, para promover y asegurar la confianza en el sistema TIR de todas las autoridades aduaneras implicadas, la aduana de salida juega un papel crucial.

- **Que el sistema TIR ofrezca el conveniente acceso a:**
    1. Las asociaciones nacionales expedidoras de los cuadernos TIR.
    2. Las personas físicas y jurídicas usuarias de los cuadernos TIR.

3.2 El Convenio TIR y los procesos electrónicos

Como podemos comprobar a lo largo de esta obra, la sustitución de documentos en papel por sus respectivos formatos electrónicos, es una iniciativa cada vez más frecuente y afecta tanto a las administraciones aduaneras como a los transportistas. Los servicios de aduanas de Estados Unidos, por ejemplo, utilizan ya las normas UN/Edifact *(United Nations Directories for Electronic Data Interchange for Administration, Commerce and Transport;* Intercambio electrónico de datos para la Administración, el Comercio y el Transporte)[34] para los servicios que ofrecen. El tratamiento electrónico de datos y su transmisión son utilizados cada vez más en el comercio internacional, con la finalidad de reducir los costes y acelerar la transferencia de información.

Esta evolución tendrá cada vez más repercusiones en los servicios aduaneros y en los documentos que ellos utilizan. Las administraciones aduaneras se enfrentan a un gran dilema. Por una parte se ven compelidas por normas que les obligan a percibir y contabilizar los ingresos de una forma eficiente, impidiendo el fraude y el contrabando. Por otra, son cada vez más criticadas por los operadores del comercio (importadores, exportadores, transportistas, transitarios,...) porque no facilitan suficientemente la agilidad y la rapidez del transporte de las mercancías. Los procesos electrónicos se incorporan así como una solución a sus dilemas.

Los sistemas cuyo soporte esta constituido por documentos, tales como el cuaderno TIR, son un medio ineficaz de toma de datos y comprobación de los mismos. Por ello, ya en 1985, la CEE-ONU expresó algunas ideas sobre la introducción de una «tarjeta inteligente» con chip o cuaderno TIR electrónico para el transporte internacional de mercancías por carretera, que podría reemplazar el cuaderno TIR actual.

Mientras que Edifact se está convirtiendo en un instrumento indispensable para los servicios aduaneros, el proyecto de tarjeta inteligente no ha ganado terreno por diversas razones. Sin embargo, parece llegado el momento de prestar seria atención a las implicaciones del tratamiento electrónico de datos sobre el futuro del sistema TIR, con el fin de permitir su adaptación, si fuera necesario, al nuevo marco del tratamiento informático de datos.

Por su parte, la IRU ha desarrollado y puesto en práctica el sistema Safetir.[35] Sus principales objetivos son:

---

[34] Consultar el sitio www.unece.org/trade/untdid/welcome.htm.

[35] Puede descargarse una presentación en formato Power Point del sistema Safetir desde el enlace www.unece.org/trans/new_tir/contact/seminar/documents/iru.ppt.

– Asegurar el correcto uso del cuaderno TIR por parte de su titular.
– Proporcionar una pronta detección de posibles irregularidades o fraudes.
– Prevenir los casos de fraude repetidos.
– Proteger la buena fe de los operadores, así como los ingresos de las aduanas.

Si bien no puede sustituir a los procedimientos nacionales de tránsito aduanero, sí puede ser utilizado para completar el futuro sistema informático TIR. Dado el gran número y la diversidad de estructuras administrativas de las partes contratantes del Convenio TIR, todo sistema informático de este tipo debe funcionar de manera descentralizada y flexible, sobre la base de un número restringido de características estándar internacionalmente reconocidas. Se trata de un trabajo considerable, si bien no cabe ninguna duda de que el sistema TIR debe evolucionar paralelamente a las últimas innovaciones relativas al tratamiento EDI.

3.3 Reparto de responsabilidades

De acuerdo con el circuito impuesto por el Convenio TIR a los diferentes actores que participan en él, se crean una serie de responsabilidades a cubrir que, por otra parte, se encuentran refrendadas todas ellas por el texto del propio Convenio. (ver figura 5.7)

IRU
La IRU es responsable de obtener la aceptación de la asociación garante nacional por el grupo internacional de aseguradores e informar a todas las asociaciones garantes y a las autoridades aduaneras sobre la aceptación de la nueva asociación. Además, también debe encargarse de la distribución de los cuadernos TIR a las diferentes asociaciones.

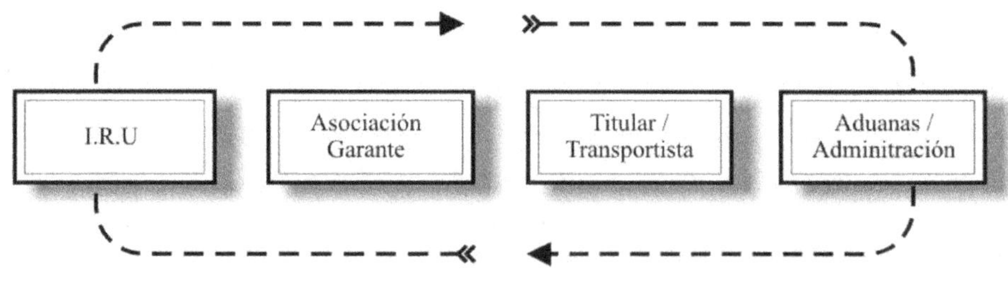

Figura 5.7

En relación con el sistema, además, debe administrar el cuaderno TIR y el sistema de garantía. Esto incluye representar y participar en los trabajos del Comité Administrativo TIR, del Consejo Ejecutivo TIR (TIRExB), del Grupo de Trabajo sobre Cuestiones Aduaneras relativas al Transporte (WP.30), y del Grupo de Contacto TIR.

Asociación garante

La asociación garante debe llevar a cabo un acuerdo de compromiso con las autoridades aduaneras nacionales, además de realizar un contrato de compromiso con la Unión Internacional de Transportes por Carretera (IRU), asociación encargada de gestionar la cadena de garantía internacional.

La asociación garante también debe realizar una declaración de compromiso con el transportista que solicita cuadernos TIR (la asociación puede exigir una garantía bancaria o un aval), además de encargarse de la distribución de cuadernos TIR a los transportistas aceptados.

Titular / Transportista

El titular del cuaderno debe realizar una declaración de compromiso con la asociación garante nacional, estipulando las condiciones de utilización de los cuadernos TIR, obteniendo un certificado de aprobación de vehículos y contenedores que debe entregarse por las autoridades de inspección nacional competentes. Además, se encargará de fijar la placa TIR[36] en los vehículos y contenedores.

Figura 5.8

Aduanas / Administración

Por lo que respecta a las obligaciones de la Administración, figura como principal la aceptación del Convenio TIR en las condiciones previstas por la legislación nacional, es decir, la publicación en el diario oficial del país.

Además, es necesario el depósito de un instrumento de adhesión en la oficina de asuntos jurídicos de la Organización de las Naciones Unidas en Nueva York, y la correspondiente autorización a una o varias asociaciones garantes nacionales. También será obligada la publicación de una lista de aduanas habilitadas para efectuar operaciones TIR, la formación de funcionarios de aduanas en los procedimientos aduaneros TIR, así como la designación de un organismo encargado de la aprobación de vehículos y contenedores.

4. Introducción a los procedimientos aduaneros informatizados

4.1 Regulación

El Reglamento CE 502/1999 de la Comisión,[37] incorporó al marco jurídico comunitario toda la normativa que rige la puesta en funcionamiento del Nuevo Sistema de

---

[36] Un modelo de placa puede descargarse desde el enlace www.unece.org/trans/bcf/tir/images/tirplate.eps.
[37] Reglamento que modificó el Reglamento (CE) 2454/1993 de la Comisión.

Tránsito Informatizado (NCTS).[38] En el ámbito del tránsito común, la Decisión 1/1999 de la Comisión Mixta CE/AELC sobre «Tránsito Común» es la encargada de su regulación. Posteriormente, el Reglamento CE 2787/2000, se encargó de establecer nuevos preceptos para la regulación de la implantación del citado sistema.

En España, es la Resolución de 19 de junio de 2001[39] del Departamento de Aduanas e Impuestos Especiales de la Agencia Estatal de la Administración Tributaría, la que regula la implantación del Sistema NCTS.

4.2 Ámbito de aplicación

La puesta en marcha del sistema es de aplicación por parte de las aduanas españolas incluidas en el territorio aduanero de la Comunidad.[40] Todas las declaraciones admitidas a partir de la entrada en vigor de la resolución, así como las operaciones de tránsito, se realizarán conforme a la normativa vigente. Esto afecta directamente a todos los operadores, sean expedidores o destinatarios, autorizados o no, que tengan concedida una autorización para enviar mensajes de tránsito vía EDI.

Si bien más adelante profundizaremos en ello, las ventajas que el sistema NCTS ofrece a los diferentes operadores, pueden resumirse en:
- Una mayor calidad del servicio, reduciendo los tiempos de espera en las aduanas, aportando una mayor flexibilidad en la presentación de las declaraciones.
- Una mayor transparencia en la ejecución de las diferentes operaciones.
- Una mayor agilización en el tratamiento de los posibles controles.
- Un menor coste como consecuencia de la eliminación del sistema de declaración que empleaba el documento en formato papel.

Por lo que respecta al transporte marítimo intracomunitario, dentro de los servicios marítimos de carácter regular, los que transportan mercancías no comunitarias están sujetos al tránsito comunitario, y como tales deben ser documentados. Cualquier otra mercancía se considerará comunitaria, no debiendo justificar tal situación.

Figura 5.9

---

[38] *New Computerized Transit System.*
[39] Ver BOE 11-07-2001.
[40] Según lo dispuesto en en los arts. 367 a 371 del Reglamento (CE) 2454, conforme a la redacción dada por el Reglamento (CE) 2787/2000 de la Comisión, de 15 de diciembre de 2000, publicado en el DOCE, serie L, núm. 330, de 27 de diciembre de 2000.

En los servicios marítimos no regulares, por defecto, las mercancías que transportan se consideran como no comunitarias, quedando sujetas al pago de sus derechos de entrada. En caso de demostrar que las mercancías son comunitarias, están exentas de dicho pago.

En el propio funcionamiento de las aduanas, las ventajas que el sistema en su forma más general aporta pueden clasificarse en:

- Homogeneización de los criterios y los procedimientos, algunas veces contradictorios.
- Una mayor comunicación y coordinación entre las aduanas implicadas en el tránsito.
- Unidad del sistema creado, acelerando el proceso y el tratamiento de los datos.
- Creación de un sistema autónomo que puede ser autogestionado por las propias aduanas, con el consiguiente aumento en la seguridad y la velocidad en la gestión del tránsito.
- Eliminación de costes en forma de tiempo y posibles errores de trascripción de la información.

4.3 Exenciones

Tal como se establece en el citado reglamento comunitario, lo dispuesto en la resolución no se aplicará a las mercancías transportadas por ferrocarril, por vía aérea, o por vía marítima a las que se les aplique los procedimientos simplificados.

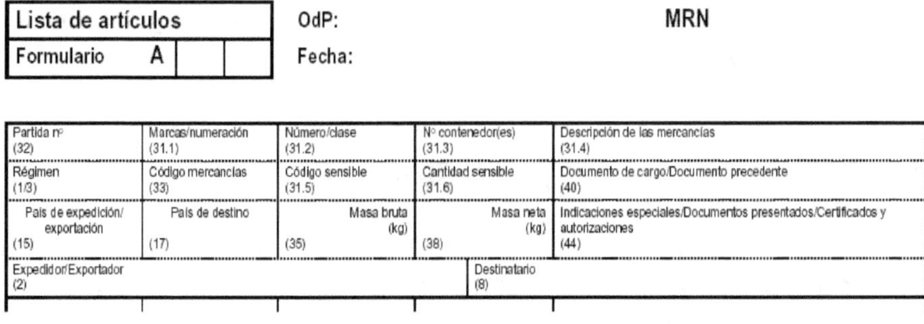

Partida nº (32)	Marcas/numeración (31.1)	Número/clase (31.2)	Nº contenedor(es) (31.3)	Descripción de las mercancías (31.4)
Régimen (1/3)	Código mercancías (33)	Código sensible (31.5)	Cantidad sensible (31.6)	Documento de cargo/Documento precedente (40)
País de expedición/ exportación (15)	País de destino (17)	Masa bruta (kg) (35)	Masa neta (kg) (38)	Indicaciones especiales/Documentos presentados/Certificados y autorizaciones (44)
Expedidor/Exportador (2)			Destinatario (8)	

Figura 5.10

4.4 Funcionamiento

En términos generales, el nuevo sistema implica el envío de un mensaje con los datos de la declaración de tránsito desde la aduana de partida (exportación) a la aduana de destino (importación); la desaparición del DUA como documento de acompañamiento de la expedición, sustituyéndose por los nuevos formularios «documento de acompañamiento» y «lista de artículos»;[41] así como la abolición del reenvío del ejemplar de control, sustituyéndose éste por los mensajes «aviso de llegada» y «resoltado del control» entre ambas aduanas.

4.5 Definiciones

Antes de pasar a analizar los diferentes procesos, conviene definir los principales elementos o mensajes empleados por el sistema:

- La «declaración de tránsito», que puede presentarse en documento impreso o en formato electrónico (EDI).
- El «número de referencia del movimiento», un número único que el sistema asigna a la declaración de tránsito para identificar la operación.
- El «documento de acompañamiento» del tránsito, que acompaña a las mercancías desde su origen hasta su destino.
- El mensaje «aviso anticipado de llegada», enviado por la oficina de partida a la oficina de destino declarada.
- El mensaje «aviso anticipado de tránsito», enviado por la oficina de partida a la oficina u oficinas de paso declaradas para notificarles con antelación que un envío va a cruzar la frontera.
- El mensaje «aviso de paso de frontera», enviada por la oficina de paso tras verificar el envío.
- El mensaje «aviso de llegada», enviado por la oficina de destino a la oficina de partida a la llegada de las mercancías.
- El mensaje «resultados de control», enviado por la oficina de destino a la oficina de partida tras verificar las mercancías.

4.6 Procedimiento normal y simplificado

El procedimiento normal es aquel que han de emplear los operadores que todavía carecen de historial, no pueden acogerse a ninguna simplificación o porque son usuarios esporádicos dentro del tránsito. Este procedimiento normal implica lo siguiente:

- En el momento de realizar la declaración de tránsito, deben presentarse las mercancías en la aduana.
- También deben presentarse las mercancías al paso de cualquier otra aduana, así como cualquier otra documentación que se reclame.
- Trabajar en base a una garantía individual,[42] es decir, una garantía que sólo será válida para una operación.

---

[41] Documentos conforme a los modelos establecidos en el Reglamento CE 2787/2000.

[42] La garantía individual puede prestarse mediante depósito en efectivo, la intervención de un fiador, o empleando una serie de títulos de garantía, cada uno de ellos de un valor fijo.

- También se está obligado a precintar el medio de transporte o el contenedor con fines de seguridad e identificación.
- Debe presentarse una ruta económicamente justificada y, en el caso de mercancías que presenten un mayor riesgo de fraude (tabaco, alcohol,...), incluso una ruta obligatoria. Además, también puede exigirse un tiempo límite para realizar el trayecto.

Para acogerse al procedimiento simplificado, con carácter general, se deben satisfacer una tripleta de requisitos:
- Por un lado, la empresa que solicite el régimen simplificado debe estar establecida y registrada, de manera que su control y localización sea factible.
- Debe existir una habitualidad en el uso del tránsito. De esta forma, las autoridades pueden dar fe del correcto cumplimiento pasado de las obligaciones generadas.
- Por último, debe existir honorabilidad, no debiendo haber incurrido en el pasado, por lo que respecta a la reglamentación fiscal y aduanera, en infracciones graves, o leves pero repetidas.

Figura 5.11: Vista aérea de la Zona de Actividades Logísticas (ZAL) de Barcelona (España).

Cumplidos los requisitos anteriores, dentro del procedimiento simplificado, las simplificaciones a las que el operador puede acogerse son:

- El empleo de una garantía genérica,[43] a diferencia de las garantías individuales, válida en más de una operación.
- Puede emplear listas de cargas y precintos especiales.
- Queda exento del uso de un itinerario obligatorio, sobre todo por lo que hace referencia a las mercancías de alto riesgo de fraude.

También puede acogerse a un régimen simplificado general por lo que respecta al uso de grandes contenedores u otros modos de transporte.

---

[43] La garantía genérica se fija en una suma destinada a cubrir el importe máximo de los derechos y demás impuestos aplicables en un período mínimo de una semana. Este importe se fija teniendo en cuenta las transacciones anteriores y las previsiones relativas a las operaciones del operador económico de que se trate.

Capítulo VI

Operaciones de importación

1. Movimientos físicos

1.1 Llegada del buque a puerto

El conocimiento de la llegada del buque a puerto se tiene, con una exactitud bastante considerable, horas antes de que el buque atraque en la terminal portuaria de descarga designada. Dicho conocimiento se obtiene gracias a la información que el buque transmite a su consignatario,[1-2] además de las informaciones técnicas obligatorias que emite por radio a las torres de control encargadas de la gestión del tráfico marítimo.[3] Esta información resulta de gran utilidad a la hora de contratar los diferentes grupos o «manos» de estibadores que se encargarán de realizar la descarga efectiva del barco.

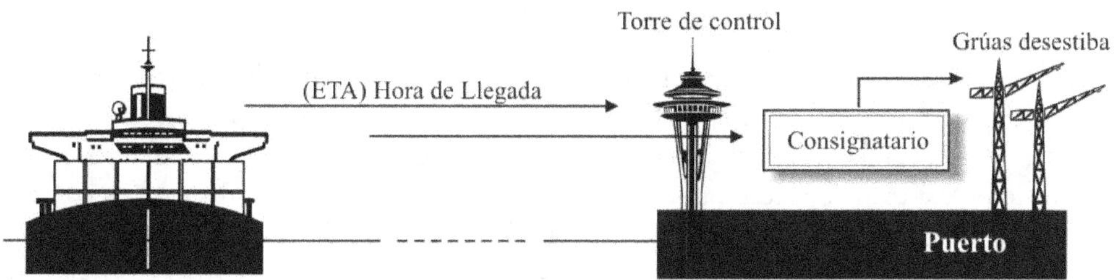

Figura 6.1

El consignatario, por su parte, se encarga de presentar el «Premanifiesto» (predeclaración sumaria) a la autoridad portuaria y aduanera. Este trámite permite

---

[1] La figura del consignatario de buques es fundamental para entender la vida del buque en puerto. El consignatario es el encargado, por una parte, de prestar cualquier tipo de servicio que el buque o su tripulación puedan requerir en puerto. Por otra, también ha de cumplir con las gestiones de carácter administrativo que puedan crearse como consecuencia de la estancia del buque y su mercancía en puerto.

[2] Si bien por motivos de claridad, centramos dicha responsabilidad en el consignatario, debemos puntualizar que esta información, como norma general, debe ser presentada por la persona que haya introducido las mercancías en el territorio aduanero o, en su caso, por la persona que se haya hecho cargo del transporte de las mercancías tras su introducción, o bien por la persona que actúe en nombre de uno de ellos.

[3] Dentro del sector, el conocer la hora de llegada del buque, se indica mediante la abreviación ETA *(Estimated Time of Arrival*, hora estimada de llegada). Así, un buque que estime su llegada a mediodía, hablará de un ETA:12.00.

agilizar el procedimiento de descarga, iniciándose dicho procedimiento antes de la llegada del buque a puerto.

Una vez está el buque en las proximidades de la bocana, embarca a bordo del mismo el práctico del puerto, persona conocedora de la configuración del puerto (ubicación de las dársenas comerciales, sondas, meteorología local, etc.) encargada de orientar al capitán del barco en las maniobras de entrada, atraque y salida. Coordinada la maniobra con los remolcadores (si es que se emplean) y los amarradores del puerto (personal encargado de asistir desde tierra a la maniobra de amarre del buque), el buque finalmente queda fijado al costado del amarre. En este preciso momento, comienza la descarga del buque.

Actualmente, en la mayoría de puertos, los consignatarios pueden realizar la transmisión de la declaración sumaria de descarga de la mercancía vía EDI,[4] con todas las ventajas que esto supone. Con la filosofía de simplificar los trámites documentales, existe una ventanilla única en la autoridad portuaria para la recepción de las declaraciones sumarias.

Figura 6.2

La información a transmitir referente a la carga transportada contempla (información transmitida bajo el mensaje IFCSUM) la referida al conocimiento de embarque (B/L), la relativa a la partida (una partida se caracteriza por tener un único código arancelario y estar integrada en un único conocimiento de embarque), y la que se refiere al equipamiento. También, en relación a la partida, contiene los datos de la situación y el despacho aduaneros. En caso de encontrar algún tipo de discrepancia en el mensaje enviado, o bien como confirmación de la validación de la información enviada, se enviará un mensaje de retorno CUSRES.

Por lo que respecta a la predeclaración, ésta adquirirá automáticamente la condición de declaración sumaria simplemente con la presentación de las mercancías a la autoridad aduanera, mediante la activación de la «declaración sumaria de descarga». La activación se realiza mediante el envío por la autoridad portuaria de un mensaje CUSREP a la aduana, emitido a la llegada del buque a aguas del puerto.

1.2 Descarga de la mercancía

Una vez el buque ha llegado a puerto, siempre y cuando no se encuentren incidentes

---

[4] Debe señalarse que siempre existe la obligación de presentar la declaración sumaria normalizada en papel, si bien necesitaría de un requerimiento específico por parte de la autoridad portuaria o de la aduana.

conforme a la copia del «Manifiesto»[5] anteriormente entregada (vía papel o vía EDI), se procederá a la descarga de los diferentes contenedores. Este visto bueno para la descarga queda reflejado en la aceptación por parte de la aduana del «permiso de descarga».

En caso de emplear mensajes EDI en la transmisión de la declaración de la mercancía, será la propia autoridad portuaria la encargada del reenvío de dicha información a la aduana, empleando los mensajes Cusrep y Cuscar.

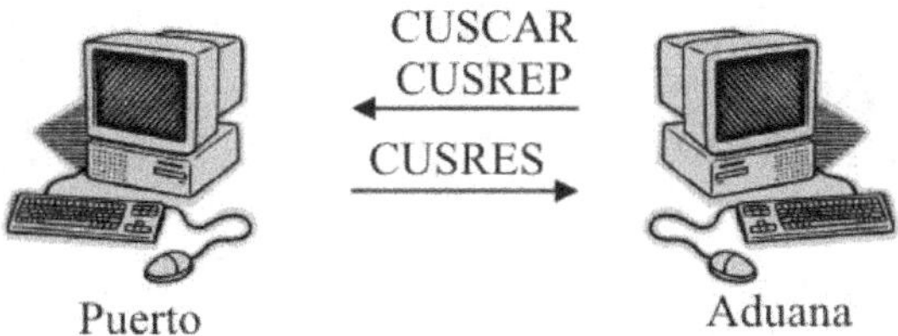

Figura 6.3

Una vez que la aduana dispone de esta información, puede rechazar o aceptar dichos manifiestos en función de sus propios criterios. Es con esta información que se establecerán posibles inspecciones a la mercancía (ver apdo. 2 en este mismo capítulo).

La descarga se realiza conforme al «plano de carga» *(Bayplan)* del buque y la relación de contenedores a descargar *(Numerical List,* «lista numérica» que recoge los números de los contenedores así como los códigos de los precintos colocados). Toda esta información (plano de carga del buque y lista numérica) es procesada por la compañía estibadora, fraguando un «plan de desestiba» que indica a los estibadores qué contenedores deben ser descargados.

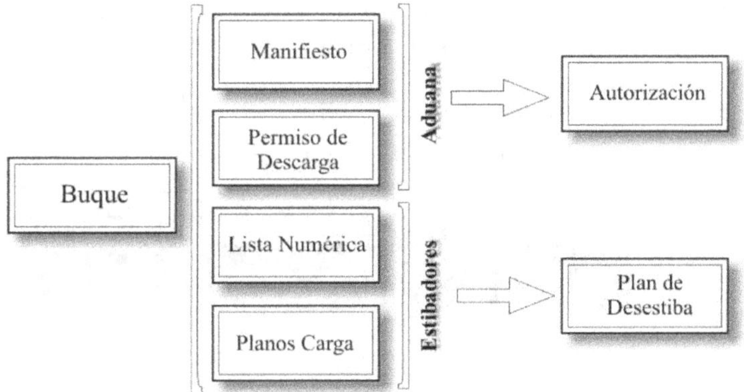

Figura 6.4

En el ámbito de la descarga física de la mercancía, conviene puntualizar que las grúas empleadas para la descarga suelen ser de dos tipos: tipo pluma o porticadas.

---

[5] Para más información sobre el manifiesto, consultar el cap. 3, sobre la declaración sumaria de descarga.

Las grúas porticadas o pórtico, resultan más especializadas que las del tipo pluma, existiendo diferentes modelos con características adaptadas a las distintas dimensiones y tipos de buque (Panamax, Post-Panamax, etc.).

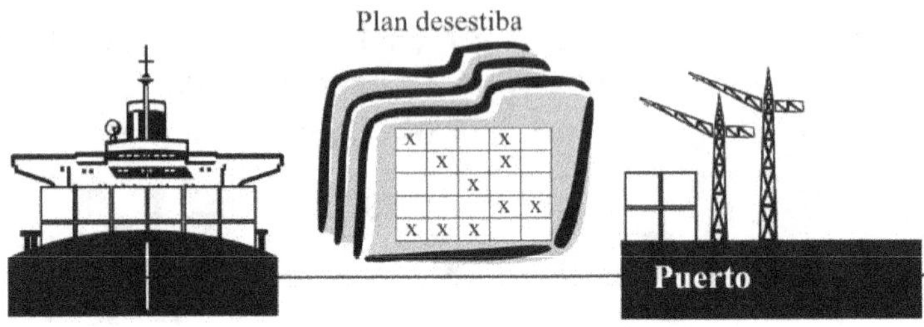

Figura 6.5

También debe puntualizarse que, desde un punto de vista técnico, la desestiba comprende el movimiento del contenedor desde su situación original a bordo del buque hasta encontrarse a la altura de la borda del buque. El movimiento que llevaría al contenedor desde la borda hasta el suelo del muelle es conocido como «descarga». Esta sutileza encuentra su apoyo formal en las distintas referencias posibles a los posibles incoterms empleados (ver cap. 3, apdo. 5.3).

1.3 Posicionamiento en la terminal

El contenedor será trasladado a continuación por vehículos de manipulación auxiliares a la grúa, desde el muelle hasta la parte de la terminal dónde deba ser finalmente posicionado. Normalmente, este lugar suele ser una gran explanada o terminal de contenedores,[6] donde la acumulación ordenada y controlada de contenedores crea una serie de calles por donde pueden transitar los vehículos auxiliares.

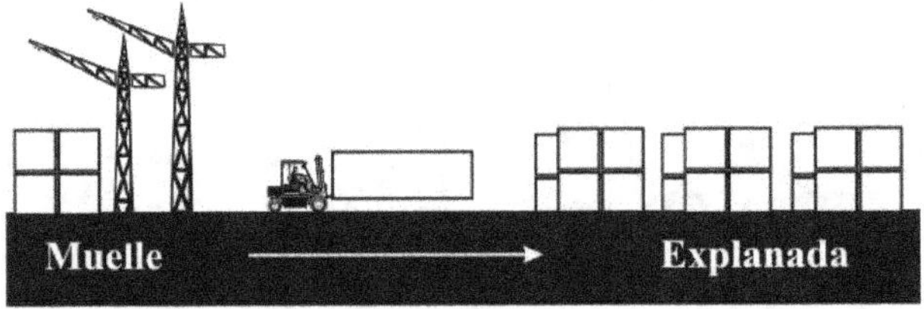

Figura 6.6

Si bien los modelos de vehículos auxiliares de la descarga terrestres son variados, todos ellos pueden resumirse en cuatro grupos diferentes: carretilla, pórtico, *straddle* y de plataforma (para más información consultar el cap. 2).

Una vez que todos los contenedores han sido sacados del buque, la empresa estibadora debe haber confeccionado un listado de los contenedores efectivamente

---

6   La terminal de contenedores también es conocida como *stacking yard* (literalmente, patio de apilamiento).

descargados. Dicha información será comparada por la aduana con la información contenida en el manifiesto, el premanifiesto y el permiso de descarga, documentos facilitados con anterioridad por el consignatario.

En caso de no encontrar discrepancias, puede enviarse la «confirmación de partida», necesaria para obtener el «levante» final de la mercancía. En caso de hallar discrepancias (contenedores descargados y no manifestados, errores en las referencias del contenedor, incidencias de cualquier tipo,...), éstas deben reflejarse en unas correcciones particulares que han de entregarse a la aduana. Finalmente (el proceso puede dilatar considerablemente la salida de las mercancías), sobre la base de dichas correcciones, se elabora la «confirmación de partida». Sin dicha confirmación no podrán formalizarse los trámites aduaneros de importación.[7]

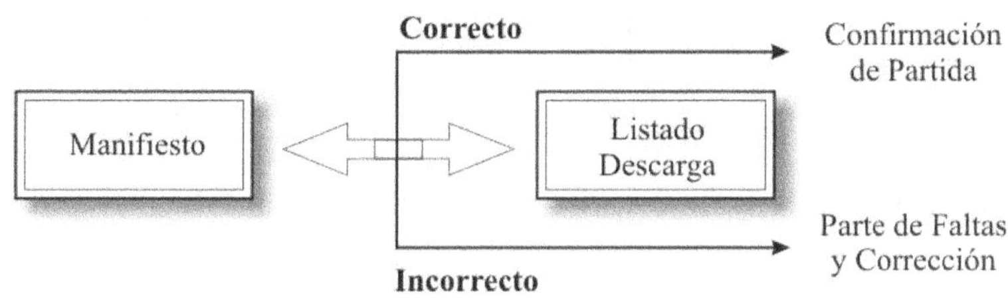

Figura 6.7

1.3.1 Zona de desconsolidación

Una vez que los contenedores LCL (ver cap. 5, apdo. 1.1) llegan a puerto requieren de una desconsolidación particular. Normalmente, ésta se lleva a cabo dentro de un almacén o tinglado, dispuesto específicamente para esta función. Por ello, a diferencia de los contenedores FCL, el movimiento de este tipo de cargas no se realiza directamente en la terminal, requiriendo de un movimiento al interior del tinglado correspondiente, a veces añadido al anterior o bien directo desde el muelle.

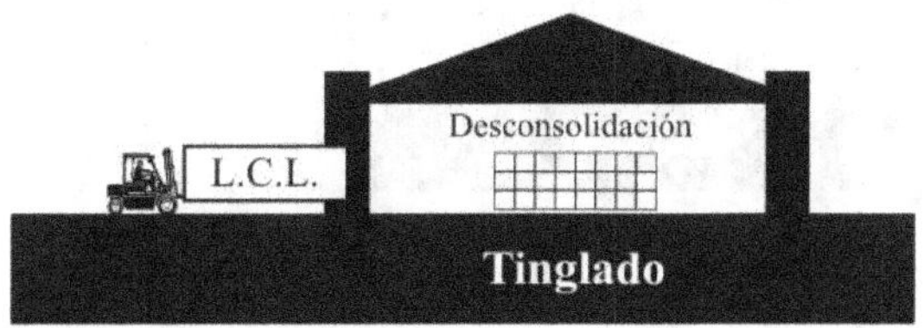

Figura 6.8

1.4 Carga en vehículo y salida

Una vez el contenedor en la explanada, o bien desconsolidado en su correspondiente

---

7   En el caso de que se descargaran mercancías bajo el amparo del tránsito comunitario, y siempre bajo el modelo de tránsito simplificado, la activación del despacho se realiza de forma automática.

tinglado, la mercancía requerirá ser cargada sobre un vehículo (camión o ferrocarril) para abandonar las instalaciones portuarias. Únicamente podrán abandonar el recinto portuario las mercancías a las que se les haya expedido su correspondiente «levante». Dicho levante es emitido siempre y cuando los trámites aduaneros se hayan formalizado correctamente (principalmente cubriendo los puntos: adopción de las mercancías; abono de las retribuciones pertinentes; y satisfacción de cualquier inspección realizada (ver apdo. 2 en este mismo capítulo).

Aquellos que optaron por el envío de la información mediante transmisiones electrónicas de los diferentes mensajes, recibirán igualmente vía EDI todos los documentos referentes al levante o al despacho final de las mercancías.

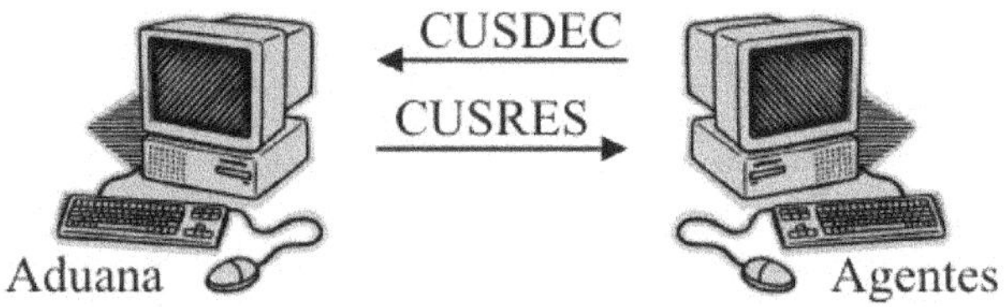

Figura 6.9

Dado que los trámites aduaneros no son realizados directamente por el consignatario, sino que quedan delegados formalmente en un agente de aduanas, el consignatario debe generar un documento de entrega propio que servirá al transportista para la retirada de la mercancía.

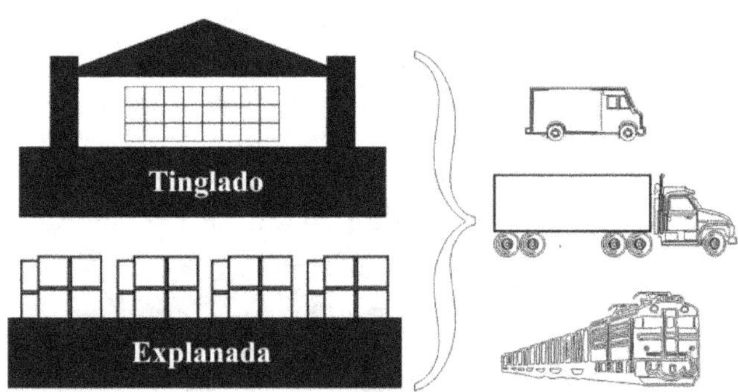

Figura 6.10

A partir de este momento, la mercancía puede completar el trayecto hasta su destino final, habiendo zanjado el eslabón correspondiente al transporte marítimo dentro de la cadena intermodal.

Finalmente, cabe observar, como veíamos en el primer capítulo, que la gran mayoría de mercancías que abandonan el recinto portuario por carretera no recorrerán más de 150 km hasta su destino final. Por lo que respecta al ferrocarril, la media de distancias recorridas se situará entre los 150 y 500 km.

2. Inspecciones físicas

Una vez que la mercancía ésta entra en puerto es situada en su correspondiente explanada.

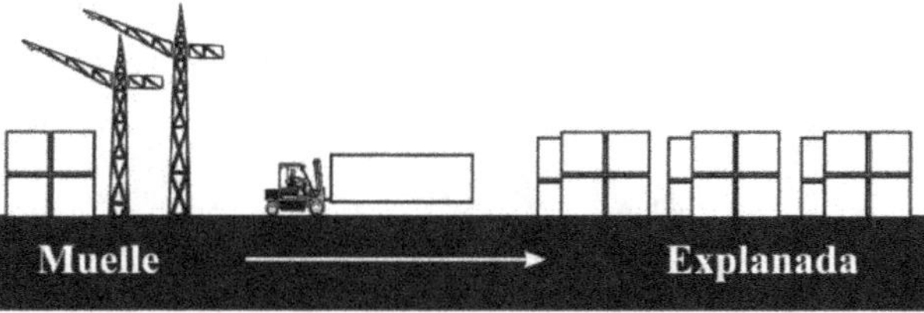

Figura 6.11

En caso de requerir inspección física, el circuito de movimientos aumenta con un traslado específico a la zona de inspección.[8] Ésta, dentro del mismo recinto portuario, suele estar dedicada en exclusiva a dicha función. Además, puesto que debe abrirse el contenedor y en ocasiones tomar muestras, la zona debe contar con las suficientes medidas de seguridad.

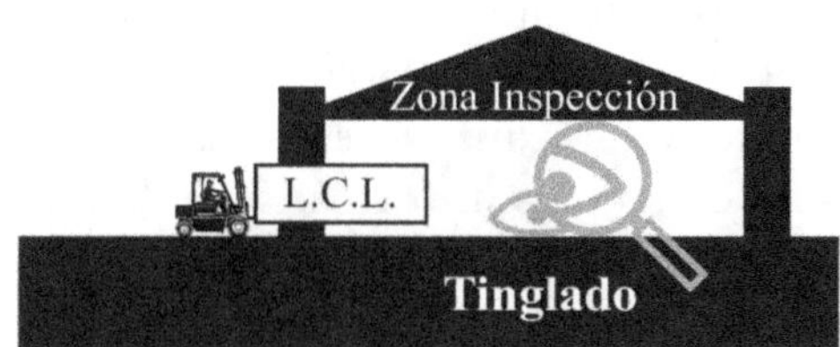

Figura 6.12

Una vez que la inspección ha finalizado, y el contenedor está cerrado y precintado de nuevo, se volverá a efectuar un movimiento añadido, que llevará nuevamente el contenedor , desde la zona de inspección a su correspondiente explanada.

En el caso específico de las mercancías que deban ser desconsolidadas, la revisión se efectúa en el mismo tinglado donde se esté realizando dicha operación.

Figura 6.13

---

[8] La excepción de este movimiento la encontramos en los contenedores refrigerados. Puesto que éstos deben disponer de una conexión eléctrica, la inspección se realiza en el mismo lugar donde originalmente se encuentren.

3. TIR

En la operación TIR[9] de importación, las autoridades aduaneras realizan comprobaciones según este procedimiento: a la partida del vehículo, la aduana de paso (pudiendo ser más de una, en función del trayecto; también puede tratarse de la Aduana de entrada al país —no la final o de destino—)[10] envía el talón separado a la aduana de salida. Ésta compara el talón recibido con el talón separado inicialmente por ella.

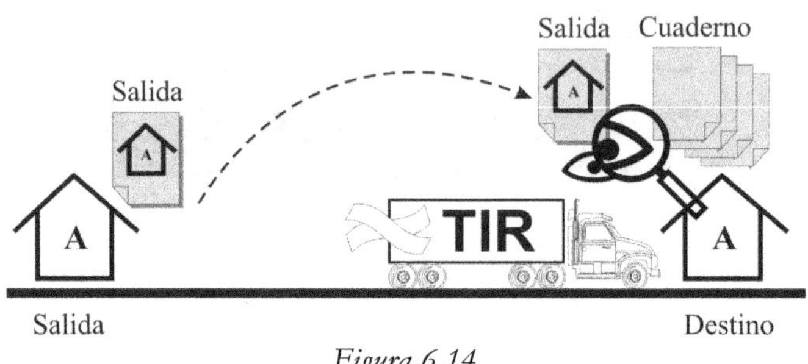

Figura 6.14

Si no hay objeciones ni reservas por parte de la aduana de paso, en el momento de llegar a la aduana de destino, puede considerarse que la operación TIR se ha completado, dando por supuesto que el cuaderno TIR se ha descargado sin reservas.

Por el contrario, si el talón separado por la aduana de paso a la salida contiene reservas o si este talón no llega a la aduana de salida, ésta última abre una investigación con la asociación garante de su país, informándole de que el cuaderno TIR o bien ha sido objeto de descargo con reservas o bien no ha sido objeto de descargo. Si las explicaciones suministradas no satisfacen a las autoridades aduaneras, éstas aplican el Convenio TIR y su legislación nacional para determinar los impuestos y derechos debidos a la aduana. Cuando se considera imposible el pago por la persona directamente responsable, las autoridades aduaneras advierten a la asociación garante de que es ella la que está obligada al pago de las cantidades reclamadas. Para cada país por el que se atraviese, el sistema es análogo al que se aplica en el país de partida.

COUNTERFOIL N° 2   PAGE 2   **of TIR CARNET**   No

1. Arrival certified by the Customs office at ______________________
2. ☐ Seals or identification marks found to be intact
3. Discharged __________ packages or articles (as specified in the manifest)
4. New seals affixed __________
5. Reservations __________

6. Customs officer's signature and Customs office date stamp

Figura 6.15

---

9   El Convenio TIR establece en su primer artículo que «se entenderá por operación TIR el transporte de mercancías desde una aduana de salida hasta una aduana de destino, con arreglo al procedimiento llamado "procedimiento TIR"».

10   Según el Convenio TIR se entiende por «"aduana de destino" toda aduana de una parte contratante en la que termine, para la totalidad de la carga o parte de ella, el transporte internacional con arreglo al procedimiento TIR».

El sistema funciona normalmente según se ha descrito, pero permanece intacto el derecho a controlar de cada una de las aduanas interesadas. Si una aduana tiene sospechas de fraude, si encuentra los precintos en mal estado o si teme que el cuaderno TIR haya sido falsificado, la aduana inspecciona las mercancías.

Una vez en la aduana de destino:

— Se rompen los precintos que sellan la carga transportada.

— Se comprueba si las mercancías cargadas corresponden a las descritas en el manifiesto. En caso de no corresponder, se procede a anotar el descargo sin reservas en el cuaderno TIR.

— Se cancela la operación TIR.

— El talón de resguardo que figura en el cuaderno TIR sirve para que el transportista demuestre que ha entregado la mercancía transportada.

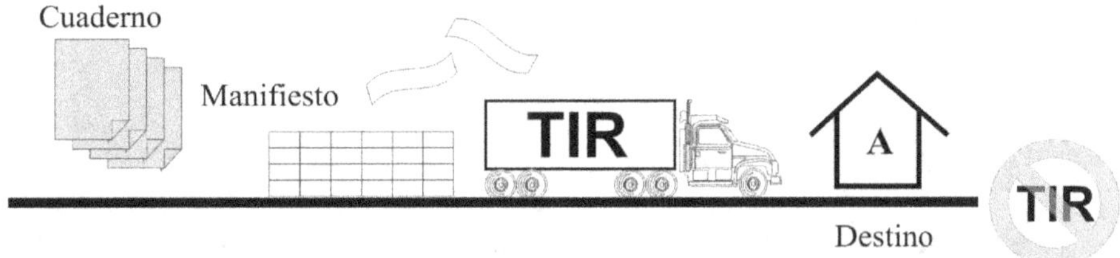

Figura 6.16

3.1 Lista de comprobación

Desde el punto de vista del transportista, en el proceso de importación es conveniente realizar una serie de comprobaciones sistemáticas para asegurar la validez y la corrección de todo el procedimiento. En este sentido, cabe destacar:

— La obligación de presentar el cuaderno TIR para que sea diligenciado en la aduana de destino.

— Recoger el cuaderno TIR prestando atención a que esté debidamente cancelado por la aduana de destino. Si por alguna razón la aduana no devuelve el cuaderno, debe exigirse la firma del recibo que figura en el ángulo superior derecho de la contraportada, el cual puede separarse fácilmente por la línea dispuesta para ello.

— En caso de dificultad en alguna aduana, debe contactarse inmediatamente con la sede de la empresa transportista.

— En caso de robo, dirigirse de inmediato a la policía y a la empresa transportista.

4. Procedimientos aduaneros

Las operaciones de importación se refieren todas aquellas encaminadas a introducir una mercancía en un Estado distinto al de su procedencia. Este conjunto de operaciones implica la entrada física de la carga, la cual se acompaña de distintos documentos,[11] públicos (aduaneros, tarifas portuarias, o certificados específicos para distintas mercancías como, por ejemplo, el certificado sanitario) y privados (relacionados con la operación comercial que subyace en el transporte como, por ejemplo, la factura comercial, la lista de contenidos, la carta de crédito documentario, el seguro de las mercancías y el seguro del crédito a la exportación, entre otros).[12] Cabe señalar que los circuitos documentales de una importación están en gran parte informatizados,[13] por lo que en muchos puertos el sistema electrónico de soporte digital ha suplantado al uso del papel como soporte documental.

A continuación se tratará de todos estos documentos. Como el núcleo de esta exposición se halla circunscrito a la entrada de una mercancía por vía marítima a través de un puerto, también se van a especificar los documentos de entrada de un buque a puerto relacionados con la carga,[14] tomando como base el procedimiento seguido en los puertos españoles.

4.1 Tramitación aduanera

Como Estado de la UE, España se rige por el Reglamento (CEE) 2913/1992 del Consejo por el que se aprueba el Código Aduanero Comunitario (CAC), ya que la entrada de una mercancía al territorio español supone su introducción en la Unión.[15] Así, una vez depositada la mercancía dentro del recinto portuario, se requerirá:

a) la tramitación aduanera de la misma ante la oficina o lugar designado;

b) o bien su traslado a una zona franca. Esto puede ocurrir cuando la mercancía tiene acceso directo y no ha de pasar por territorio aduanero.[16-17]

---

[11] Sobre los distintos documentos ver cap. 3 «Elementos documentales».

[12] En todo transporte subyacen básicamente tres contratos: la compraventa de una mercancía, su transporte y, facultativamente, el seguro de esa mercancía. El seguro no es obligatorio y de no existir la Ley ha previsto unos mínimos de responsabilidad legal por parte del porteador para aquellos casos en que se dé un siniestro de la carga transportada. Ver cap. 2.1.2. referente a la protección jurídica de las mercancías.

[13] Para más información ver cap. 9 «Evolución tecnológica del sector», en esta misma obra.

[14] Para el resto de documentos del buque ver cap. 3.

[15] Ver www.aeat.es/ de la Agencia Tributaria española.

[16] «Art. 38, Reglamento (CEE) 2913/1992 del Consejo por el que se aprueba el Código Aduanero Comunitario (CAC):
»Las mercancías que se introduzcan en el territorio aduanero de la Comunidad deberán ser trasladadas sin demora por la persona que haya efectuado dicha introducción, utilizando, en su caso, la vía determinada por las autoridades aduaneras y según las modalidades establecidas por dichas autoridades:
– bien a la aduana designada por las autoridades aduaneras o a cualquier otro lugar designado o autorizado por dichas autoridades;
– bien a una zona franca, cuando la introducción de las mercancías en dicha zona franca deba efectuarse directamente;
– bien por vía marítima o aérea;
– bien por vía terrestre sin pasar por otra parte del territorio aduanero de la Comunidad, cuando se trate de una zona franca contigua a la frontera terrestre entre un Estado miembro y un país tercero».

[17] Para más información sobre zonas francas, ver cap. 2.3.2.

4.1.1 Presentación de mercancías ante la aduana

Al presentar la mercancía ante la autoridad aduanera pueden darse dos casos:[18]

1. Pérdida total de la mercancía por caso fortuito o fuerza mayor, en cuyo caso no se podrá acceder al procedimiento aduanero y, simplemente, se comunicará ante la aduana esta pérdida. Ahora bien, las partes interesadas en el transporte investigarán cuándo y por qué causa se dio esta pérdida, por sí mismas o a través de sus compañías aseguradoras, para indemnizar en su caso al propietario de las mercancías.

2. Pérdida parcial de la mercancía por caso fortuito o fuerza mayor, también se informará a las autoridades aduaneras, al mismo tiempo que se les indicará el lugar donde se encuentran las mercancías no perdidas.

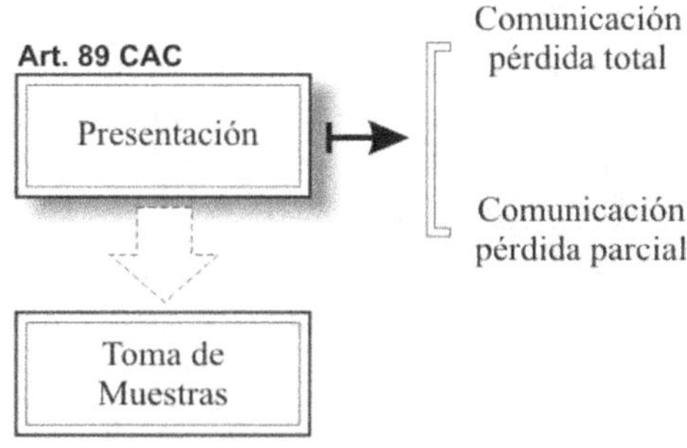

Figura 6.17

4.1.2 Posible toma de muestras de las mercancías

Presentada la totalidad de las mercancías o una parte de ella (caso de pérdida parcial de la mercancía por caso fortuito o fuerza mayor), éstas serán inspeccionadas y se podrán tomar muestras siempre que así lo autorice la aduana[19] y con el fin de darles un destino aduanero. Obsérvese que existe la obligación de presentar las mercancías en la aduana.[20]

---

[18] Art. 39 del CAC: «Cuando, por caso fortuito o fuerza mayor, no pueda cumplirse la obligación prevista en el apdo. 1 del art. 38, la persona sujeta a dicha obligación, o cualquier otra persona que actúe en su lugar, informará sin demora a las autoridades aduaneras de dicha situación. Cuando el caso fortuito o de fuerza mayor no haya ocasionado la pérdida total de las mercancías, se deberá además informar a las autoridades aduaneras del lugar exacto en el que se hallen dichas mercancías».

[19] Art. 42 del CAC: «Se podrá examinar o tomar muestras de las mercancías, una vez presentadas en aduana, con la autorización de las autoridades aduaneras, a efectos de darles un destino aduanero». La decisión de tomar muestras corresponde al importador, con el fin de comprobar el cumplimiento de las condiciones pactadas y valorar su despacho, reexportación, abandono o destrucción.

[20] Art. 40 del CAC: «Las mercancías que, en aplicación de la letra a) del apdo. 1 del art. 38, lleguen a la aduana o a cualquier otro lugar designado o autorizado por las autoridades aduaneras, deberán ser presentadas en aduana por la persona que las haya introducido en el territorio aduanero de la

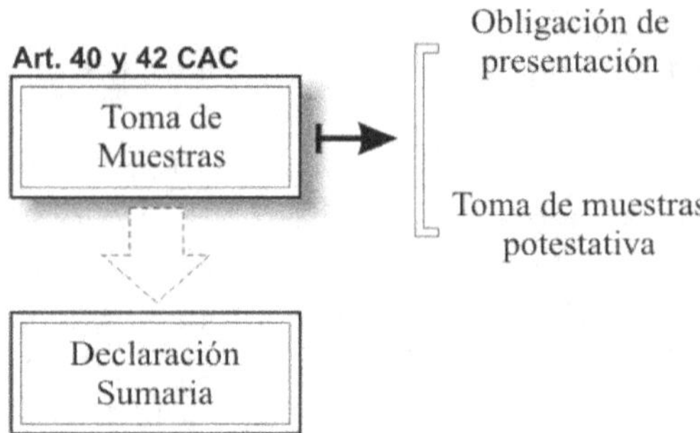

Figura 6.18

4.1.3 *La declaración sumaria*

Excepto las mercancías importadas por viajeros, los envíos por correo y por paquete postal (art. 45 CAC), el resto han de presentarse ante la aduana, realizar una «declaración sumaria» y depositarse ante esta administración. Ocasionalmente, las autoridades podrán establecer una dilación al depósito de dicha declaración que no se podrá extender más allá del primer día laborable siguiente a la presentación de las mercancías ante la aduana (art. 43 CAC).[21]

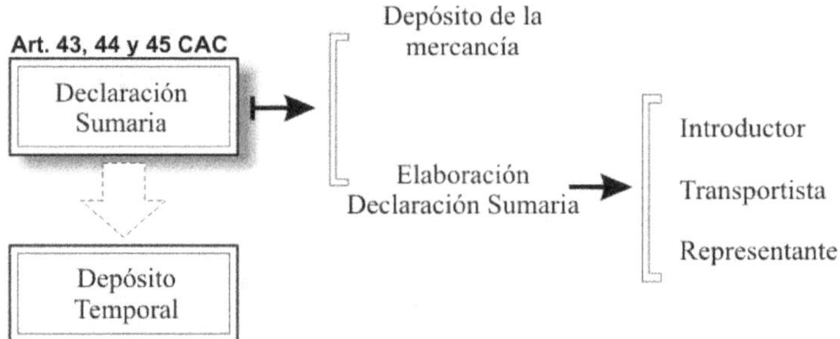

Figura 6.19

El contenido de la declaración sumaria[22] consta en el modelo establecido por las autoridades aduaneras, aunque también se aceptarán otros documentos siempre que

---

Comunidad o, en su caso, por la persona que se haga cargo del transporte de las mercancías tras su introducción».

[21] Art. 43 del CAC: «Salvo lo dispuesto en el art. 45, las mercancías presentadas en aduana, con arreglo a lo dispuesto en el art. 40, deberán ser objeto de una declaración sumaria. La declaración sumaria deberá depositarse en cuanto se presenten en aduana las mercancías. No obstante, las autoridades aduaneras podrán conceder, para que se haga dicho depósito, un plazo que finalice a más tardar el primer día laborable siguiente al de la presentación en aduana de las mercancías».

[22] El contenido de la declaración sumaria se encuentra en las siguientes órdenes:
- Orden de 7 de abril de 1988, sobre procedimiento de despacho de mercancías.
- Orden de 27 de julio de 1995, por la que se establece el modelo de declaración sumaria para el tráfico marítimo.

contengan los datos requeridos (art. 44.1. CAC). La persona encargada de realizar dicha declaración es aquella que introduzca las mercancías en la Comunidad, el transportista de la mercancía durante su introducción al territorio comunitario o un representante de cualquiera de las dos (art. 44.2 CAC).[23]

4.1.4 Depósito temporal

Las autoridades aduaneras posibilitan el depósito temporal siempre que ellas lo autoricen. En algunos casos podrán exigir garantías de este depósito por las deudas aduaneras que puedan derivarse (art. 51 del CAC).[24] Las mercancías depositadas no podrán ser objeto de ninguna modificación (art. 52 del CAC).[25]

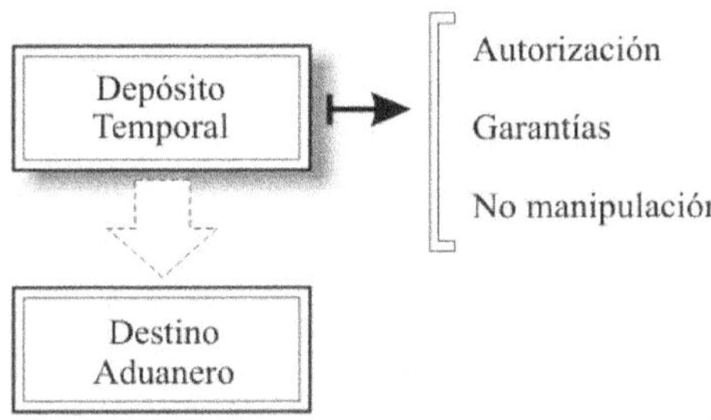

Figura 6.20

- Orden de 3 de febrero de 1998, por la que se modifica la Orden de 27 de julio de 1995 por la que se establece el modelo de declaración sumaria para el tráfico marítimo.
- Orden de 18 de junio de 1998, por la que se modifica la Orden de 27 de julio de 1995 por la que se establece el modelo de declaración sumaria para el tráfico marítimo.
- Orden de 21 de noviembre de 2000, por la que se regula la formulación de declaraciones sumarias por vía aérea.

[23] Art. 44 del CAC:

«La declaración sumaria deberá redactarse en un impreso conforme al modelo establecido por las autoridades aduaneras. En cualquier caso, la autoridad podrá aceptar que se utilice como declaración sumaria cualquier documento comercial (enlace) o administrativo que contenga la información necesaria para la identificación de la mercancía.

»La presentación de la declaración sumaria se efectuará:

a) bien por la persona que haya introducido las mercancías en el territorio aduanero de la Comunidad o, en su caso, por la persona que se haya hecho cargo del transporte de las mercancías tras su introducción y antes de la presentación de las mercancías;

b) bien por la persona en cuyo nombre actúen las personas contempladas en la letra *a)*».

[24] Art. 51 del CAC:

«Las mercancías en depósito temporal únicamente podrán permanecer en lugares autorizados por las autoridades aduaneras y en las condiciones fijadas por dichas autoridades.

»Las autoridades aduaneras podrán exigir a la persona que esté en posesión de las mercancías la constitución de una garantía a fin de asegurar el pago de cualquier deuda aduanera que pudiera nacer en virtud de lo dispuesto en los arts. 203 o 204».

[25] Art. 52 del CAC: «Sin perjuicio de lo dispuesto en el art. 42, las mercancías en depósito temporal no podrán ser objeto de más manipulaciones que las destinadas a garantizar su conservación en el estado en que se encuentren, sin modificar su presentación o sus características técnicas».

4.1.5 *Obligatoriedad de dar destino aduanero a las mercancías*

El depósito temporal terminará una vez se otorgue un destino aduanero a las mercancías. La ley fija para este depósito un límite temporal que no podrá exceder de 45 días desde la presentación de la declaración sumaria, si las mercancías se transportaron vía marítima, ni de 20 días de haber sido transportadas por otro modo de transporte. Estos plazos podrán ampliarse o reducirse según lo consideren las autoridades en determinados casos (art. 49 CAC).[26]

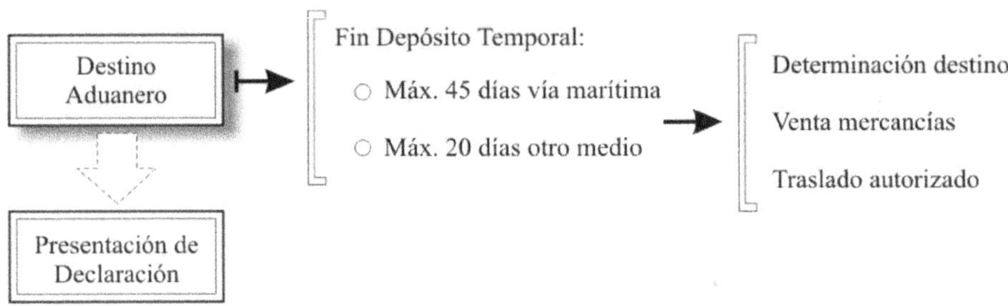

Figura 6.21

Pasados los plazos previstos por la ley o autorizados ocasionalmente por las autoridades, las mercancías deberán someterse a un destino aduanero. De no ser así, las autoridades aduaneras podrán trasladarlas a otro lugar autorizado hasta que se les dé un destino, aunque dicho traslado correrá a cargo y riesgo de aquel que tenga poder sobre las mismas. Éste también podrá venderlas (art. 53 del CAC).[27]

A todas las mercancías se les ha de asignar un régimen aduanero para su correcta tramitación.[28]

---

[26] Art. 49 del CAC:

«Cuando se realice la declaración sumaria de las mercancías, éstas deberán ser declaradas para un régimen aduanero o ser objeto de una solicitud para recibir un destino mencionado dentro de los plazos siguientes:

— Cuarenta y cinco días a partir de la fecha de presentación de la declaración sumaria, respecto de las mercancías transportadas por vía marítima;

— Veinte días a partir de la fecha de presentación de la declaración sumaria, respecto de las mercancías transportadas por una vía distinta de la marítima.

»Cuando las circunstancias lo justifiquen, las autoridades aduaneras podrán fijar un plazo más breve o autorizar una prórroga de los plazos mencionados en el apdo. 1. Sin embargo, dicha prórroga no podrá ser superior a las necesidades reales justificadas por las circunstancias».

[27] Art. 53 del CAC:

«Las autoridades aduaneras adoptarán sin demora cualquier medida necesaria, incluida la venta de las mercancías, para solventar la situación de las mercancías para las que no se hayan llevado a cabo las formalidades con vistas a darles un destino aduanero dentro de los plazos fijados de conformidad con el art. 49.

»Las autoridades aduaneras podrán disponer que se trasladen dichas mercancías, por cuenta y riesgo de la persona que las tenga en su poder, a un lugar especial colocado bajo la vigilancia de dichas autoridades, hasta que se regularice la situación de dichas mercancías».

[28] Art. 59 del CAC:

«Toda mercancía destinada a ser incluida en un régimen aduanero deberá ser objeto de una declaración para dicho régimen aduanero.

4.1.6 *Presentación de la declaración ante la aduana: DUA*

La presentación de la declaración puede hacerse por escrito, vía informática o verbal (siempre que este último modo esté previsto por la aduana), art. 61 del CAC.[29] La declaración se llevará a cabo mediante un documento conocido como DUA (Documento Único Administrativo).[30]

El procedimiento de la declaración puede ser normal o simplificado.[31] En el primer caso, la declaración se presentará de modo escrito y conforme al formulario establecido por la autoridad, perfectamente cumplimentado y acompañado de los documentos que el régimen aduanero de esa mercancía precise (art. 62 CAC). En el segundo caso existen dos posibilidades:

a) formalizar la declaración en un DUA (en formato papel o vía EDI); y

b) presentar la declaración en un documento comercial (art. 76 CAC).

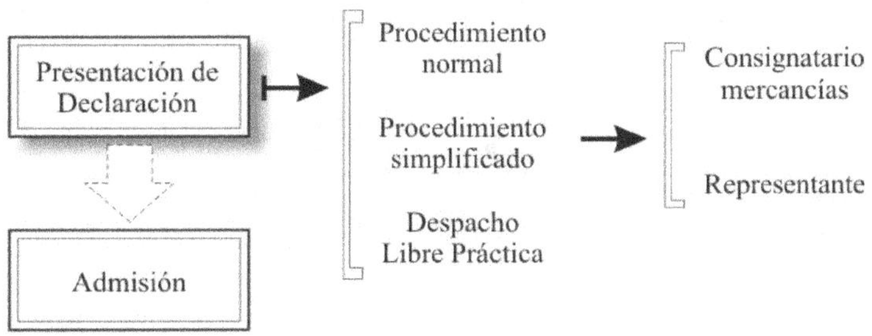

Figura 6.22

La declaración debe ser acompañada de la siguiente documentación[32] en su caso:

»Las mercancías comunitarias declaradas para el régimen de exportación, de perfeccionamiento pasivo, de tránsito o de depósito aduanero estarán bajo vigilancia aduanera desde la admisión de la declaración en aduana y hasta el momento en que salgan del territorio aduanero de la Comunidad o se destruyan, o bien quede invalidada la declaración en aduana».

[29] Art. 61 del CAC: «La declaración en aduana se efectuará:

– por escrito;

– utilizando un procedimiento informático, cuando dicha utilización esté prevista por las disposiciones adoptadas con arreglo al procedimiento del Comité o autorizada por las autoridades aduaneras; o

– bien a través de una declaración verbal o cualquier otro acto mediante el cual la persona en cuyo poder se encuentren dichas mercancías demuestre su voluntad de incluirlas en un régimen aduanero, siempre que dicha posibilidad haya sido prevista en las disposiciones adoptadas con arreglo al procedimiento del Comité».

La declaración en aduana (DUA) sirve para incluir la mercancía en uno de los siguientes regímenes: importación, exportación, transito, importación temporal, perfeccionamiento activo, perfeccionamiento pasivo, transformación bajo control aduanero, depósito aduanero

[30] Ver también cap. 3.4 «La aduana».

[31] Resolución de 4 de diciembre de 2000 del Departamento de Aduanas e Impuestos Especiales de la Agencia Estatal de la Administración Tributaria, en la que se recogen las instrucciones para la formalización del Documento Único Administrativo (DUA) (BOE 22-12-2000).

[32] Para más información sobre documentación, Iborra Gómez, Sonia y López García-Luján, Jesús: *Flujo documental de exportación: Transporte marítimo de contenedores de línea regular,* vols. 1 y 2, Fundación IPEC, Valencia, 2002.

factura,[33] autorización administrativa de importación, certificados[34] (sanitario, Cites, veterinario, origen, importación, homologación,...) y licencias.

La presentación de la declaración ante la aduana será realizada por el consignatario o mediante un representante, en cuyo caso dicha representación podrá ser directa o indirecta. La representación directa se hace en nombre y por cuenta ajena, siendo siempre ejercida por un agente de aduanas, mientras que la indirecta se ejercita en nombre propio pero por cuenta ajena, a través de intermediarios (art. 5 CAC).[35]

Para las mercancías no comunitarias se prevé su equiparación a las comunitarias mediante el despacho de libre práctica o a consumo (art. 79 del CAC).[36]

4.1.7 Admisión del DUA

Una vez presentada la declaración ante la aduana junto con la mercancía y cumpliendo con los requisitos exigidos, ésta será admitida (art. 63 del CAC)[37] y se tomará como fecha –a los efectos de la aplicación del régimen aduanero– la de admisión de la declaración por la aduana (art. 67 CAC).[38] Con la admisión se generará una deuda ante la aduana.

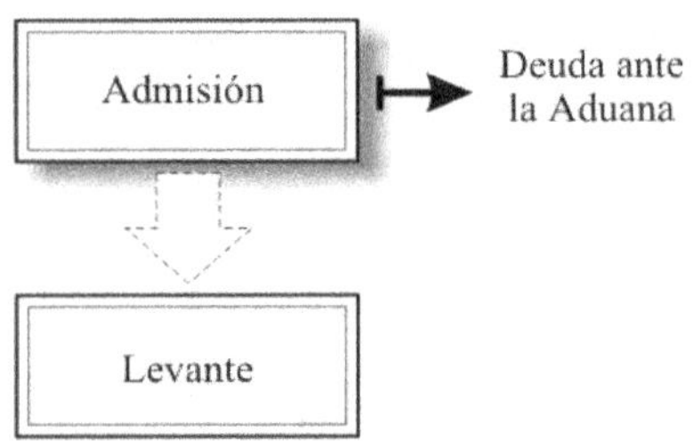

Figura 6.23

---

[33] Ver 3.5.1. sobre la factura comercial. Es el documento que extiende el exportador y recoge el precio de la mercancía y las condiciones de la compraventa, además suele utilizarse como contrato de compraventa.

[34] Ver 3.4.2.4. sobre inspecciones. Explicación general de estos certificados:
  - El certificado sanitario acredita que la mercancía es apta para el consumo humano según las normas sanitarias.
  - El certificado Cites pretende salvaguardar algunas especies de animales o plantas salvajes, o productos derivados, y es producto del Convenio sobre Comercio Internacional de Especies Amenazadas de Fauna y Flora Silvestres. Ver www.cites.org.
  - El certificado veterinario garantiza la no existencia de infecciones o contagios a través de animales vivos o productos derivados de los mismos que se introduzcan en el territorio español.
  - El certificado de origen acredita y justifica la provinencia de la mercancía.

[35] El art. 5 del CAC se concreta en las siguientes normas: Real Decreto 1.889/1999, de 13 de diciembre, por el que se regula el derecho a efectuar declaraciones de aduana (BOE 28-12-99); y Orden de 9 de junio de 2000, por la que se regula el derecho a efectuar declaraciones de aduana (BOE 24-06-2000).

[36] Art. 79 del CAC: «El despacho a libre práctica confiere el estatuto aduanero de mercancía comunitaria a una mercancía no comunitaria. El despacho a libre práctica implica la aplicación de las medidas de política comercial, el cumplimiento de los demás trámites previstos para la importación de unas mercancías y la aplicación de los derechos legalmente devengados».

[37] Art. 63 del CAC: «Las declaraciones que cumplan con el art. 62 serán inmediatamente admitidas por las autoridades aduaneras, siempre que las mercancías a que éstas se refieran se presenten en la aduana».

[38] Art. 67 del CAC: «Salvo disposición específica en sentido contrario, la fecha que debe tomarse en consideración para la aplicación de todas las disposiciones que regulan el régimen aduanero para el que se declaran las mercancías será la fecha de admisión de la declaración por parte de las autoridades aduaneras».

4.1.8 El «levante» de las mercancías

Desde la admisión del DUA pueden ocurrir cuatro cosas:

1. Que la presentación de los documentos y la mercancía sea correcta, se proceda al levante de la misma, se pague la deuda ante la aduana y se finalice el procedimiento aduanero. Es lo que se conoce como «circuito verde».

2. Que se examinen los documentos, se proceda al levante de la mercancía y a continuación se pague la deuda para finalizar con el trámite aduanero. Hablaríamos entonces de «circuito naranja».

3. Que se realice una inspección física, siendo potestativa la toma de muestras de la mercancía. Una vez inspeccionadas y obtenidas las muestras, puede realizarse el levante de la mercancía, pagar la deuda y darse por terminado el procedimiento aduanero. Este caso se conoce como «circuito rojo».

4. Que no se produzca el levante y la consecuente retirada de la mercancía por una de las siguientes causas:

   a) los plazos ofrecidos por la aduana se han agotado por causa del interesado;

   b) no se han presentado los documentos necesarios;

   c) no se han pagado los derechos de importación; y

   d) existiendo medidas de restricción o prohibición, no se retiran las mercancías tras el levante, o en un plazo razonable tras el levante –sin existir aquellas medidas– no se retiran las mercancías (art. 75 CAC).[39]

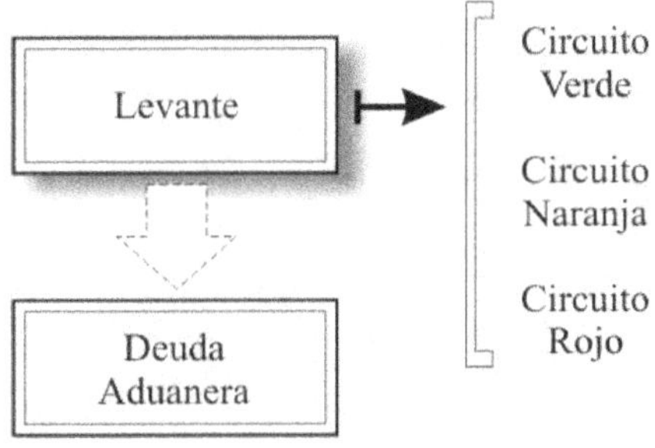

Figura 6.24

A continuación se desarrollan estos tres circuitos:

– En el «circuito verde», presentada la declaración sumaria, los documentos

---

[39] Art. 75 del CAC: «Se adoptarán todas las medidas necesarias, incluso el decomiso y la venta, para regularizar la situación de las mercancías:

– A las que no se haya podido conceder el levante: por no haberse podido realizar o continuar su examen en los plazos establecidos por las autoridades aduaneras por motivos imputables al declarante, o bien por no haber sido entregados los documentos a cuya presentación se subordine su inclusión en el régimen aduanero declarado, o bien por no haber sido pagados ni garantizados los derechos de importación o los de exportación, en los plazos establecidos, o bien por estar sujetas a medidas de prohibición o de restricción; que no sean retiradas en un plazo razonable tras concederse su levante.

– Que no sean retiradas en un plazo razonable tras concederse su levante».

adjuntos pertinentes y la mercancía, sin presentar ninguno de ellos incidencia alguna, se procederá al levante de las mercancías. Es decir, las mercancías podrán retirarse para llegar a su destino final, una vez se haya satisfecho el pago de la deuda aduanera o se haya ofrecido una garantía, cuestión a decidir por la autoridad (art. 74 CAC).[40] Si la importación es temporal sólo se pagarán parte de los derechos de importación, según el caso.

Determinado el importe de los derechos de aduanas, éste se comunicará al deudor sin tardar más de tres años, a menos que se haya interpuesto un recurso de conformidad por existir desacuerdo del interesado ante lo dispuesto por la autoridad aduanera. Si la deuda aduanera genera causa en un acto perseguible judicialmente se comunicará transcurridos tres años (art. 221 CAC).[41]

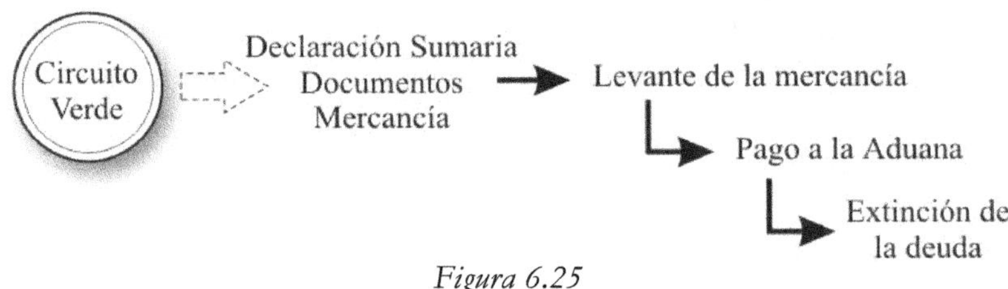

Figura 6.25

— En el «circuito naranja», una vez presentadas las mercancías, el DUA y los documentos adjuntos —con el fin de comprobar los datos que constan en la

---

[40] Art. 74 del CAC:

«Cuando la admisión de una declaración en aduana implique el nacimiento de una deuda aduanera, sólo se podrá conceder el levante de las mercancías objeto de dicha declaración cuando haya sido pagado o garantizado el importe de la deuda aduanera. Sin embargo, sin perjuicio de lo dispuesto en el apdo. 2, esta disposición no será aplicable para el régimen de importación temporal con exención parcial de los derechos de importación.

»Cuando, en cumplimiento de las disposiciones relativas al régimen aduanero para el que se declararon las mercancías, las autoridades aduaneras exijan la constitución de una garantía, sólo se podrá conceder el levante de dichas mercancías para el régimen aduanero considerado una vez se haya constituido dicha garantía».

[41] Art. 221 del CAC:

«Desde el momento de su contracción deberá comunicarse el importe de los derechos al deudor, según las modalidades apropiadas.

»Cuando, en la declaración en aduana y a título indicativo, se haya hecho mención del importe de derechos a liquidar, las autoridades aduaneras podrán disponer que la comunicación mencionada en el apdo. 1 sólo se efectúe cuando el importe de derechos que se indique no corresponda al que dichas autoridades hubieren determinado.

»Sin perjuicio de la aplicación del párrafo segundo del apdo. 1 del art. 218, cuando se haga uso de la posibilidad establecida en el párrafo primero del presente apartado, la concesión del levante de las mercancías por parte de las autoridades aduaneras servirá de comunicación al deudor del importe de derechos contraído.

»La comunicación al deudor no podrá efectuarse una vez que haya expirado un plazo de tres años a partir de la fecha de nacimiento de la deuda aduanera. Dicho plazo se suspenderá a partir del momento en que se interponga un recurso de conformidad con lo dispuesto en el art. 243 y hasta que finalice el procedimiento de recurso.

»Cuando la deuda aduanera haya nacido como resultado de un acto perseguible judicialmente en el momento en que se cometió, la comunicación al deudor podrá efectuarse en las condiciones previstas por las disposiciones vigentes, después de la expiración del plazo de tres años previsto en el apdo. 3».

declaración–, además de analizar la documentación, la aduana podrá solicitar otra adicional que corrobore dichos datos (art. 68 CAC).[42] Dado el visto bueno a la coherencia de la documentación y a la mercancía, se procederá al levante y posterior pago a la aduana.

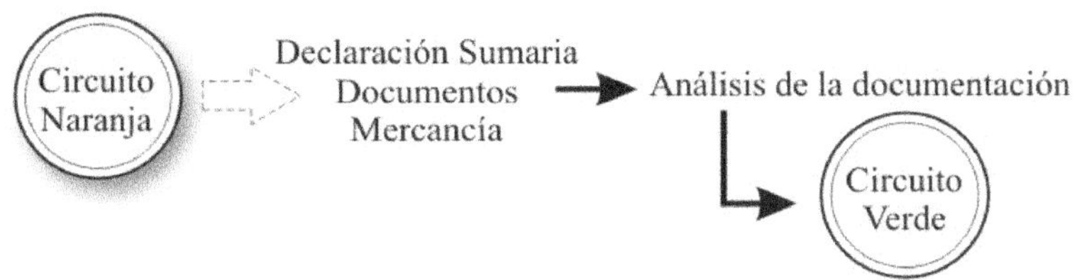

Figura 6.26

– En el circuito rojo, con las mercancías puestas a disposición de la aduana, adjunta la documentación y DUA, las autoridades pueden proceder al examen físico de las mercancías, análisis o extracción de muestras (art. 68.b del CAC). El declarante abonará los gastos y se responsabilizará del traslado y demás manipulaciones de la mercancía para su examen físico. El declarante podrá estar presente en dicho examen, en tanto la autoridad podrá solicitar su presencia y participación para facilitar las comprobaciones pertinentes. La aduana no indemnizará cantidad alguna por dichas pruebas pero sí que correrá con los gastos del control (art. 69 CAC).[43] Los resultados obtenidos de los controles se extenderán como válidos al resto de la mercancía, a menos que se solicite por parte del declarante la comprobación del resto (art. 70 del CAC).[44] Tras los

---

[42] Art. 68 del CAC: «Para la comprobación de las declaraciones admitidas por ellas mismas, las autoridades aduaneras podrán proceder:
  – a un control documental, que se referirá a la declaración y a los documentos adjuntos. Las autoridades aduaneras podrán exigir al declarante la presentación de otros documentos que faciliten la comprobación de la exactitud de los datos incluidos en la declaración;
  – al examen de las mercancías y a la extracción de muestras para su análisis o para un control más minucioso».
[43] Art. 69:
  «El transporte de las mercancías hasta los lugares en los que deba procederse a su examen, así como, en su caso, a la extracción de muestras, y todas las manipulaciones necesarias para permitir dicho examen o extracción serán efectuados por el declarante o bajo su responsabilidad. Los gastos que resulten de ello correrán a cargo del declarante.
  »El declarante tendrá derecho a asistir al examen de las mercancías, así como, en su caso, a la extracción de muestras. Las autoridades aduaneras, cuando lo estimen conveniente, exigirán al declarante que asista a dicho examen o extracción o que se haga representar en los mismos, con el fin de aportar la ayuda necesaria para facilitar dicho examen o extracción de muestras.
  »Siempre que se efectúe con arreglo a las disposiciones vigentes, la extracción de muestras por parte de las autoridades aduaneras no dará lugar a ninguna indemnización por parte de la administración, si bien los gastos ocasionados por este análisis o control correrán a cargo de esta última».
[44] Art. 70 del CAC:
  «Cuando el examen sólo se refiera a una parte de las mercancías objeto de una misma declaración, los resultados del examen se extenderán a todas las mercancías de esta declaración.
  »Sin embargo, el declarante podrá solicitar un examen adicional de las mercancías cuando considere que los resultados del examen parcial no son válidos para el resto de las mercancías declaradas.

controles efectuados, se procederá al levante de la mercancía y posterior pago de la deuda aduanera.

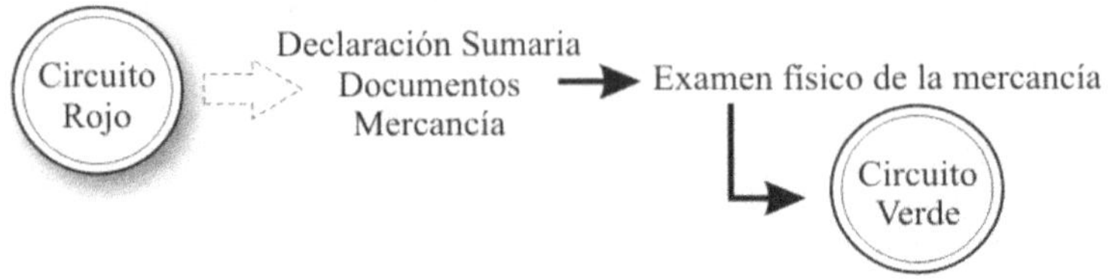

Figura 6.27

4.1.9 *Pago o impago de la deuda aduanera*

Notificada la deuda aduanera, tras el levante de las mercancías, punto en el que se fusionan los tres circuitos (verde, naranja y rojo), la acción siguiente es el pago, el cual puede realizarse de dos modos:

a) Con facilidades. Se otorga un plazo de hasta 30 días (art. 227 CAC),[45] pudiendo aumentarse mediante un aplazamiento del pago, que podrá gravarse con un interés de crédito o una garantía. El interés se establecerá de acuerdo con el mercado y podrá obviarse; la garantía no podrá exigirse cuando suponga un menoscabo para el deudor (art. 229 CAC).[46]

»Para la aplicación del apdo. 1, cuando un impreso de declaración incluya varias partidas de orden, cada una de ellas se considerará como una declaración separada».

[45] Art. 227 del CAC:

«1. El plazo de prórroga del pago será de treinta días. Se calculará de la forma siguiente:

a) Cuando el aplazamiento del pago se efectúe de conformidad con la letra *a)* del art. 226, el plazo se calculará a partir del día siguiente al de la fecha de la contracción del importe de derechos por las autoridades aduaneras.

b) Cuando se haga uso del art. 219, el plazo de treinta días calculado de conformidad con el párrafo primero se reducirá en un número de días correspondiente al plazo superior a dos días que se haya utilizado para la contracción;

c) Cuando el aplazamiento del pago se efectúe de conformidad con la letra *b)* del art. 226, el plazo se calculará a partir del día siguiente al de la fecha en que expire el período de globalización. Se disminuirá en un número de días correspondiente a la mitad del número de días que comprenda el período de globalización;

d) Cuando el aplazamiento del pago se efectúe de conformidad con la letra *c)* del art. 226, el plazo se calculará a partir del día siguiente al de la fecha en que expire el período en el curso del cual se haya concedido el levante de las mercancías consideradas. De dicho plazo se deducirá un número de días correspondiente a la mitad del número de días que comprenda el período de que se trate.

»2. Cuando los períodos indicados en las letras *b)* y *c)* del apdo. 1 comprendan un número de días impar, el número de días que se deberá deducir del plazo de 30 días, en aplicación de lo dispuesto en las letras *b)* y *c)* del apdo. 1, será igual a la mitad del número par inmediatamente inferior a dicho número impar.

»3. Como medida de simplificación, cuando los períodos indicados en las letras *b)* y *c)* del apdo. 1 sean de una semana o mes natural, los Estados miembros podrán establecer que se efectúe el pago de los importes de derechos que hayan sido objeto de aplazamiento de pago:

a) si se tratase de un período de una semana civil, el viernes de la 4.ª semana siguiente a dicha semana civil;

b) si se tratase de un período de un mes civil, a más tardar, el 16.º día del mes siguiente a dicho mes civil.

[46] Art. 229 del CAC: «Las autoridades aduaneras podrán conceder al deudor otras facilidades de pago además del aplazamiento. La concesión de dichas facilidades de pago:

b) Sin facilidades, según plazo concedido exento de facilidades que no será mayor a 10 días tras la comunicación de los derechos debidos y nunca mejorará un plazo de los pagos con facilidades. Sólo serán prorrogables los plazos comunicados con retraso (art. 222 CAC).[47]

En los modos de pago con facilidades se incluye el control de las garantías ofrecidas que ejercita la aduana (art. 189 del CAC).[48] Estas garantías de pago de los

---

    — Se supeditará a la constitución de una garantía. No obstante, dicha garantía no podrá exigirse cuando tal exigencia pudiere provocar, debido a la situación del deudor, graves dificultades de orden económico o social;

    — Dará lugar a la percepción, además del importe de derechos, de un interés de crédito. El importe de dicho interés deberá calcularse de tal forma que su cuantía sea equivalente a la que se hubiera exigido, con el mismo fin, en el mercado monetario y financiero nacional de la moneda en la que se adeude el importe.

    — Las autoridades aduaneras podrán renunciar a solicitar un interés de crédito cuando tal solicitud pudiere provocar, debido a la situación del deudor, graves dificultades de orden económico o social».

[47] Art. 222 del CAC:

«Todo importe de derechos que haya sido objeto de la comunicación mencionada en el art. 221 deberá ser pagado por el deudor en los plazos que se mencionan a continuación:

    — si dicha persona no está acogida a ninguna de las facilidades de pago expresadas en los arts. 224 a 229, el pago deberá efectuarse en el plazo que le sea concedido.

    — Sin perjuicio de lo dispuesto en el párrafo segundo del art. 244, dicho plazo no podrá exceder de diez días a partir de la fecha de la comunicación al deudor del importe de los derechos adeudados y, en caso de globalización de las contracciones en las condiciones establecidas en el párrafo segundo del apdo. 1 del art. 218, tendrá que fijarse de tal manera que no sea posible que el deudor obtenga un plazo de pago más largo que si se hubiera beneficiado de una prórroga de pago.

    — Se concederá de oficio una prórroga del plazo cuando conste que el interesado recibió la comunicación demasiado tarde para poder respetar el plazo concedido para efectuar el pago.

    — Además, las autoridades aduaneras, a petición del deudor, podrán conceder una prórroga del plazo cuando el importe de derechos que deba abonarse resulte de una acción de recaudación a posteriori. Sin perjuicio de la letra *a)* del art. 229, la prórroga del plazo concedida de esta manera no podrá exceder del tiempo necesario para permitir al deudor que adopte las medidas necesarias para cumplir su obligación;

    — si dicha persona está acogida a una u otra de las facilidades de pago expresadas en los arts. 224 a 229, el pago deberá tener lugar al vencimiento del o de los plazos fijados en el marco de dichas facilidades.

»Los casos y las condiciones en que se suspenderá la obligación del deudor de pagar los derechos podrán establecerse también de conformidad con el procedimiento del Comité:

    — cuando se haya presentado una solicitud de condonación de los derechos con arreglo a los arts. 236, 238 o 239, o

    — cuando una mercancía sea intervenida con vistas a un comiso posterior de conformidad con el segundo guión de la letra *c)* o con la letra d) del art. 233, o

    — cuando la deuda aduanera haya nacido en virtud del art. 203 y existan varios deudores».

[48] Art. 189 del CAC:

«Cuando, en aplicación de la normativa aduanera, las autoridades aduaneras exijan la constitución de una garantía con objeto de afianzar el pago de una deuda aduanera, dicha garantía deberá prestarla el deudor o la persona que pueda convertirse en deudor.

»Las autoridades aduaneras sólo podrán exigir la constitución de una única garantía para una misma deuda aduanera.

»Cuando se entregue una garantía en el marco de un régimen aduanero que puede utilizarse para una mercancía determinada en varios Estados miembros, dicha garantía será válida en la medida prevista por las disposiciones adoptadas según el procedimiento del Comité, en los Estados miembros de que se trate.

derechos arancelarios han de ser prestadas por el deudor o futuro deudor o un tercero. Habrá tantas garantías como deudas aduaneras. Si el deudor es una Administración pública no se exigirá garantía alguna y si la suma a asegurar no sobrepasa los 500 □ , tampoco.

En caso de impago, se procederá a la recaudación ejecutiva, según la Ley General Tributaria española.

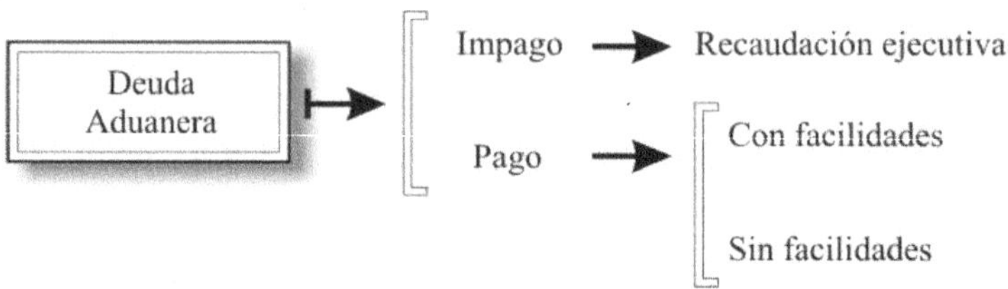

Figura 6.28

Las causas de extinción de la deuda aduanera son: *a*) el pago; *b*) la condonación; *c*) la invalidez de la declaración; y *d*) cuando antes de la autorización del levante las mercancías sean destruidas, decomisadas o abandonadas (art. 233 del CAC).[49]

4.2 Traslado a zona franca

La tramitación aduanera quedará postergada en el tiempo, pero será necesaria

---

»Las autoridades aduaneras podrán permitir que un tercero constituya la garantía en lugar y nombre de la persona de quien se haya exigido la garantía.

»Cuando el deudor o la persona que pueda convertirse en deudor sea una administración pública, no se le exigirá garantía alguna. Las autoridades aduaneras podrán no exigir la constitución de garantía cuando el importe que deba garantizarse no exceda de 500 euros».

[49] Art. 233 del CAC: «Sin perjuicio de las disposiciones vigentes relativas a la prescripción de la acción relativa a la deuda aduanera, así como a la no recaudación del importe de la deuda aduanera en caso de insolvencia del deudor determinada judicialmente, la deuda aduanera se extinguirá:

»por el pago del importe de los derechos;

»por la condonación del importe de los derechos;

»cuando, en relación con mercancías declaradas para un régimen aduanero que incluya la obligación de abonar derechos:

— la declaración en aduana se invalide de conformidad con lo dispuesto en el art. 66;

— las mercancías, antes de que se haya autorizado el levante, sean o bien decomisadas y simultánea o posteriormente confiscadas, o bien destruidas por orden de las autoridades aduaneras, o bien destruidas o abandonadas, de conformidad con lo dispuesto en el art. 182, o bien destruidas o irremediablemente perdidas por una causa que dependa de la naturaleza misma de dichas mercancías, o por caso fortuito o de fuerza mayor;

»cuando se decomisen en el momento de la introducción irregular y se confisquen simultánea o posteriormente mercancías que hayan dado origen a una deuda aduanera de conformidad con lo dispuesto en el art. 202.

En caso de decomiso y confiscación, a efectos de la legislación penal aplicable a las infracciones aduaneras, la deuda aduanera no se considerará extinguida cuando la legislación penal de un Estado miembro establezca que los derechos de aduana sirven de base para determinar sanciones o cuando la existencia de una deuda aduanera sirva de base a acciones penales».

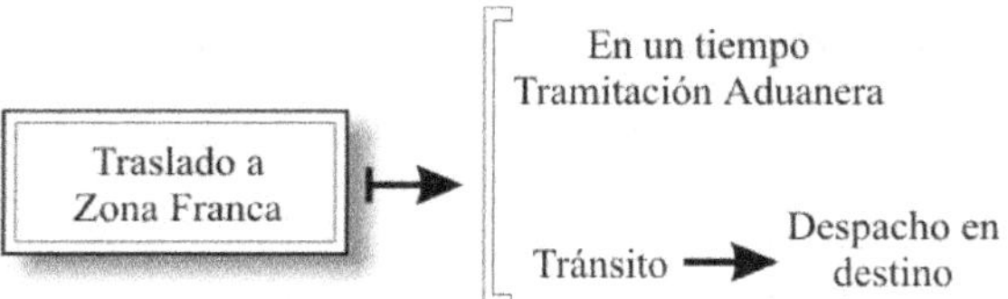

Figura 6.29

su ejecución para darle salida de esa zona con el objetivo de su comercialización o consumo, a menos que estemos ante un tránsito,[50] caso en que su despacho será posterior en el lugar de destino final de la mercancía.

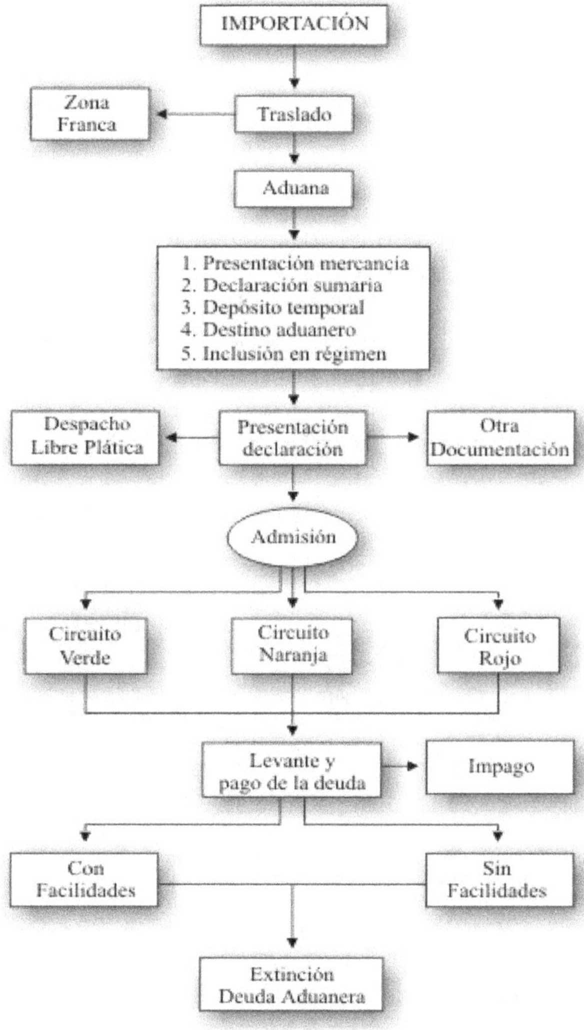

Figura 6.30

---

[50] Ver cap. 8.

5. Procedimientos aduaneros informatizados

El sistema se basa en los procedimientos a aplicar desde el punto de vista de la aduana de llegada. El sistema cubre todas las posibles combinaciones, tanto para procedimientos normales como para los simplificados.

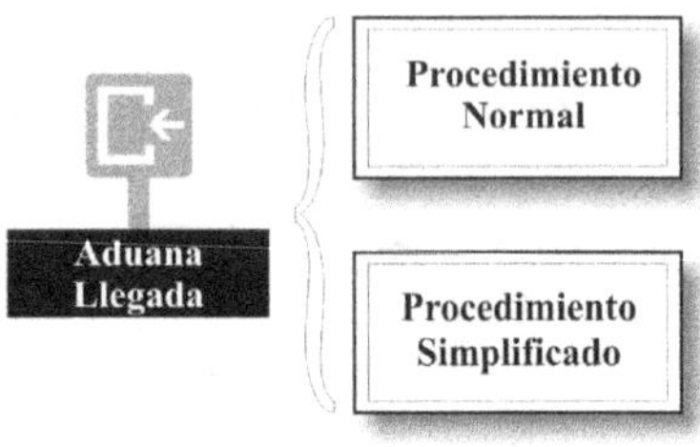

Figura 6.31

5.1 Procedimiento

Una vez que el vehículo llega con las mercancías a la aduana destino, debe presentarse el documento de acompañamiento (DA) y la lista de artículos (LA).

Por su parte, la aduana ya habrá recibido el aviso anticipado de llegada (AALl) que la aduana de origen le habrá remitido. Dado que se dispondrá de toda la información referente a la mercancía, podrán realizarse los controles que se consideren oportunos, gracias al contraste entre las diferentes informaciones.

Finalizado el posible control, la aduana de llegada enviará el mensaje de resultado de control (RC). Este último es necesario para dar por concluida la operación de tránsito y liberar las diferentes garantías a las que el operador estuviera sometido.

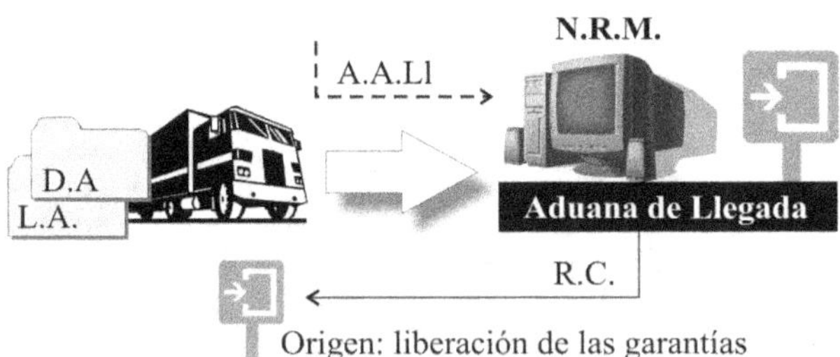

Figura 6.32

En resumen, los destinatarios autorizados en el proceso de importación bajo procedimiento simplificado, disfrutan de los servicios de:
   – Recibir los documentos de acompañamiento y mercancías directamente en sus instalaciones.
   – Envío bajo formato electrónico del mensaje de «notificación de llegada».
Posibilidad de entablar diálogo con la aduana mediante mensajes electrónicos estandarizados.

Capítulo VII

Operaciones de exportación

1. Movimiento de mercancías

1.1 Entrada en el puerto

En el transporte de mercancías son tres los tipos de vehículos que pueden acceder al recinto portuario. En el tráfico rodado, camiones y furgonetas; los primeros transportando carga contenerizada o carga en general. Es también usual encontrarse con vehículos menores, que transportan mercancía para ser consolidada posteriormente dentro del puerto. En el caso de que el puerto cuente en su interior con una terminal ferroviaria, la mercancía también puede llegar a través de este medio de transporte.

Figura 7.1

El acceso de la mercancía siempre va acompañado de su correspondiente «título de transporte», documento que sirve como justificante de la propiedad de la mercancía, además de ejercer la función de «admítase» dentro del recinto portuario. Dicho título también sirve como futura referencia a la hora de cotejar la información que el consignatario[1] de la mercancía aporte a través del «manifiesto de carga».[2] Este manifiesto, de la misma manera que sucedía en el proceso de importación, puede presentarse en formato electrónico.[3]

En la filosofía de simplificar los trámites documentales, la autoridad portuaria se ha establecido como ventanilla única para la recepción de los manifiestos.

---

[1] La figura del consignatario se emplea por motivos de claridad, si bien, el manifiesto de carga será presentado generalmente por la persona que se haya hecho cargo del transporte de la mercancía para su salida del territorio aduanero de la comunidad, o bien por la persona que actúe en su nombre.

[2] Para más información sobre el manifiesto de carga, consultar el cap. 3, apdo.3.4.

[3] Es importante señalar que siempre existe la obligación de presentar el manifiesto de carga en papel, si bien necesitaría de un requerimiento específico por parte de la autoridad portuaria o de la aduana.

El manifiesto de carga contiene información relativa al buque y a la carga. Por lo que respecta al buque, se facilitan datos referentes al nombre del buque, distintivo de llamada, nacionalidad, etc., indicando los puertos de origen y destino que delimitan el viaje, así como información de carácter aduanero. Por lo que respecta a la información de la carga, debe constar la relativa al conocimiento de embarque y la de las diferentes partidas, incluyendo los datos relativos a la situación y el despacho aduanero.

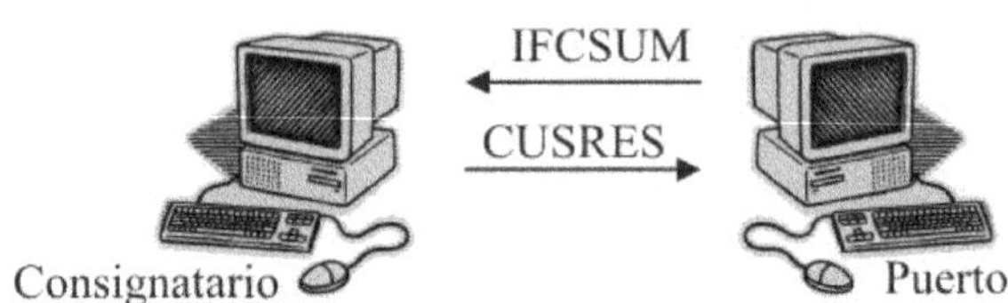

Figura 7.2

La autoridad portuaria registra informáticamente la totalidad de la información del manifiesto de carga y lo remite vía EDI a la aduana. El resultado de esta tarea es la aceptación o rechazo del manifiesto por la aduana, información que ésta comunica a la autoridad portuaria y que ésta, a su vez, remite también vía EDI al consignatario declarante. Tras ello, si el manifiesto no hubiera sido aceptado, el consignatario realizará las acciones pertinentes para obtener la aceptación, tales como la presentación de correcciones (si es que existen).

El plazo de presentación del manifiesto de carga es de hasta tres días hábiles después de la salida del buque, plazo siempre supeditado a la legislación vigente.

1.2 Posicionamiento en la terminal

Cuando la mercancía ya ha accedido al interior de la terminal se procede al movimiento de la mercancía contenerizada a su correspondiente explanada. Esto implica que un vehículo auxiliar (por ejemplo, una carretilla) descargue el contenedor de su vehículo original y lo transporte hasta el citado emplazamiento.

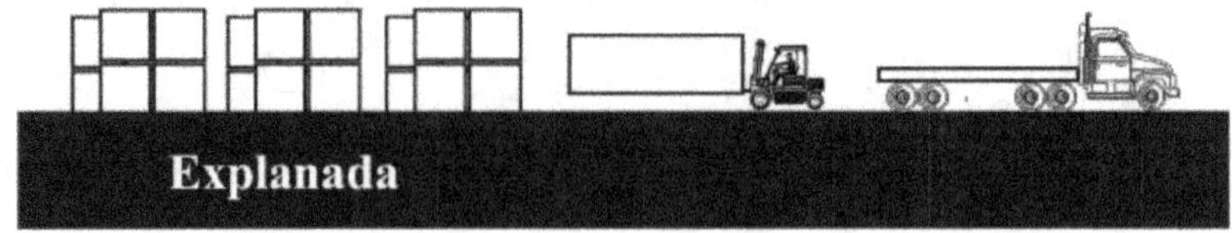

Figura 7.3

Una vez que la mercancía es descargada, el vehículo y su transportista pueden realizar la carga de otro contenedor (entrando de esta forma en el circuito de importación, si bien esta vuelta puede darse en vacío) o abandonar, sin carga alguna, el recinto portuario.

Paralelamente, el consignatario habrá iniciado el proceso aduanero por medio de su correspondiente agente. En este proceso se determinará si se corresponden la información de la mercancía declarada y la indicada en el «admítase» inicial.

1.2.1 Zona de consolidación

En el caso particular de una mercancía que deba ser consolidada en el puerto (contenedores tipo LCL, ver cap. 5, apdo. 1.1), la mercancía que va llegando, no necesariamente en un único vehículo, va siendo depositada en un tinglado dentro del puerto.

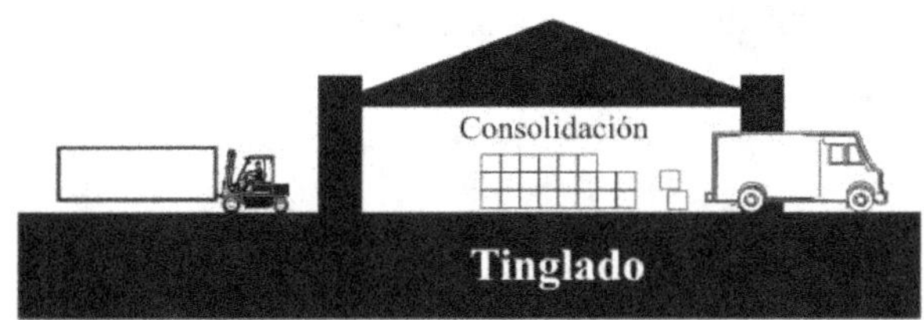

Figura 7.4

Una vez que el contenedor se encuentre lleno, se procederá a su cierre y precintado. En ese momento, la unidad de carga sufre de nuevo un traslado que lo llevará del tinglado de consolidación hasta la explanada, a la espera de ser cargado en el buque.

Por lo que respecta al vehículo, ahora vacío, puede proceder a la carga proveniente de otra desconsolidación (entraría así en el circuito de importación) o bien abandonar en vacío el recinto portuario.

1.3 Carga de la mercancía

Una vez que el contenedor esté situado en la explanada, ya sea fruto de un transporte en FCL o bien de un LCL, tan sólo queda esperar a que el buque se encuentre amarrado al costado del muelle. Es entonces cuando se procede al movimiento del contenedor hasta su zona de carga, donde será estibado a bordo del buque por alguna grúa (pórtico o pluma).

Más exactamente, con el fin de delimitar posibles responsabilidades, se entiende por carga «el movimiento del contenedor desde el muelle hasta la borda del buque». El segundo movimiento (si bien ambos se realizan con total solución de continuidad), desde la borda a la bahía que dentro del buque le corresponda, recibe el nombre de estiba.

Puesto que el reparto de pesos en el buque es un parámetro de capital importancia por lo que a la seguridad en la navegación se refiere, la estiba debe realizarse conforme a un «plan de estiba». Dicho plan tiene en cuenta, entre otros factores, la colocación de todos los contenedores en función de los pesos declarados, o bien su estiba sobre cubierta, si se trata de contenedores con mercancías peligrosas en su interior, segregado de otras posibles mercancías peligrosas transportadas.

Por otro lado, todas las mercancías que deban ser cargadas deberán figurar en el «manifiesto de carga», documento que sirve de relación de las diferentes cargas, y que debe presentarse ante la aduana como justificante de qué mercancías serán cargadas en un barco específico.

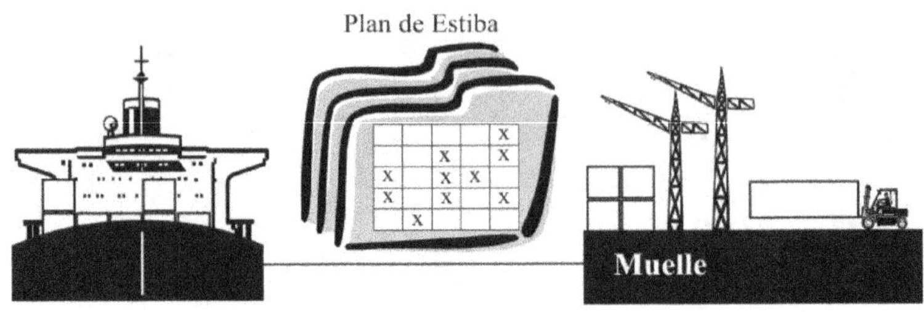

Figura 7.5

1.4 Salida del buque de puerto

Una vez que el buque se encuentra cargado, este procede a abandonar el puerto. El procedimiento general de salida puede resumirse en:

- Solicitud de autorización a las autoridades administrativas conforme a las mercancías cargadas.
- Solicitud de autorización a las autoridades marítimas para abandonar el puerto.
- Embarque del práctico, encargado del asesoramiento de la maniobra de salida.
- Si procede, solicitud de remolcadores portuarios para la ayuda en la maniobra.
- Finalmente, aviso a torre de control conforme se abandona la zona, informando específicamente si se transportan mercancías peligrosas.

2. Inspecciones físicas

Siguiendo el esquema planteado en los apartados anteriores, en caso de tener que proceder a la inspección física o a la toma de muestras, se deberán añadir un par de pasos.

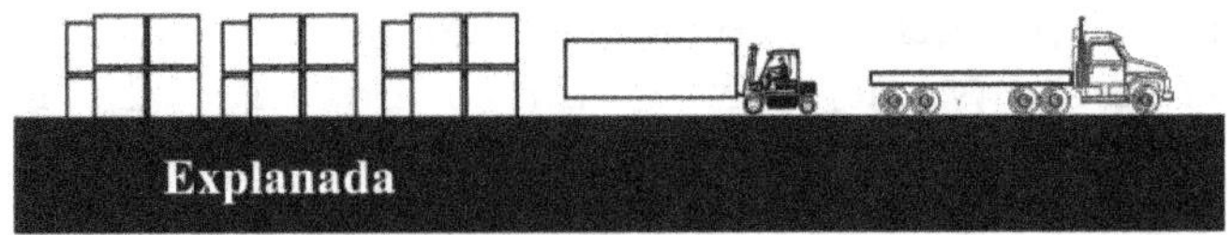

Figura 7.6

Una vez que la mercancía, descargada de su vehículo portador, se encuentra en la explanada, en caso de requerir una inspección física antes de su partida, se deberá trasladar[4] a la zona que el puerto tenga específicamente dedicada para su realización: la zona de inspección. Finalizada dicha inspección, se volverá a trasladar la mercancía a la explanada.

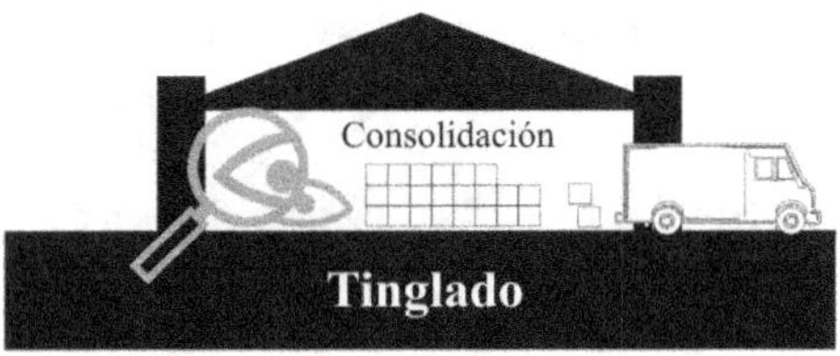

Figura 7.7

En caso de tratarse de mercancía que esté siendo agrupada, dado que la consolidación se realiza en un tinglado específico, en caso de solicitarse alguna inspección, ésta se efectuará directamente en los almacenes, antes de la consolidación definitiva de la misma.

3. TIR

En la aduana de salida,[5] que por lo general es el lugar donde se efectúan las formalidades de exportación, la aduana comprueba la carga con ayuda de la información proporcionada por el cuaderno TIR, convenientemente cumplimentado por el transportista. La aduana precinta el compartimiento de carga del vehículo, toma nota del cuaderno TIR, separa de él un talón y visa la matriz correspondiente. El cuaderno TIR se entrega al transportista, el cual inicia la operación de transporte. Al atravesar la frontera a la salida de este país, la aduana de paso comprueba los precintos, separa un segundo talón del cuaderno TIR y visa la matriz correspondiente.

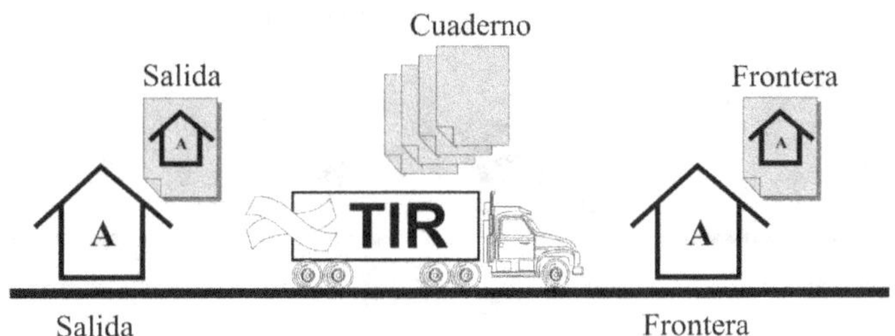

Figura 7.8

El vehículo puede salir del país y las dos matrices visadas por las autoridades

---

[4] La excepción de este movimiento la encontramos en los contenedores refrigerados. Dado que éstos deben disponer de una conexión eléctrica, la inspección se realizará en el mismo lugar donde originalmente se encuentren.

[5] Según el propio Convenio TIR «se entiende por aduana de salida toda aduana de una parte contratante en la que se inicie, por la totalidad de la carga o parte de ella, el transporte internacional con arreglo al procedimiento TIR. Con carácter general, las aduanas de salida habrán de estar dentro de un mismo país».

aduaneras constituyen la prueba de que la operación TIR en ese país ha sido completada.

Aunque el sistema funciona habitualmente de este modo, las aduanas interesadas conservan su derecho de inspección, que ejercerán sin duda ante cualquier sospecha de fraude o irregularidad en los precintos o en el cuaderno TIR.

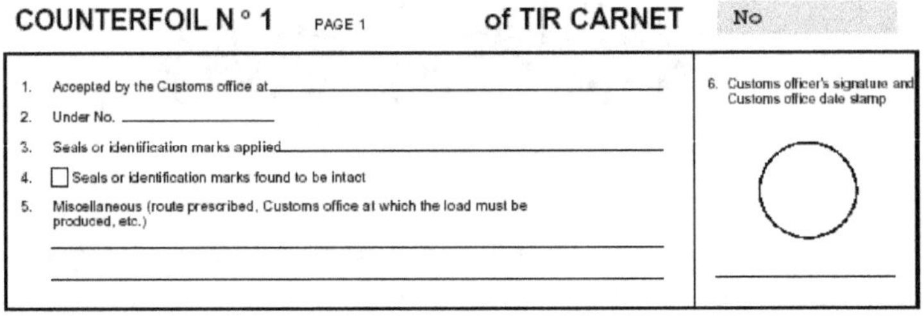

COUNTERFOIL N° 1   PAGE 1   **of TIR CARNET**   No

1.   Accepted by the Customs office at_______________________________
2.   Under No. _______________
3.   Seals or identification marks applied_______________________________
4.   ☐ Seals or identification marks found to be intact
5.   Miscellaneous (route prescribed, Customs office at which the load must be produced, etc.)

6.   Customs officer's signature and Customs office date stamp

Figura 7.9

Para asegurar un control más eficiente, la aduana puede imponer un itinerario para el trayecto, a lo largo del cual los vehículos son fácilmente detectables merced a la placa TIR de la que deben ir provistos. De igual forma, el trayecto debe efectuarse en un plazo razonable de tiempo. El transportista que no pueda respetar los plazos o los itinerarios fijados por cualquier razón (inundaciones, nieve, avería, etc.) debe poder justificarlo. En los casos más graves —rotura de precintos, necesidad de transbordar la mercancía a otro vehículo, destrucción parcial o total de la carga—, el transportista debe hacer que se redacte un atestado por cualquier autoridad local que actúe en el lugar de los hechos, utilizando el acta de comprobación contenida en el cuaderno TIR. De acuerdo con estos referentes, la aduana puede proceder a realizar las investigaciones que considere necesarias para comprobar su veracidad.

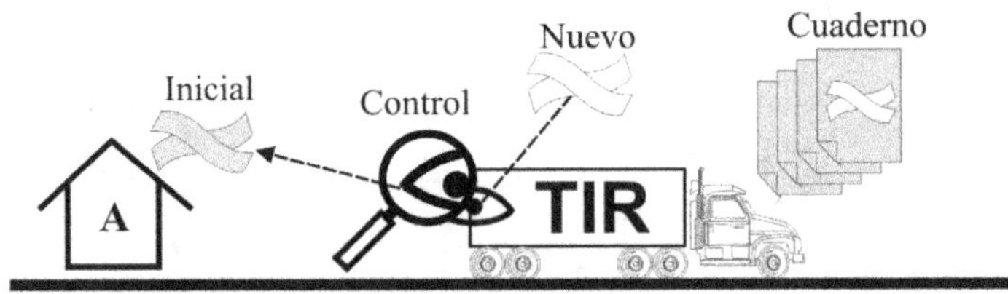

Figura 7.10

En resumen, en el proceso inicial de la exportación, en la aduana de salida se deberá:

— Comprobar por parte de las autoridades aduaneras que las mercancías reseñadas en el manifiesto coinciden plenamente con las cargadas en el vehículo.

— Proceder a la colocación de los precintos aduaneros, que no podrán ser rotos hasta la aduana de destino, salvo que excepcionalmente en algunas aduanas de tránsito se decidiera realizar alguna inspección. En este caso se procederá a colocar nuevos precintos y se hará constar así en el cuaderno TIR.

– Una vez colocados los precintos en la aduana de salida, el funcionario firma y sella el manifiesto, retirando una de las hojas del cuaderno TIR.

3.1 Lista de comprobación

En el proceso de exportación es conveniente realizar una serie de comprobaciones sistemáticas para asegurar la validez y corrección de todo el sistema. Entre otras cuestiones, debe tenerse en cuenta:

– Comprobar la validez del cuaderno TIR, verificando su fecha de caducidad.

GOODS MANIFEST

9. (a) Load compartment(s) or container(s) (b) Marks and Nos. of packages or articles	10. Number and type of packages or articles; description of goods	11. Gross weight in kg	16. Seals or identification marks applied, (number, identification)

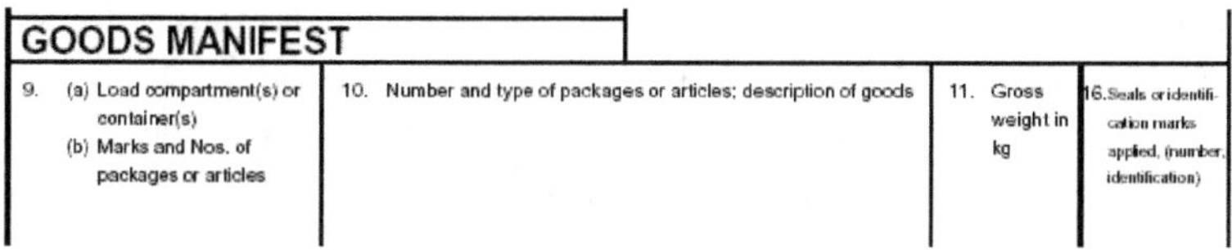

Figura 7.11

– No firmar las casillas correspondientes a la declaración de la mercancía mientras no se haya comprobado que la mercancía transportada y la documentación coinciden exactamente con la relacionada en el «manifiesto de mercancías».

– No modificar en ningún caso los datos que figuran en las casillas 1, 2, 3 y 4 de la portada del cuaderno TIR.

1. Valable pour prise en charge par le bureau de douane de départ jusqu'au ______________________ inclus
   Valid for the acceptance of goods by the Customs office of departure up to and including

2. Délivré par ____
   Issued by
   ____
   (nom de l'association émettrice */name of issuing association*)

3. Titulaire ____
   Holder
   ____
   (nom, adresse, pays */name, address, country*)

4. Signature du délégué de l'association émettrice
   et cachet de cette association:
   Signature of authorized official of the issuing association and stamp of that association:

   Signature of the secretary of the international organization:

Figura 7.12

4. Procedimientos aduaneros

Al igual que en las operaciones aduaneras de importación desarrolladas en el capítulo anterior, las de exportación también se rigen por el Código Aduanero Comunitario (CAC), producto del Reglamento (CEE) 2913/1992 del Consejo. El régimen de exportación se regula en la sección 4 de este Reglamento (arts. 161 y 162 CAC),[6] la cual se concreta mediante el procedimiento desarrollado en el Apéndice IV de la resolución de 4 de diciembre de 2000.[7]

Por exportación se entiende la salida de una mercancía fuera del territorio de la UE, a la cual se aplicarán las medidas de política comercial y derechos de exportación comunitarios. La aduana del lugar del establecimiento del exportador, o del lugar donde se embalen o carguen las mercancías para su transporte, supervisará esta operación mediante una declaración de exportación (art. 161 CAC).

En todo procedimiento normal habrá una aduana de exportación y una aduana de salida. La primera se corresponderá con aquella donde se formalice la declaración de exportación, y la segunda será la aduana de salida efectiva de la mercancía al exterior de la Comunidad.

El «levante» de las mercancías para la exportación tendrá lugar siempre que las mercancías salgan del territorio en el mismo estado en que se encontraban cuando se admitió la declaración de exportación (art. 162 CAC).

Para describir el procedimiento normal de exportación, a tenor del mencionado Apéndice IV de la resolución del 04/12/2000, hay que distinguir tres tipos :

1. La exportación con destino a un país tercero.
2. La exportación con destino a Ceuta y Melilla desde la Península y Baleares o desde las Islas Canarias.

---

6   Código Aduanero Comunitario (CAC):

«Art. 161: El régimen de la exportación permite la salida de una mercancía comunitaria fuera del territorio aduanero de la Comunidad.

»La exportación implicará la aplicación de los trámites previstos para dicha salida, incluidas las medidas de política comercial y, si ha lugar, de los derechos de exportación.

»Con la salvedad de las mercancías incluidas en el régimen de perfeccionamiento pasivo o en el régimen de tránsito, de conformidad con el art. 163, y sin perjuicio de lo dispuesto en el art. 164, toda mercancía comunitaria destinada a ser exportada deberá incluirse en el régimen de exportación.

»No se considerarán exportadas fuera del territorio aduanero de la Comunidad las mercancías expedidas con destino a la isla de Helgoland.

»Se determinarán con arreglo al procedimiento del Comité los casos y condiciones en que las mercancías que salgan del territorio aduanero de la Comunidad no estarán sujetas a declaración de exportación.

»La declaración de exportación se depositará en la aduana competente para la vigilancia del lugar en que esté establecido el exportador o bien en que se embalen o carguen las mercancías para el transporte de exportación. Las excepciones se determinarán con arreglo al procedimiento del Comité.

»Art. 162: El "levante" para la exportación se concederá condicionado a que las mercancías correspondientes abandonen el territorio aduanero de la Comunidad en el mismo estado en que se encontraban en el momento de la admisión de la declaración de exportación.

7   Resolución de 4-12-2000, del Departamento de Aduanas e Impuestos Especiales de la Agencia Estatal de la Administración Tributaria, en la que se recoge las instrucciones para la formalización del Documento Único Administrativo (DUA), (BOE 22-12-2000), modificada por la Resolución de 30 de julio de 2001 (BOE 07-08-2001) y por la Resolución de 31 de julio de 2002 (BOE 14-08-2002).

3. La expedición de la mercancía desde la Península y Baleares a las islas Canarias y viceversa, y desde las Islas Canarias a otro Estado miembro.

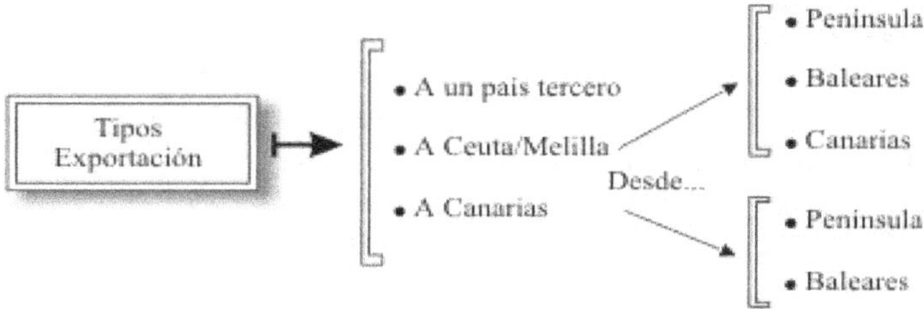

Figura 7.13

4.1 La exportación con destino a un país tercero

4.1.1 Procedimiento habitual

En la aduana de exportación ha de presentarse el formulario[8] debidamente cumplimentado para que ésta lo selle y autorice el levante. Este es el procedimiento habitual.

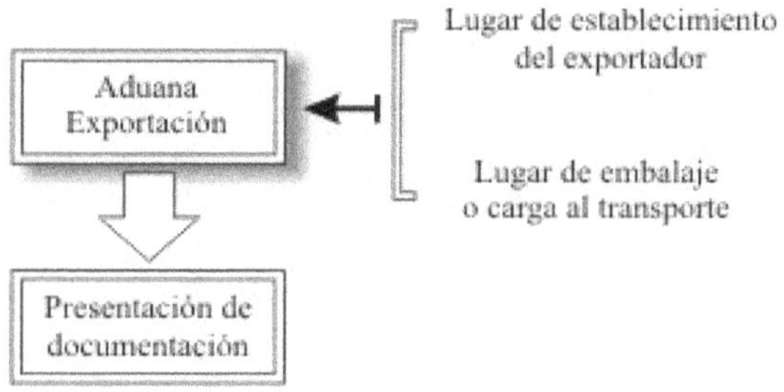

Figura 7.14

La aduana de exportación, como se ha comentado, se determinará según la localización del establecimiento del exportador o de donde se hayan embalado o cargado las mercancías para la exportación (art. 161.5 CAC). Excepcionalmente, para el caso en que ésta se tramite ante una aduana del territorio peninsular español o Baleares y el exportador sea de otro Estado de la Comunidad, el del exportador será considerado como país de exportación, lo cual deberá constar en el DUA.[9]

---

[8] Formularios serie E (ejemplares 1, 2, 3, 4 y 9).

[9] Sobre el DUA ver cap 3.4 relativo a la aduana. El DUA es un documento administrativo y declarativo de las mercancías que se presenta ante la aduana para darles un destino aduanero. Se utiliza en las operaciones de exportación, importación y tránsitos, e independientemente de los medios de transporte utilizados para la expedición. Asimismo, se utiliza como declaración tributaria y ofrece información detallada sobre la mercancía.

En la aduana de salida se presentarán las mercancías declaradas y el DUA. La presentación del DUA puede realizarse en papel o vía EDI (a través de internet o Red VAN). Los principales ejemplares de DUA en una exportación son:
- Ejemplar 1, destinado a la aduana.
- Ejemplar 2, relativo a estadísticas de comercio exterior.
- Ejemplar 3, a efectos del IVA e impuestos especiales y salida por una aduana distinta a la del despacho de exportación.
- Ejemplar 9, que es la autorización de embarque, salida o levante de las mercancías.[10]

El DUA se presentará acompañado de una serie de documentos[11] descritos en el anexo XIV de la circular de 4 de diciembre de 2000, entre los que cabe destacar:
- *Factura comercial.*[12] El exportador emite este documento con los precios de la mercancía y las condiciones de la compraventa. La factura puede utilizarse como contrato de compraventa, en cuyo caso deberá firmarse. Si se visa por la cámara de comercio del país exportador, podrá utilizarse como «certificado de origen». Siempre que el administrador de la aduana no disponga otra cosa, una factura comercial reunirá los siguientes datos: fecha, nombres y razones sociales del vendedor y comprador; cantidad, denominación concreta, precio por unidades y del total de la mercancía, al igual que la forma y las condiciones de pago; los incoterms utilizados y, de no existir, los términos de compraventa internacional utilizados en esa operación; la aduana podrá solicitar la traducción oficial al castellano de la factura; la presentación de la factura se postergará en caso de fuerza mayor o rápido despacho; y la factura comercial se completará con las licencias o certificados que exija el país de destino.
- *Documentos relativos al transporte.*[13] Los documentos de transporte pueden dividirse en tres grupos:
  - Transporte terrestre: Albarán de entrega, orden de transporte, entréguese /orden de entrega, admítase, aviso de entrega de contenedores (Pre-*check-in)*, admítase/recepción terminal, solicitud de posicionado, orden de posicionado, *interchange*/retirada del contenedor.

El documento DUA consta de nueve ejemplares: 1, para el país de expedición/exportación; 2, para uso estadístico del país de expedición/exportación; 3, para el expedidor/exportador; 4, para la aduana de destino; 5, para devolver en el tránsito comunitario; 6, para el país de destino; 6, para devolver en el tránsito comunitario; 7, para uso estadístico del país de destino; 8, para el destinatario; y 9, para el resguardo. Los primeros ocho ejemplares son comunes en la UE y el noveno es un suplemento nacional autorizado por la Comunidad.

El DUA se aplica tanto en el caso de mercancía comunitaria como no comunitaria.

[10] Descripción documental según www.aeat.es/.

[11] Ver sexto paso de las operaciones de importación en el que también se habla de la documentación, cap. 6, apdos. 5.1.1 y 5.1.2, así como Iborra Gómez, Sonia y López García-Luján, Jesús: *Flujo documental de exportación: Transporte marítimo de contenedores de línea regular,* vols. 1 y 2, Fundación IPEC, Valencia, 2002.

[12] Los datos indispensable que una factura comercial debe contener se recogen en el BOE 298 de 13 de diciembre de 1985 y en el Reglamento CEE 2454/93.

[13] Siguiendo la clasificación de: Iborra Gómez, Sonia y López García-Luján, Jesús, obra citada.

- Previos al embarque: Declaración de mercancías peligrosas, certificado de arrumazón, notificación de mercancías peligrosas, autorización de admisión de mercancías peligrosas, nota de reserva/solicitud de *booking, booking*/nota de cierre, nota de embarque, Fiata[14] FCT *(Forwarders Certificate of Transport,* Certificado de Transporte de los Transitarios), Fiata FCR *(Forwarding Agent Certificate of Receipt,* Certificado de Recibo de los Transitarios), Fiata FWR *(Fiata Warehouse Receipt,* Recibo de Almacén Fiata), Fiata SDT *(Shippers Declaration for the Transport of Dangerous Goods,* Declaración de los Transportistas para el Transporte de Mercancías Peligrosas), y FFI *(Fiata Forwarding Instructions,* Instrucciones de los Transitarios Fiata).

- Posteriores al embarque: Recibo de embarque, conocimiento de embarque, conocimiento de embarque multimodal Fiata FBL, manifiesto de carga, manifiesto de flete, carta de garantía, certificado de que el barco no tiene más de 15 años de antigüedad, certificado negativo de lista negra, *Waiver* (renuncia), y declaración sumaria de carga.[15]

— *Autorizaciones administrativas de exportación.* La autorización C-5 o «Solícito de actuaciones previas al despacho», es un documento aduanero para la inspección física de la mercancía y la extracción de muestras que los inspectores de los diferentes departamentos puedan considerar.[16]

— *Certificados de exportación.*[17] Existen varios en función de la mercancía:

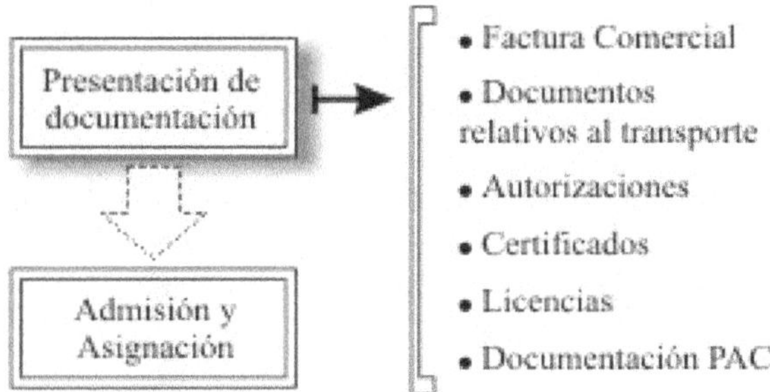

Figura 7.15

- Certificado fitosanitario.
- Certificado farmacológico.
- Certificado veterinario de exportación.
- Certificado de control de calidad comercial Soivre para exportación.
- Certificado de Control CEE/ Soivre frutas y hortalizas.
- Certificado Cites.

---

[14] Fiata (Fédération Internationale des Associations de Transitaires et Assimilés) se fundó en Viena (Austria) el 31 de mayo de 1926. Es una organización no gubernamental que representa en la actualidad a unas 40.000 empresas transitarias u operadores de transporte internacional. Ver www.fiata.com.

[15] Ver cap. 3 para más información sobre los documentos de transporte.

[16] Este documento se utiliza en operaciones de importación, exportación y tránsito, y para todos los tipos de transporte.

[17] Para más información sobre los certificados ver en cap. 3 apartados sobre inspecciones de las mercancías en las distintas operaciones.

- Certificado de calidad.
- Certificado de circulación EUR 1/ EUR 2.
- Certificado de origen.
- Certificado de exportación.
– Licencias de material de defensa/DU.
– Certificados PAC.
– Documentación PAC (Apéndice I de la Resolución de 04/12/2000).[18]

Tras la presentación del DUA, junto con su documentación, éste se asigna a:[19]
1. Circuito naranja, el cual implica una comprobación documental por incoherencia de los documentos con la mercancía.
2. Circuito rojo, por el que se examinan las mercancías con o sin extracción de muestras.
3. Circuito verde, sin ninguna de las comprobaciones de los anteriores circuitos.

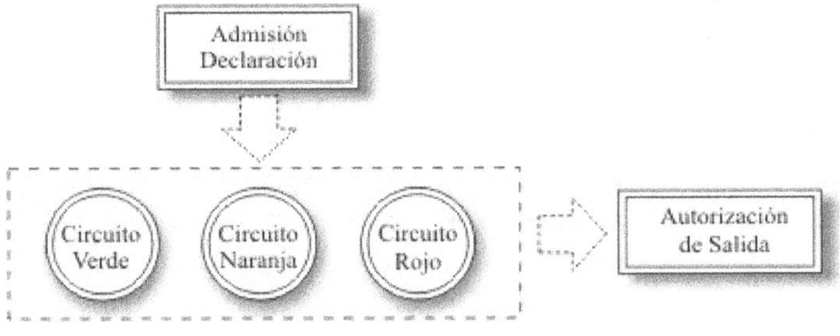

Figura 7.16

Salvados los controles de estos circuitos se procede al «levante» que autoriza para exportar. El levante es el ejemplar 9 del DUA y con éste documento se pone la mercancía a disposición del declarante según el régimen aduanero declarado. El levante se otorga tras el pago de la deuda aduanera. La tramitación del levante también puede realizarse vía EDI.[20]

La aduana de salida comprobará la coherencia entre lo reflejado en la declaración y la mercancía, supervisará la salida física de la misma y lo certificará mediante sello y fecha de esta administración en el DUA.

De existir diferencias en el contenido del documento y las mercancías presentadas, la autoridad adoptará una de las siguientes soluciones:

a) Si es por un exceso de mercancía presentada, ésta no podrá salir hasta que se acometan las formalidades de la exportación.

b) Si es por una minoración de la mercancía presentada, se constatará en el certificado de salida y se informará a la aduana de exportación.

c) Si es por una diferencia de la naturaleza de la mercancía, deberán cumplirse las

---

[18] Arts. 788 a 798 del Reglamento (CEE) 2454/93 de la Comisión, de 2 de julio de 1993, por el que se fijan determinadas disposiciones de aplicación del Reglamento (CEE) 2913/92 del Consejo por el que se establece el Código Aduanero Comunitario.

[19] Ver cap. 6, apdo. 5.1.8.

[20] Ver cap. 3 para ampliar informaciones sobre trámites documentales vía EDI.

formalidades de exportación para posibilitar su salida e informar a la aduana de exportación.

La aduana de salida —correspondiente al lugar en que el transportista reciba la mercancía— anotará en el documento de transporte vía aérea, marítima, ferrocarril o correo «Export» en rojo y su sello.

Así pues, tras el levante, se procede a la salida efectiva de la mercancía del territorio aduanero de la comunidad, lo cual puede hacerse a través de:

1. La aduana de exportación mediante el ejemplar 9 del DUA, que es el levante.
2. Aduana distinta de la de exportación, ejemplar 3 del DUA.[21]

4.1.2 Exportación en régimen de tránsito

En la aduana de exportación se visará el documento aduanero y se le entregará un ejemplar al declarante señalando «Export» en rojo en todos los ejemplares del documento de tránsito o documento que lo sustituya.

La aduana de salida vigilará la salida física de las mercancías en régimen de tránsito comunitario.

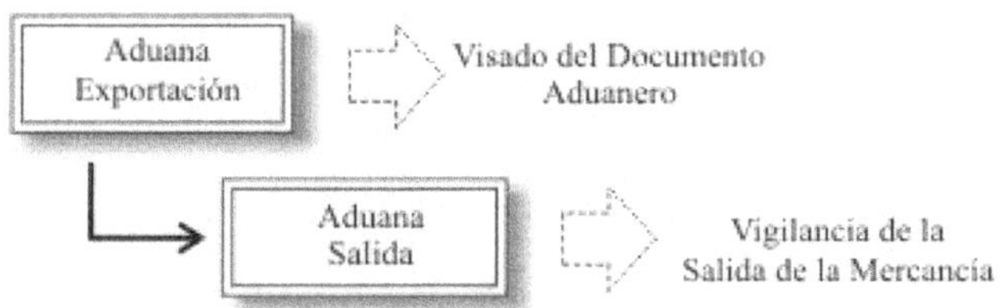

Figura 7.17

4.1.3 Mercancía en régimen suspensivo de impuestos especiales

Se trata de mercancías que circulan con destino a un tercer país al amparo del documento de acompañamiento.[22]

En la aduana de exportación se visa un ejemplar para el declarante y se sellan con «Export» en rojo todos los ejemplares de acompañamiento.

En la aduana de salida se controla el paso físico de la mercancía y se devuelve el ejemplar del documento de acompañamiento.[23]

---

[21] Art. 793 del Reglamento de Aplicación del CAC, arts. 788 a 798 del Reglamento (CEE) 2454/93 de la Comisión, de 2 de julio de 1993, por el que se fijan determinadas disposiciones de aplicación del Reglamento (CEE) 2913/92 del Consejo por el que se establece el Código Aduanero Comunitario.

[22] Art. 793.6 bis del Reglamento de la CEE 2454/93.

[23] La remisión del documento de acompañamiento seguirá las indicaciones de la Directiva 92/12/CEE del Consejo, de 25 de febrero de 1992, relativa al régimen general, tenencia, circulación y controles de los productos objeto de Impuestos Especiales (Diario Oficial L 76, 23-03-1992).

4.2 La exportación con destino a Ceuta y Melilla desde la Península y Baleares o desde las Islas Canarias

En estos casos se seguirá lo indicado en el apartado sobre la exportación a un país tercero según formularios. La única salvedad es que en este supuesto se incluirá una fotocopia del ejemplar 3 del DUA a presentar a la aduana de exportación, la cual lo devolverá con el ejemplar 3 original cuando se haya autorizado el levante.

Esta fotocopia[24] se presentará junto con la mercancía exportada en la Intervención del Territorio Franco y causará los efectos siguientes: *a*) servirá como justificante de que la mercancía es «nacional o ha sido nacionalizada», puesto que la mercancía no sale fuera de España no se controlará estadísticamente; y *b*) será documento de introducción y despacho en los mencionados territorios francos.

Si la declaración de exportación se hace vía EDI y el levante es automático, la fotocopia se hará con el ejemplar 3 sin más intervención de la aduana de exportación. En el caso de que exista la intervención del puerto franco, éste podrá comprobar datos si lo estima oportuno.

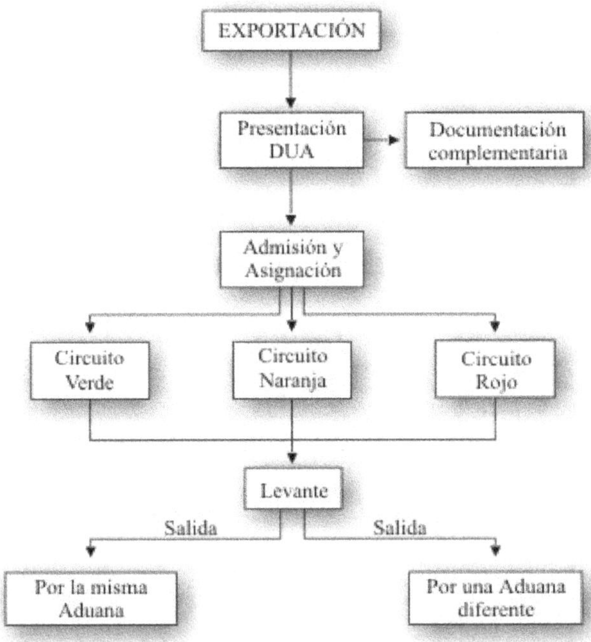

Figura 7.18

4.3 La expedición desde la Península y Baleares a las islas Canarias y viceversa, y desde las Islas Canarias a otro Estado miembro

Para los intercambios de mercancía comunitaria con las Islas Canarias u otros terri-

---

[24] Las aduanas podrán utilizar con los mismos efectos el ejemplar 2 del DUA, en lugar de la fotocopia.

torios comunitarios donde no sea de aplicación la Directiva 77/388/CEE, ha de justificarse que es comunitario mediante un justificante, un documento de tránsito o un documento que sustituya a cualquiera de los nombrados.[25]

En el intercambio de mercancías enviadas desde las Islas Baleares o la Península con destino a las Islas Canarias, siempre que no sea un tránsito comunitario sino una transacción nacional, en el documento de exportación se pondrá la clave T2LF. En la aduana de las Islas Canarias de destino se presentará una fotocopia del ejemplar 3 de la declaración visada por la aduana de expedición, el cual servirá de declaración de introducción en Canarias. Si se ha tramitado vía EDI, la información recibida por este sistema también se utilizará como declaración de introducción.

5. Procedimientos aduaneros informatizados

El sistema se basa en los procedimientos a aplicar desde el punto de vista de la aduana de salida. El sistema cubre todas las posibles combinaciones, tanto para procedimientos normales como para los simplificados.

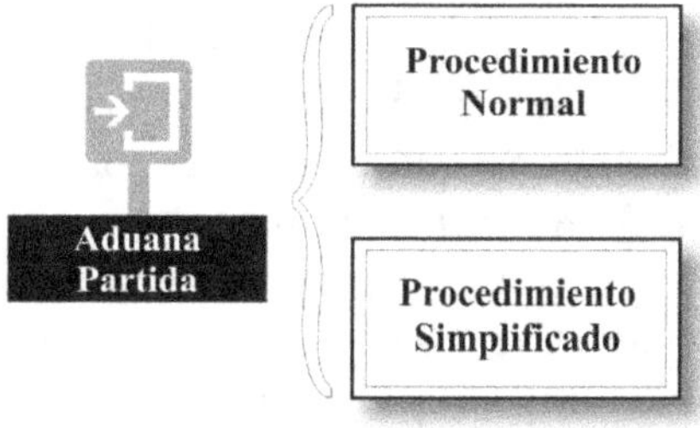

Figura 7.19

5.1 Procedimiento

Inicialmente, en el contexto del procedimiento normal, el operador debe presentar en la aduana de partida la declaración de tránsito (DT), en formato papel. En caso de tratarse de un expedidor y un destinatario autorizado, dentro del marco del NCTS, se podrá proceder a la activación del procedimiento simplificado, en cuyo caso podrá emplearse en el envío de la declaración de tránsito, un proceso EDI, incluso desde las propias oficinas del operador.

En el primer caso (formato papel), la propia aduana se encarga de introducir los datos en el sistema. Si el procedimiento se ejecuta vía formato electrónico, ésta información tan sólo se deberá chequear (validación que el sistema efectúa automáticamente).

En caso de encontrarse algún tipo de discrepancia, el sistema activa la devolución de los paquetes de información para que el operador realice los cambios oportunos.

---

[25] El modelo de documento justificante es un T2LF y el de tránsito T2F.

Una vez que las correcciones –en caso de existir– han sido realizadas y el sistema las acepta, éste asignará un número de registro único, referencia del movimiento (NRM).

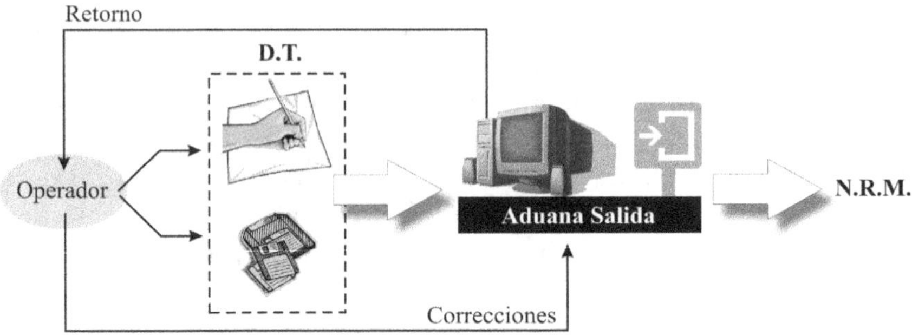

Figura 7.20

A continuación se procederá al levante de las mercancías, imprimiéndose el documento de acompañamiento (DA) del tránsito, además de la lista de artículos (LA). La impresión de estos documentos se puede realizar en la propia aduana o en las propias instalaciones del operador, siempre que esté autorizado (procedimiento simplificado). Estos documentos son los que deben acompañar a las mercancías, debiéndose presentar en las aduanas de paso –de existir– y en la de destino.

Independientemente de la impresión física de los documentos, la aduana de salida enviará una copia de la información más relevante a la aduana de destino y a las de paso –si es que procede–: el aviso anticipado de llegada y tránsito (AALl y AAT). Lógicamente, esta información servirá para comprobar, a la llegada de las mercancías, que no se ha producido ninguna irregularidad.

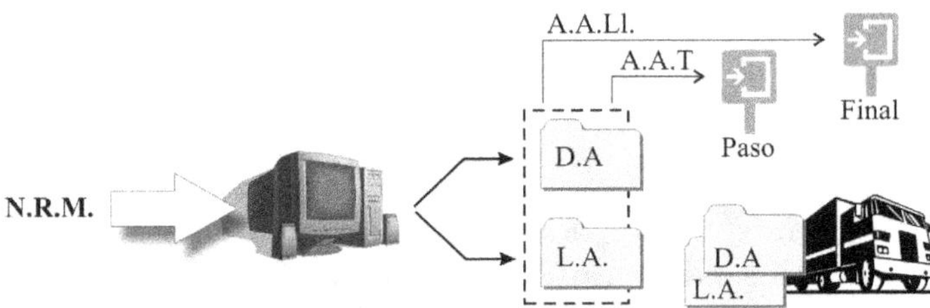

Figura 7.21

En resumen, los expedidores autorizados en el proceso de exportación bajo procedimiento simplificado, disfrutan de los servicios de:

— Creación de la declaración de tránsito desde sus propios sistemas.

— Enviar vía EDI la declaración sin presencia física de las mercancías.

— Posibilidad de diálogar con la aduana mediante mensajes electrónicos estandarizados.

Capítulo VIII

Operaciones de Tránsito

1. Movimiento físico

El concepto de «tránsito» abarca a dos posibles opciones. La primera, la del tránsito terrestre (por ejemplo, el movimiento de una mercancía a un depósito franco, o a un depósito aduanero, o a otra aduana diferente de la de origen) y, la segunda, la del tránsito marítimo (de un buque a otro buque), también conocido como transbordo. La característica común de un tránsito reside en que la mercancía abandonará la terminal portuaria sin que el proceso de despacho sea resuelto.

1.1 Llegada del buque a puerto

El proceso logístico del tránsito reúne características muy similares a los de importación y de exportación. Como hemos visto en los apartados anteriores, el proceso comienza cuando se tiene conocimiento de la llegada del buque horas antes de que el atraque en la terminal portuaria de descarga. El buque requiere de una notificación de llegada previa a su entrada a puerto y, por medio de su consignatario, emite una solicitud de atraque que concretará su posición en el puerto una vez llegue. Estas informaciones permiten que los estibadores se encuentren preparados para la descarga tan pronto el buque se halla atracado al costado del muelle.

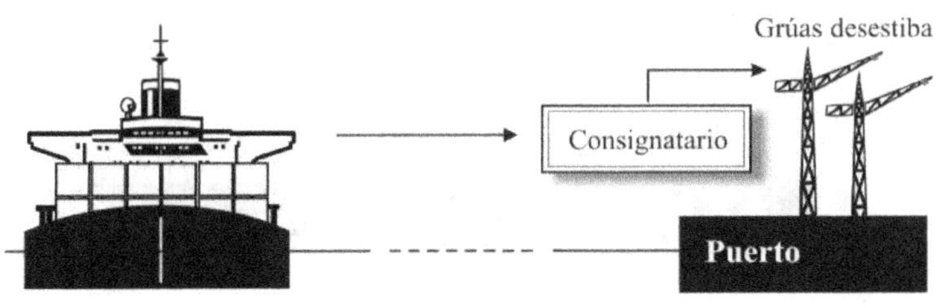

Figura 8.1

Una vez el buque en el puerto, su consignatario presenta el «premanifiesto» a la autoridad aduanera, agilizando de esta manera el procedimiento documental que permite la descarga. El procedimiento telemático, vía EDI, sigue la pauta comentada en el proceso de importación.

1.2 Descarga de la mercancía

Para la descarga de los diferentes contenedores, dado que la descarga no suele hacerse de todos los contenedores transportados, es necesario un *«plan de desestiba»* (conforme a los documentos que se entregan a los estibadores: la *«lista numérica»* y los *«planos de carga»* o *Bayplan)* en el que se indique qué contenedores deben ser descargados.

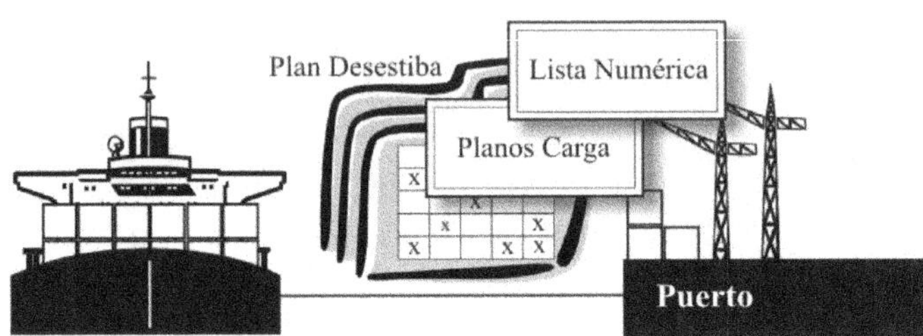

Figura 8.2

No debe olvidarse que la desestiba comprende el movimiento del contenedor desde su situación original a bordo del buque hasta encontrarse a la altura de la borda del mismo. El movimiento que lleva al contenedor desde la borda hasta el suelo del muelle es la descarga.

1.3 Posicionamiento en la terminal

A continuación, el contenedor es trasladado desde el muelle hasta la parte de la terminal dónde deba ser finalmente posicionado (normalmente este lugar suele ser una terminal de contenedores), donde la acumulación ordenada y controlada de contenedores crea una serie de islas que conforman las diferentes calles.

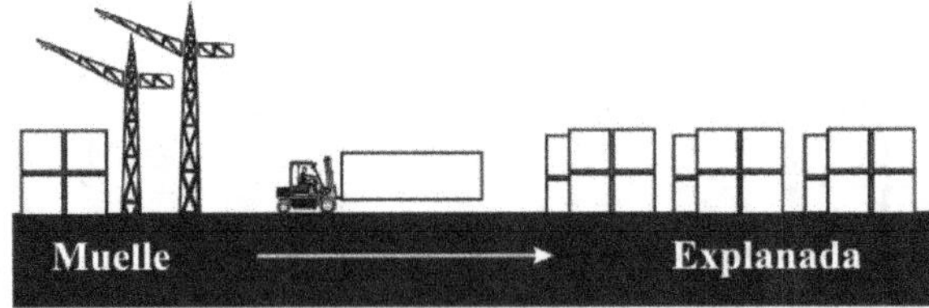

Figura 8.3

En este momento, de forma paralela, se entrega a la aduana el correspondiente documento de tránsito, además del manifiesto, para la comprobación de las mercancías descargadas, procedimiento que puede efectuarse informáticamente a través de las redes de valor añadido existentes.

1.4 Carga de la mercancía y salida

Una vez conformado el documento de tránsito de la aduana (así como la correspondiente titularidad de la mercancía) el contenedor permanecerá a la espera de su retirada, en función de que la salida se efectúe vía transbordo o vía terrestre.

Si la salida se efectúa mediante un transbordo, el esquema a seguir es idéntico al de la carga en exportación. Si el tránsito es terrestre, con la mercancía ya despachada, ésta puede abandonar el recinto portuario hacia su próximo destino.

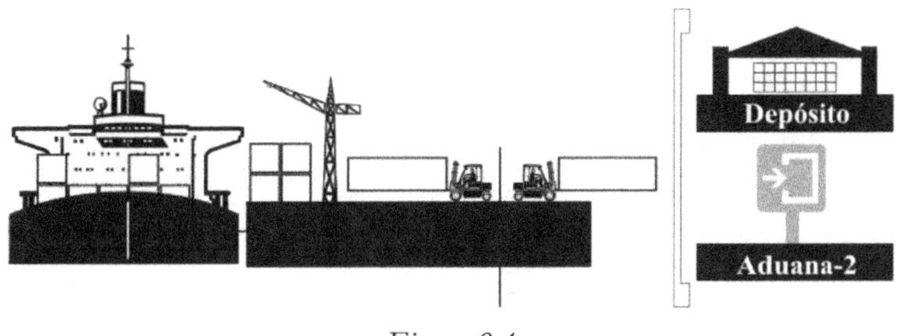

Figura 8.4

2. TIR

La aduana de paso a la entrada en un país de tránsito comprueba los precintos y separa un talón del cuaderno TIR. Por su parte, la aduana de paso a la salida procede de igual forma. Se comparan los dos talones como último control y la operación se completa, o bien, en caso de irregularidad, se procede a la inmovilización del vehículo.

En el país de destino, si la aduana fronteriza de entrada es al mismo tiempo aduana de destino, esta oficina toma nota del cuaderno TIR, separa dos talones simultáneamente y se hace responsable de que las mercancías serán destinadas a otro régimen aduanero distinto (depósito, despacho de importación, etc.). Si la carga ha de ser enviada a otra oficina aduanera de ese país, la aduana de entrada actúa como una aduana de paso a la entrada y la otra oficina se considera la aduana de destino.

En el paso por la aduana de tránsito[1] se deberá tener en cuenta lo siguiente:

- Los vehículos deben presentarse con su carga incluida, además del propio cuaderno TIR.

- El personal correspondiente comprueba los precintos previamente colocados.

- Resulta necesario despachar tanto a la entrada como a la salida.

- En la aduana de entrada se sella y firma el cuaderno TIR, pudiéndose fijar un plazo máximo para cruzar el país y un itinerario a seguir.

---

[1] Según el Convenio TIR, «se entiende por aduana de tránsito toda aduana de una parte contratante por la que se importe o exporte un vehículo de transporte por carretera, un conjunto de vehículos o un contenedor en el curso de una operación TIR».

— En la aduana de salida del país en tránsito se firma y sella nuevamente el cuaderno TIR y se retira una hoja del mismo.

2.1 Lista de comprobación

En el proceso de tránsito es conveniente que el transportista realice una serie de comprobaciones sistemáticas que aseguren la validez y corrección de todo el procedimiento, y que eviten incurrir en infracciones. En este sentido, cabe destacar:

— Presentar el cuaderno TIR en cada aduana (salida, paso y destino); debiendo siempre ser diligenciado por el funcionario de aduanas con fecha, sello, firma y, si es posible, con el número de registro.

18. Certificate for goods taken under control (Customs office of departure or of entry en route)	24. Certificate of discharge (Customs office of exit en route or of destination)
19. Seals or identification marks found to be intact 20. Time-limit for transit	25. Seals or identification marks found to be intact
21. Registered by the Customs office at under No.	26. Number of packages discharged
22. Miscellaneous (itinerary stipulated, Customs office at which the load must be produced, etc.)	27. Reservations
23. Customs officer's signature and Customs office date stamp	28. Customs officer's signature and Customs office date stamp

Figura 8.5

— No remover los precintos si no es en presencia de un funcionario de aduanas.

— En caso de accidente o cualquier otra incidencia relacionada con la mercancía o los precintos del vehículo o del contenedor, dar cuenta a la autoridad competente y, con su asistencia, rellenar y formalizar la correspondiente acta de atestado.

— Respetar los plazos horarios y el itinerario que la aduana haya fijado.

3. Procedimientos aduaneros

El tránsito es el régimen aduanero bajo el que se colocan las mercancías para su transporte bajo control aduanero entre dos oficinas de aduanas.[2]

Los regímenes de tránsito aduanero europeo son instrumentos indispensables de la política comercial para los intercambios internacionales de mercancías, que están en constante aumento. Este régimen de tránsito se extiende al territorio comunitario, siguiendo el Código Aduanero Comunitario, pero también a la Asociación Europea de Libre Comercio (AELC).

---

[2] Definición de tránsito según www.aeat.es (Agencia Tributaria Española).

El régimen de tránsito TIR se aplica al tráfico de mercancías entre los Estados comunitarios y demás pertenecientes al Convenio TIR, especialmente Europa Central y Oriental.[3] Gracias a estos procedimientos, la expedición de mercancías queda sujeta –durante el tránsito– a un mínimo de formalidades a través de la suspensión de derechos e impuestos nacionales que las gravarían.

El transporte de mercancías ha aumentado con la apertura de fronteras hacia la Europa Central y Oriental. La globalización también ha contribuido al desarrollo del comercio de tránsito. Así pues, las futuras ampliaciones de la Comunidad contribuirán a un mayor tránsito de mercancías y, consecuentemente, a una mayor labor por parte de las administraciones aduaneras comunitarias, ya que se acrecentará el uso fraudulento de los procedimientos, aprovechando el régimen de tránsito aduanero para el contrabando de determinadas mercancías (p.e. alcohol o tabaco). Para evitar o minimizar este fraude se han adoptado medidas y normas especiales precautorias, y se seguirá trabajando en pro de su abolición desde el seno de la Comunidad.[4]

Las reformas en el régimen de tránsito comunitario van en interés de los agentes económicos y de las administraciones aduaneras. Por esta razón, la actualización de este régimen se basa en la experiencia práctica, con el fin de conseguir que las distintas administraciones aduaneras europeas funcionen como una sola, así como de que los procedimientos informatizados se generalicen con la mayor brevedad posible.

El desarrollo de la UE pasa indispensablemente por un pleno desarrollo del tránsito aduanero seguro y controlable.[5]

3.1 Tipificación

El tránsito puede ser de dos tipos, tránsito comunitario interno[6] y externo.[7]
1. El tránsito comunitario interno implica:[8] «Régimen de tránsito aplicable a la circulación entre dos puntos del territorio aduanero de la CEE de mercancías comunitarias que:
   a) atraviesen el territorio de uno o varios países de la AELC;[9]

---

[3] Para más información sobre el TIR ver cap.5, apdo. 3.

[4] Resolución del Consejo, de 23-11-1995, relativa a informatización de procedimientos de tránsito aduanero.

[5] Resolución del Consejo, de 21 de junio de 1999, sobre la reforma de los procedimientos de tránsito aduanero. Para ver texto completo: http://europa.eu.int/smartapi/cgi/sga_doc?smartapi!celexapi!prod! CELEXnumdoc&lg=ES&numdoc=31999Y0709(01)&model=guichett

[6] El tránsito comunitario interno se encuentra en las siguintes normas:
– Código Aduanero, Reglamento (CEE) 2913/92 del Consejo, arts. 163 a 165.
– Reglamento (CEE) 2454/93 de la Comisión, sobre aplicación del CAC, art. 381.

[7] El tránsito comunitario externo se regula en:
– Disposiciones Generales del Código Aduanero, Reglamento (CEE) 2913/92 del Consejo, arts. 91 y 92.
– Disposiciones Particulares del Código Aduanero, Reglamento (CEE) 2913/92 del Consejo, arts. 93 a 97.
– Reglamento (CEE) 2454/93 de la Comisión, sobre aplicación del Código Aduanero Comunitario.

[8] Resolución de 4 de diciembre de 2000, del Departamento de Aduanas e Impuestos Especiales de la Agencia Estatal de la Administración Tributaria, en la que se recogen las instrucciones para la formalización del Documento Único Administrativo (DUA) (BOE 22-12-2000), apdo. 3 del 4.1.2.

[9] Para más información ver www.economia-snci.gob.mx/Tratados/EFTA/preambulo.PDF, donde se encuentra el Tratado de los Estados Unidos Mexicanos y los Estados de la AELC, firmado el 27-11-2000.

b) circulen hacia o desde una parte del territorio excluido del ámbito de aplicación de la Directa 77/388/CEE, o que circulen entre dos partes de dicho territorio excluidas de la misma;

c) una normativa comunitaria haya establecido dicho procedimiento».

En definitiva, el tránsito comunitario interno supone la circulación de mercancías por el territorio comunitario.

2. El tránsito comunitario externo se define como:[10] «Régimen de tránsito aplicable a la circulación entre dos puntos de la CEE, de mercancías:

a) que no cumplen los requisitos de los artículos 9 y 10 del Tratado Constitutivo de la CEE;

b) que, estando sometidas al Tratado Constitutivo de la CECA, no estén en libre práctica, y

c) aquellas que, cumpliendo las condiciones previstas en los artículos 9 y 10 del Tratado Constitutivo de la CEE, han sido objeto de formalidades aduaneras de exportación:

- para la concesión de restituciones a la exportación a terceros países en el marco de la política agrícola común,
- estén sujetas a gravámenes a la exportación o,
- se trate de mercancías procedentes de existencias de intervención.

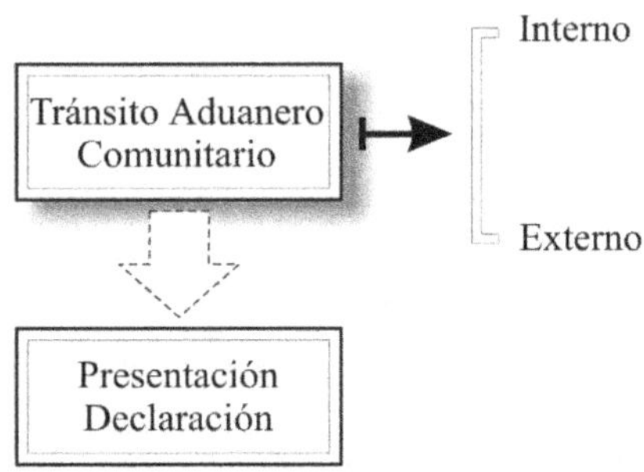

Figura 8.6

Exportación en régimen de tránsito, según el Código Aduanero Comunitario (CAC), producto del Reglamento (CEE) 2913/1992 del Consejo.[11-12]

En la aduana de exportación se visará el documento aduanero y se le entregará un ejemplar al declarante señalando «Export» en rojo en todos los ejemplares del documento de tránsito o documento que lo sustituya.

La aduana de salida vigilará la salida física de las mercancías en régimen de tránsito comunitario.[13]

---

[10] Resolución de 4 de diciembre de 2000, del Departamento de Aduanas e Impuestos Especiales de la Agencia Estatal de la Administración Tributaria, en la que se recogen las instrucciones para la formalización del Documento Único Administrativo (DUA) (BOE 22-12-2000), apdo. 3 del 4.1.3.

[11] Arts. 161 y 162 del CAC, ya señalados en las operaciones de exportación (ver cap. 7, apdo. 4).

[12] Ver cap. 7, nota 7.

[13] Ver comentario en «4.1.2 Exportación en régimen de tránsito», en cap. 7.

3.2 Presentación de la declaración

Una vez determinado el tipo de tránsito comunitario, externo o interno, se presenta la declaración en soporte papel o vía telemática.

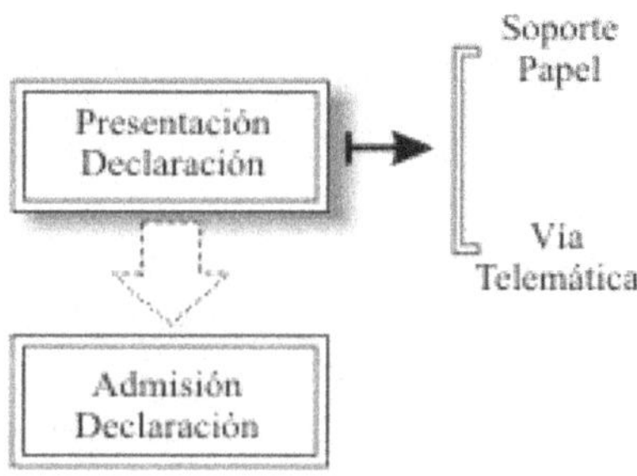

Figura 8.7

3.2.1 Presentación de la declaración en soporte papel

Según el tránsito empleado, el juego del formulario «Documento Único» se compondrá de los siguientes ejemplares:[14]

1. Exportación/Expedición + Tránsito (Documento Serie ET):[15]
    a. Ejemplar 1, para la aduana de expedición.
    b. Ejemplar 2, para la elaboración estadística en la aduana de expedición.
    c. Ejemplar 3, para el interesado.
    d. Ejemplar 4, para la aduana de destino.
    e. Ejemplar 5, se devolverá al Estado miembro de la expedición si es un tránsito comunitario.
    f. Ejemplar, para la elaboración estadística en aduana de destino.
    g. Ejemplar 9, a utilizar como autorización de embarque, salida o levante de las expediciones.
2. Tránsito comunitario exclusivamente (Documento Serie T):[16]
    h. Ejemplar 1, para aduana de expedición.
    i. Ejemplar 4, para la aduana de destino.
    j. Ejemplar 5, se devolverá al Estado miembro de la expedición.
    k. Ejemplar 7, para la elaboración estadística en aduana de destino.
    l. Ejemplar 9, se utilizará como autorización de embarque o salida.
3. Empleo del documento único como T2L o T2LF exclusivamente (Documento Serie O):

---

[14] Resolución de 4 de diciembre de 2000 sobre el Documento Único Administrativo, cap. 4.

[15] Sobre la cumplimentación del documento ver apartado 4.2.2.1. de la Resolución de 4 de diciembre de 2000 sobre el Documento Único Administrativo.

[16] En relación a la cumplimentación, apartado 4.2.2.2. de la Resolución de 4 de diciembre de 2000 sobre el Documento Único Administrativo.

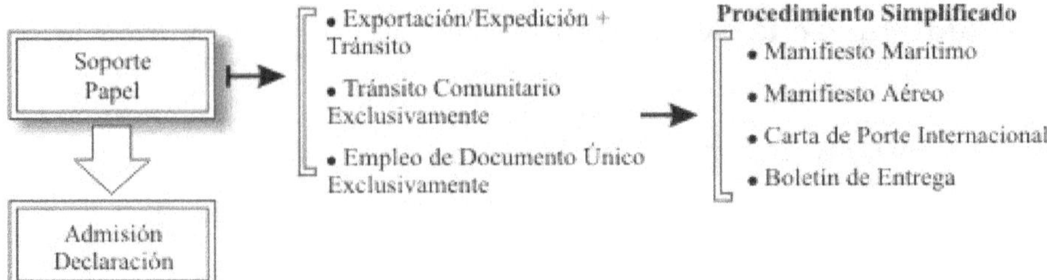

Figura 6.8

En este caso el ejemplar n° 4 es para la aduana de destino.

La presentación de la declaración mediante soporte de papel se puede procedimentar simplificadamente,[17] a través de:

— Manifiesto marítimo[18] o Declaración sumaria de carga, es la declaración de la mercancía que se va a cargar en un buque en un puerto.[19] La autoridad portuaria verificará los datos de dicha declaración. Se puede presentar en soporte documental o electrónico.

— Manifiesto aéreo[20] se podrá presentar por escrito o vía EDI. El contenido de la declaración sumaria aérea será el de todas las mercancías que vayan a ser descargadas en el aeropuerto. Si el manifiesto aéreo constituye una declaración de tránsito, según el art. 444 del Reglamento CEE 2454/93, de la Comisión, la declaración sumaria deberá ser el exacto reflejo de lo declarado en el aeropuerto de partida.

— Carta de porte internacional,[21] CIM,[22] se podrá utilizar como documento de tránsito nacional para las mercancías transportadas por ferrocarril, siempre que contenga la información requerida[23] (remitente, destinatario, estación de origen

---

[17] Sobre Procedimientos Simplificados: Reglamento (CEE) 2454/93 de la Comisión, sobre Aplicación del Código Aduanero Comunitario, arts. 389 a 442.

[18] Sobre Manifiesto marítimo:
   – Reglamento (CEE) 2454/93 de la Comisión, sobre aplicación del CAC, art. 317 bis.
   – Orden de 27-7-1995, por la que se establece el modelo de declaración sumaria para el tráfico marítimo.
   – Orden de 3 de febrero de de 1998, por la que se modifica la Orden de 27 de julio de 1995, mediante la que se establece el modelo de declaración sumaria para el tráfico marítimo.
   – Orden de 18 de junio de 1998, por la que se modifica la Orden de 27 de julio de 1995, a través de la que se establece el modelo de declaración sumaria para el tráfico marítimo.

[19] Apdo. 3.3.4. Manifiesto de carga para el tráfico marítimo.

[20] Reglamento (CEE) 2454/93 de la Comisión sobre aplicación del Código Aduanero Comunitario: art. 137, y Orden de 21 de noviembre de 2000, por la que se regula la formulación de declaraciones sumarias por vía aérea (BOE 01-12-2000). Puede verse la totalidad de este Reglamento en: europa.eu.int/smartapi /cgi/sga_doc?smartapi!celexapi!prod!CELEXnumdoc&lg=ES&numdoc=31993R2454&model=guichett.

[21] En relación a este documento ver:
   – Reglamento (CEE) 2454/93 de la Comisión, sobre aplicación del CAC: arts. 413 y 414.
   – Resolución de 5 de julio de 2001 del Departamento de Aduanas e Impuestos Especiales de la Agencia Estatal de Administración Tributaria, para la aplicación de un procedimiento simplificado de tránsito nacional para las mercancías transportadas por ferrocarril entre aduanas españolas dentro del territorio aduanero de la UE, mediante la utilización de la carta de porte como documento aduanero.

[22] CIM es el Apéndice B de las «Reglas Uniformes relativas al Contrato de Transporte Internacional de Mercancías por Ferrocarril (CIM)».

[23] Anexo II de la Resolución de 5 de julio de 2001.

y destino, número de expedición y de contenedores, matrícula contenedor /número de bultos y marcas/descripción mercancías, código arancelario con 6 cifras, código aduana origen y destino). Este procedimiento se aplicará siempre que sean operaciones de tránsito entre dos aduanas españolas y el medio de transporte no circule por el territorio de otro Estado miembro o de un país tercero.
— Boletín entrega TR,[24] este documento es el contrato de transporte que traslada internacionalmente uno o más grandes contenedores.[25] Este boletín TR se

---

[24] Reglamento (CEE) 2454/93 de la Comisión, sobre aplicación del CAC: arts. 426, 427 y 428.
«Art. 426. En los casos en que sea aplicable el régimen de tránsito comunitario, los trámites correspondientes a éste se simplificarán, de conformidad con lo dispuesto en los arts. 427 a 442, para los transportes de mercancías en grandes contenedores que efectúen las compañías de ferrocarriles por mediación de empresas de transportes, al amparo de boletines de entrega denominados, a efectos del presente título, "boletín de entrega TR". Dichos transportes incluirán, en su caso, el traslado de las mercancías por las empresas de transportes, por medios de transporte distintos del ferrocarril, hasta la estación de partida del país de expedición y desde la estación de destino del país de destino, así como el eventual transporte marítimo a lo largo del trayecto entre estas dos estaciones.
» *Art. 427:* Para la aplicación de los arts. 426 a 442, se entenderá por:
1. Empresa de transportes: Una empresa constituida por las compañías de ferrocarriles en forma de sociedad y de la que éstas sean socios, cuyo objeto sea efectuar transportes de mercancías por medio de grandes contenedores, al amparo de boletines de entrega TR.
2. Gran contenedor: Un contenedor con arreglo a la letra *g)* del art. 670:
  — dispuesto para ser precintado de manera eficaz, cuando ello sea necesario en aplicación del art. 435;
  — de una dimensión tal que la superficie delimitada por los 4 ángulos externos sea al menos de 7 m².
3. Boletín de entrega TR: El documento en el que se materializa el contrato de transporte por el cual la empresa de transportes se compromete a trasladar por tráfico internacional uno o varios grandes contenedores desde un expedidor a un destinatario. El boletín de entrega TR llevará en el ángulo superior derecho un número de serie que permita su identificación. Dicho número constará de ocho dígitos separados precedidos de las letras TR.
El boletín de entrega TR constará de los ejemplares siguientes, en el orden de su numeración:
  — 1: ejemplar para la dirección general de la empresa de transportes;
  — 2: ejemplar para el representante nacional de la empresa de transportes en la estación de destino;
  — 3A: ejemplar para la aduana;
  — 3B: ejemplar para el destinatario;
  — 4: ejemplar para la dirección general de la empresa de transportes;
  — 5: ejemplar para el representante nacional de la empresa de transportes en la estación de partida;
  — 6: ejemplar para el expedidor.
Cada ejemplar del boletín de entrega TR, con excepción del ejemplar 3A, llevará en el borde de su margen derecho una franja de color verde de una anchura aproximada de 4 cm.
4. Relación de grandes contenedores, denominada en lo sucesivo "relación": el documento adjunto a un boletín de entrega TR del que forma parte integrante y que está destinado a cubrir la expedición de varios grandes contenedores desde una misma estación de partida hasta una misma estación de destino, debiendo cumplirse los trámites aduaneros correspondientes en estas estaciones.
El número de ejemplares de la relación será el mismo que el del boletín de entrega TR al que se refiera.
El número de relaciones se indicará en la casilla reservada para la indicación del número de relaciones en el ángulo superior derecho del boletín de entrega TR.
Además, deberá indicarse en el ángulo superior derecho de cada relación el número de serie del boletín de entrega TR correspondiente.
»Artículo 428: El boletín de entrega TR utilizado por la empresa de transporte equivaldrá a:
a) una declaración o documento T1, para las mercancías que circulen al amparo del régimen de tránsito comunitario externo;
b) una declaración o documento T2, para las mercancías que circulen al amparo del régimen de tránsito comunitario interno».
[25] El mencionado Reglamento CEE 2454/93 en su art. 670 letra *g)* define lo que considera un contenedor:

compone de seis ejemplares que se presentan en orden por su numeración (1. a la central de la empresa de transportes; 2. al representante nacional de la empresa de transportes en destino; 3.A. para la aduana y 3.B. para el destinatario; 4. a la dirección general de la empresa transportista; 5. al representante nacional de dicha empresa en el lugar de partida; y 6. al expedidor).

3.2.2 *Presentación declaración vía telemática, mensaje Edifact, enlace EDI*

En este supuesto el documento de acompañamiento pasa a través de un nuevo sistema de tránsito informatizado que se conoce como NCTS. El ejemplar núm. 1 del DUA sirve como solicitud de la operación de tránsito y el documento de acompañamiento que imprima la aduana es el que acompañará a la expedición hasta destino. De este modo, no se utilizarán los ejemplares 4 al 9 del DUA.

El documento de acompañamiento se compone de dos ejemplares:

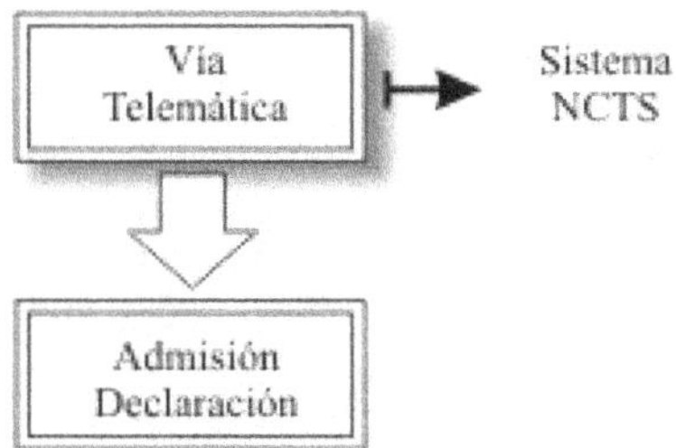

Figura 8.9

1. Ejemplar A para la aduana de destino.
2. Ejemplar B, impreso por la aduana de partida si el destino no se encuentra conectado al sistema telemático.

3.3 Admisión de la declaración

Tras la presentación de la declaración vía EDI o en soporte documental se procesa su admisión la cual dará paso a uno de los siguientes circuitos:[26]

«*g*) *Contenedor.* Aparato para el transporte (marco, cisterna móvil, carrocería desmontable u otro análogo):
- que constituya un compartimento, total o parcialmente cerrado, destinado a contener mercancías;
- que tenga carácter permanente y sea lo suficiente resistente como para permitir su uso continuado;
- que esté especialmente concebido para facilitar el transporte de mercancías sin fragmentación de la carga, en uno o varios medios de transporte;
- que esté concebido de manera que su manipulación sea fácil, en particular cuando se realice su transbordo de un medio de transporte a otro;
- que sea fácil de llenar y de vaciar, y que cuente con 1 m³, por lo menos, de volumen interior.

»Las plataformas de carga *(flats)* se asimilarán a los contenedores.

»El término "contenedor" comprende los accesorios y equipos de contenedor propios del tipo de que se trate, siempre que se transporten junto con el contenedor. El término "contenedor" no comprende los vehículos ni sus accesorios o piezas de recambio, los embalajes ni las paletas de carga.

»El término "contenedor" también se aplicará a los contenedores utilizados en el tráfico aéreo cuyo volumen interior sea inferior a un metro cúbico».

[26] Ver cap. 6 sobre importación, apdo. 5.1.8. y cap. 7 sobre exportación a un país tercero.

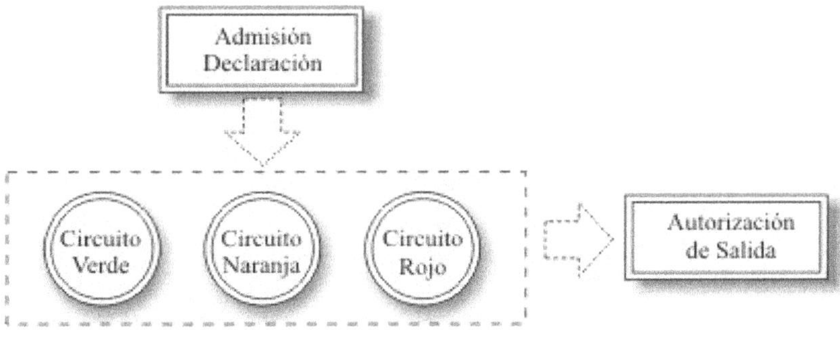

Figura 8.10

a) Circuito verde, da vía directa a su admisión.

b) Circuito naranja, que implica control documental.

c) Circuito rojo, que supone el examen físico de la mercancía.

En el caso del circuito rojo, el vehículo o contenedor de la mercancía deberá precintarse nuevamente, ya que se tuvo que abrir para la inspección física, lo cual también quedará reflejado documentalmente, para continuar la expedición hasta su destino final.

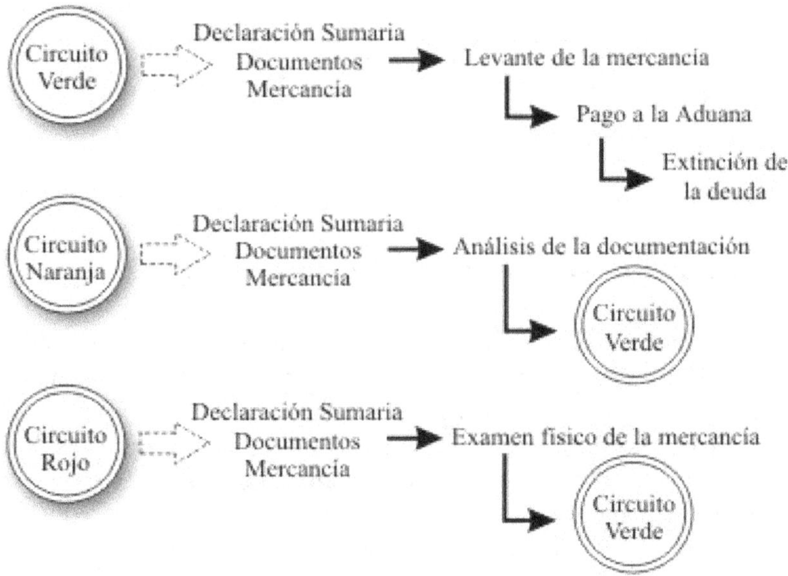

Figura 8.11

3.3.1 Autorización de salida

Tras realizar el procedimiento que haya correspondido para el circuito la mercancía, ésta sale de la aduana y seguirá su recorrido hasta su destino final.

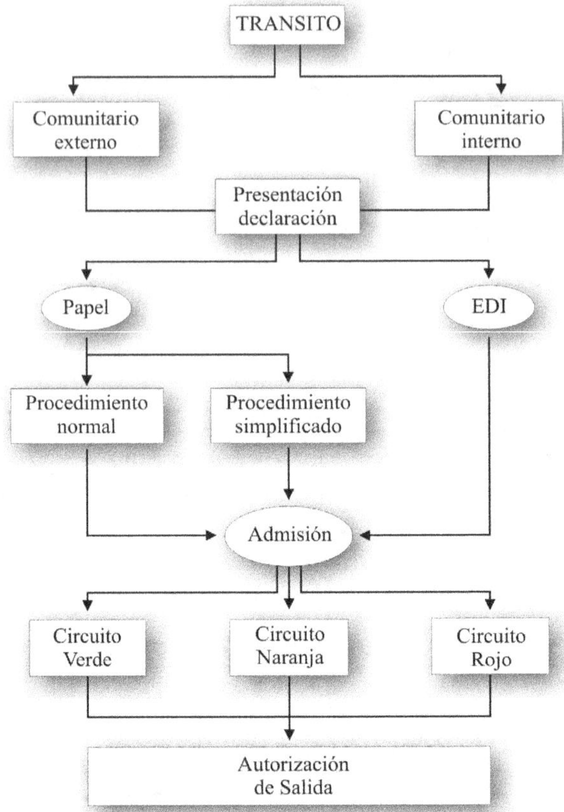

Figura 8.12

4. Procedimientos aduaneros informatizados

Cuándo las mercancías deben atravesar una aduana de paso, antes de la llegada del vehículo, de acuerdo con el procedimiento puesto en marcha en la de salida, la de paso ya dispondrá de la información gracias al aviso anticipado de tránsito (AAT).

Una vez llegado el vehículo, se comprueba la información que obligatoriamente ha de acompañar a la mercancía: el documento de acompañamiento y la lista de artículos. Verificada la información y la mercancía —si procede—, se ejecutará un aviso de paso de frontera (APF); que será enviada directamente a la aduana de partida.

Figura 8.13

Capítulo IX

Evolución tecnológica del sector

1. Introducción

Transporte y tecnología comparten un gran número de intereses comunes: vehículos más eficientes y menos contaminantes; unidades de carga mejor adaptadas y con posibilidad de seguimiento *(tracking* y *tracing);* mejora de las infraestructuras; y un largo etcétera.

Por lo que respecta a la logística portuaria, los impulsores de la entrada de la tecnología son, por una parte, los propios puertos. Las autoridades portuarias preocupadas en ofrecer servicios de mayor calidad (con la finalidad última de acaparar más clientela), entienden que un proceso documental rápido y eficiente es uno de los pilares básicos de su oferta.

Por otro lado, la potenciación en el ámbito internacional de alternativas a los modos de transporte menos sostenibles (ver el apartado 1.1 sobre Política europea en el transporte marítimo), está resultando en una promoción de la navegación de corta distancia. Esta modalidad de transporte, más dinámica y flexible que los habituales tráficos marítimos de altura, necesita una correspondencia en sus circuitos de información: el paralelismo entre mercancía e información es fundamental, y la velocidad de reacción ha de ser proporcional.

Son muchos los proyectos de investigación, desarrollo e innovación, I+D+I, que en la actualidad se encuentran en progreso. No en vano nos encontramos inmersos en la sociedad de la información y la comunicación, donde internet, las constelaciones satelitarias de posicionamiento (GPS, *Global Positioning System* y Galileo),[1] el intercambio electrónico de datos (EDI, *Electronic Data Interchange)* o los lenguajes con protocolos basados en XML[2] *(Extensible Markup Language)* están a la orden del día. Cada vez más, el crecimiento económico se vuelve dependiente tanto de la investigación como de la tecnología. Calidad y eficiencia. Calidad para desplazar y aumentar el volumen económico, y eficiencia para, indirectamente, acercarnos a un sistema de transporte más sostenible.

2. Programas Marco de Investigación

Inicialmente, vista la importancia del sector del transporte, los autores del Tratado de

---

[1] Ver europa.eu.int/comm/dgs/energy_transport/galileo/index_en.htm.

[2] Ver www.xml.org; www.w3.org/XML.

Roma establecieron una política común basada en unas normas específicas, si bien durante 30 años el Consejo de Ministros de la Unión Europea no plasmó dicha política en ninguna acción concreta. No sería hasta el Tratado de Maastrich que la política común en materia de transporte se activaría realmente.[3]

Los Programas Marco (en adelante PM) son el instrumento que se emplea en el ámbito comunitario para financiar la investigación dentro de Europa. En primer lugar, la Comisión Europea presenta una propuesta de PM que ha de ser posteriormente aprobada por el Consejo y el Parlamento Europeo. Cada programa cubre un período de cinco años, superponiéndose el último año de un programa con el primer año del siguiente. Actualmente (a fecha de 2003) nos encontramos dentro del sexto PM, programa que cubrirá el período 2002-2006.[4]

El VI PM[5] se ha marcado como objetivo contribuir a la creación de un auténtico «Espacio Europeo de Investigación». Un espacio para la investigación en Europa, una forma de mercado interior de la ciencia y la tecnología, que fomenta la competitividad y la innovación mediante una mejor cooperación y coordinación entre los ámbitos interesados .

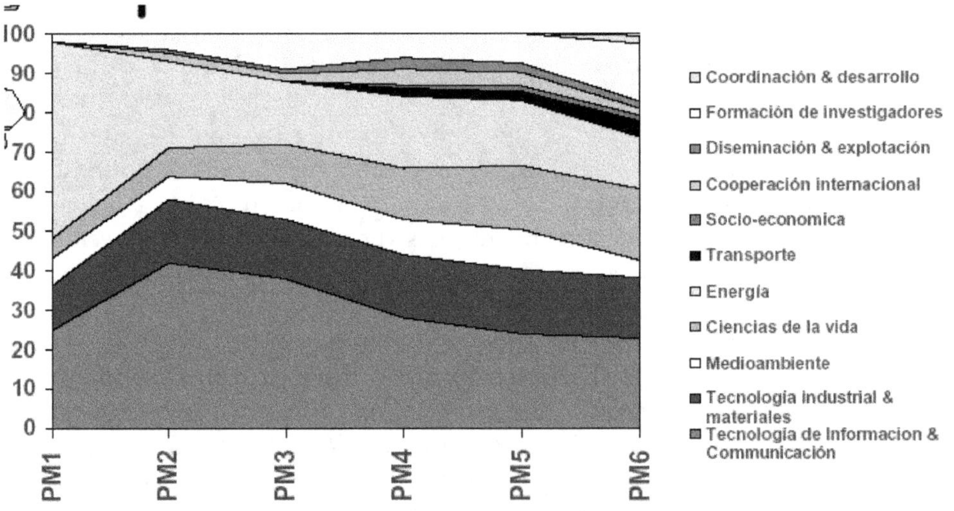

Figura 9.1 La inversión económica en transporte y tecnología está siendo incrementada desde el primer Programa Marco.

La importancia del análisis del PM en curso es fundamental, pues revela las carencias actuales así como las perspectivas de solución a medio plazo.

---

[3] Para una información más exhaustiva consultar el sitio www.europarl.eu.int/factsheets/4_5_1_es.htm, ficha técnica sobre los principios generales de la política de transportes.

[4] Para conocer más puede encontrarse un listado de preguntas más frecuentes (FAQs) sobre el VI PM en: europa.eu.int/comm/research/fp6/pdf/faq_es.pdf.

[5] Las prioridades establecidas en el VI PM pueden consultarse en el documento: europa.eu.int/comm/ research/rtdinfo/pdf/rtdspecial-fp6_en.pdf.

2.1 Transporte sostenible; prioridades de investigación

Por un lado, nos encontramos con unos objetivos claramente identificados con el concepto de «Transporte de superficie sostenible».[6] Entre ellos, destacamos como prioridades de investigación el desarrollo de sistemas competitivos, con el objetivo de reducir la contribución de CO_2 del transporte de superficie (además de otras emisiones peligrosas para el medio ambiente, incluidas las sonoras); al tiempo que se incrementa la seguridad, la comodidad, la calidad, la rentabilidad y la eficiencia energética de vehículos y navíos.

Dentro del grupo de las técnicas avanzadas de diseño y producción, la investigación se centrará en particular en entornos de producción únicos en su especie, que lleven a una mejora de la competitividad a través de la calidad, la seguridad, la comodidad y la rentabilidad.

Por lo que respecta al reequilibrio e integración de los diferentes modos de transporte, se centrará en sistemas de transporte interoperables, que permitan interconectar las redes de transporte. En particular, haciendo posible un sistema ferroviario europeo competitivo, así como la integración de un sistema de información europeo sobre tráfico de buques, servicios, tecnologías y sistemas de transporte intermodal, y logística avanzada de gestión de la movilidad y del transporte.

Podemos intuir que todos estos objetivos trascienden mucho más allá de la operativa particular del puerto. El horizonte abarca toda la cadena del transporte, intentando evitar que la autonomía de una de sus piezas no encaje con el resto.

2.2 Tecnologías de la sociedad de la información

De manera secundaria, como apoyo a las prioridades antes comentadas, surgen las tecnologías de la sociedad de la información. Éstas tienen entre sus objetivos el promover confianza, seguridad e interoperabilidad en las soluciones propuestas.

Dentro de las tecnologías de la comunicación y el tratamiento de la información, los objetivos son consolidar y profundizar los puntos fuertes de Europa en áreas tales como las comunicaciones y los sistemas, así como mejorar el rendimiento, la fiabilidad, la rentabilidad, la funcionalidad y la capacidad de adaptación de las tecnologías informáticas y de comunicaciones a fin de satisfacer las crecientes necesidades de las diferentes aplicaciones.

2.3 Proyectos y resultados

Dentro del entorno portuario y la temática analizada a lo largo de esta obra, los proyectos más interesantes son los resumidos a continuación. Téngase en cuenta que,

---

[6] "Transporte de superficie" que incluye el transporte por carretera, por ferrocarril y por vías navegables, que a su vez abarca el transporte marítimo y el transporte por vías navegables interiores.

que una vez finalizada la parte técnica de desarrollo, todos los proyectos fueron puestos en marcha sobre puertos y empresas existentes. Esto confiere a las conclusiones presentadas un importante valor empírico.

2.3.1 BOPCom[7] *(Baltic Open Port Communication)*[8]

Con el fin de potenciar la navegación de corta distancia en la cadena intermodal del transporte y hacer de este sistema una alternativa competitiva, el proyecto desarrolla un nuevo concepto telemático que enlaza las aplicaciones ya existentes en el sector e incluye a los diferentes usuarios, sin necesidad de aplicación particular alguna, ofreciendo así soluciones de bajo coste a las pequeñas y medianas empresas.

Si bien las herramientas propuestas son intrínsecas al proyecto, éstas se basan en una clásica integración entre EDI e internet, conjuntamente con una base de datos común. Sin embargo, la implantación del sistema fuera de la zona de creación necesitará de una red de distribución. Sus futuros usuarios requerirían de servicios locales de asistencia y adaptación.

2.3.2 Euroborder[9] *(The port as a hub in the intermodal chain)*[10]

El proyecto, centrado en las terminales de puertos pequeños y medianos como nodo en la cadena de transporte, estudia la mejora en el intercambio de información, la estructura organizativa y las rutinas administrativas en la terminal en relación a sus clientes y el resto de comunidad portuaria: la información como herramienta de soporte a la organización y la administración.

Sus conclusiones toman como base la estrategia de las «tres ies» (3Ies): interacción, integración e información. Interacción para definir una estrategia de negocio. Integración para coordinar inversiones, operaciones y explotar sinergias. Información para gestionar las tareas intermodales contribuyendo a un objetivo global.

Las carencias encontradas se agrupan en:

— Necesidad de mejora de la eficiencia de las terminales portuarias, enfocadas a los problemas de su ciudad.

— Desarrollo e implantación de un sistema de comunicaciones factible basado en Edifact, internet o extranets.

— Uso de la tecnología de identificación automática (estandarización).

— Todo ello sin olvidar la importancia en la formación del personal.

---

[7] Ver www.cordis.lu/transport/src/bopcomrep.htm y europa.eu.int/comm/transport/extra/bopcomia.html.
[8] Comunicaciones accesibles en puertos del Báltico.
[9] Ver www.cordis.lu/transport/src/euroborderrep.htm y europa.eu.int/comm/transport/extra/euroborderia.html.
[10] El puerto como centro de la cadena intermodal.

2.3.3 Infolog[11] *(Intermodal Information Link for Improved Logistics)*[12]

El principal objetivo del proyecto es demostrar la importancia que la información y las comunicaciones tienen en la eficiencia del transporte intermodal. Encuentra así su base de trabajo en los requerimientos de los fletadores, transitarios cargadores y operadores portuarios.

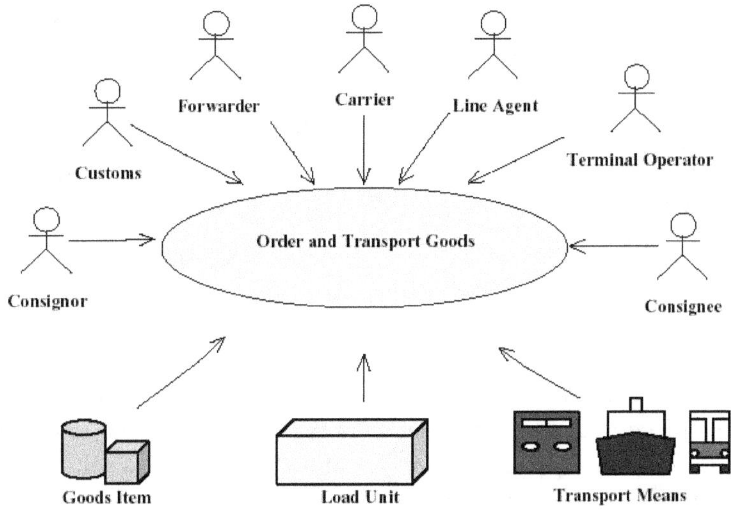

Figura 9.3 Esquema simplificado sobre los distintos niveles de negocio y sus diferentes actores.

Se creó un modelo de datos que contempla todo el proceso del transporte, su diseño, reservas de embarque, monitoreo, distribución, almacenaje y facturación. Todo ello bajo 16 mensajes diferentes de Edifact/Edipap. Resultó problemática la adaptación de las grandes empresas a una nueva situación que resultaba menos flexible en cargas desconsolidadas.

2.3.4 Intraseas[13] *(Safety & Economic Assessment Integrated Management of Multimodal Traffic in Ports)*[14]

El objetivo es determinar posibles soluciones para la gestión multimodal en terminales en relación con las redes del transporte, parcialmente sobre la base del análisis de trabajo y los efectos de la gestión de las estrategias de la información

---

[11] Ver www.cordis.lu/transport/src/infolog.htm, europa.eu.int/comm/transport/extra/infologia.html y descarga del resumen del proyecto en: ftp.cordis.lu/pub/transport/docs/summaries/waterborne_infolog_report.pdf.

[12] Conexión informativa intermodal para la mejora de la logística.

[13] Ver www.cordis.lu/transport/src/intrasea.htm y europa.eu.int/comm/transport/extra/intraseas.html.

[14] Gestión integrada sobre el análisis de seguridad y económico del tráfico multimodal en puertos.

(EDI, actualización de ETA, reservas por adelantado, etc.). El proyecto se encuentra en conexión con Euroborder, BOPcom y Sphere.

2.3.5 Ipsi[15] *(Improved Port/Ship Interface)*[16]

Dentro de la cadena de transporte, con el objetivo de mejorar el transporte de mercancías en su paso de tierra a mar, especialmente en la navegación de corta distancia, la ventaja competitiva debe incluir tanto elementos económicos como de entregas en el tiempo adecuado *(just in time)*. La eficiencia en la interfase puerto-buque en un contexto puerta a puerta *(door-to-door)* es de vital importancia. El proyecto pretende contribuir a estos objetivos con un nuevo diseño de terminal que aporte:

— Un desarrollo de nuevos conceptos más flexibles y eficientes entre el sector marítimo y tierra.

— Desarrollo de métodos para el movimiento de carga e información basados en la eficiencia y una baja inversión.

— Una demostración de la interfase creada.

El sistema desarrollado se basa en un sistema propio de contenedor. Esto obliga a una alta inversión en equipos afectando incluso a la tipología de buques empleados. Si bien la tecnología empleada es más económica, la inversión inicial es alta, debiendo ser secundada por los diferentes puertos.

2.3.6 Sphere[17] *(Small/medium sized Ports with Harmonised Effective RE-engineered processes)*[18]

El principal objetivo del proyecto fue aplicar los principios de reingeniería en puertos pequeños y medios, con el fin de rediseñar los diferentes procesos de manera que estos fueran más simples, efectivos, transparentes y flexibles; además de explotar totalmente las nuevas tecnologías de la información y la comunicación.

Las conclusiones a las que se llegó fueron:

— La importancia de considerar el puerto como una comunidad con un valor añadido propio.

— El uso de las tecnologías de la información como una herramienta y no como un fin.

— El movimiento continuo de la carga requiere de una anticipación documental, así como de unos controles e inspecciones que no desestabilicen el movimiento de la mercancía.

---

15 Ver www.cordis.lu/transport/src/ipsirep.htm y europa.eu.int/comm/transport/extra/ipsiia.html.
16 Mejora de la interconexión puerto-buque.
17 Ver www.cordis.lu/transport/src/sphererep.htm y europa.eu.int/comm/transport/extra/sphereia.html.
18 Puertos medios y pequeños bajo reingeniería de procesos armonizados y efectivos.

— La integración de los flujos de información necesita de la unión de cuantas más entidades mejor, así como una base operacional de «acceso» antes que de «transmisión», eliminando intermediarios y difusión de la información.

2.3.7 Workport[19] *(Work organisation in ports)*[20]

Los objetivos iniciales de dicho proyecto fueron, por lo que respecta a nuestra temática, la identificación de nuevas tecnologías aplicadas en el puerto así como su interacción, además de la aplicación de nuevos conceptos en la gestión y organización del sector. Todo ello mediante el análisis de las actuales prácticas, teniendo en cuenta su posible perfeccionamiento y la identificación de futuras mejoras.

Sus principales conclusiones fueron que en el marco de la diversidad de actividades que se producen dentro del puerto, la preferencia es la de actualizar la tecnología existente antes que realizar nuevos cambios. Esta postura se basa en el conservacionismo, la falta de planificación y estrategias a corto plazo, una falta de medios económicos y la cultura tecnológica de la parte gestora. Se consideró fundamental la formación de las los trabajadores en el momento de introducir nuevas tecnologías..

3. Otros Proyectos Europeos

3.1 Acciones COST

Las acciones COST[21] cuentan con 17 dominios diferentes, uno de ellos dedicado exclusivamente al transporte. El sector del transporte se encuentra especialmente a gusto con el marco de trabajo de las COST, al combinar aspectos multidisciplinares y una obligada necesidad de armonización en el ámbito europeo. Una de los puntos clave es la coordinación entre los Ministerios de Transporte y la propia Administración europea.

Si bien las acciones COST se encuentran actualmente paradas, las conclusiones y propuestas de sus informes siguen siendo vigentes. Se destaca de manera resumida los objetivos y conclusiones de una de las acciones, por resultar la de mayor calado en el contexto de la presente obra.

3.1.1 COST 330: Teleinformatics links between ports and their partners[22]

El principal objetivo consistió en evaluar los sistemas telemáticos de las principales

---

[19] Ver www.cordis.lu/transport/src/workport.htm, europa.eu.int/comm/transport/extra/workportia.html y descarga del resumen del proyecto en: ftp.cordis.lu/pub/transport/docs/summaries/waterborne _workport_report.pdf.

[20] Organización funcional en puertos.

[21] Ver www.cordis.lu/cost-transport/src/2com_act.htm

[22] Cost 330: enlaces teleinformáticos entre puertos y sus asociados.

comunidades europeas. En total se analizaron un total de 106 puertos, 77 de mar y 29 fluviales, pertenecientes a 19 países europeos distintos. Sin duda, el objetivo final pretendido con la implantación de las comunicaciones electrónicas y de la telemática en general, abarcaba:

— Mayor eficiencia en las operaciones.

— Mayor competitividad.

— Aceleración en el recorrido «puerta a puerta» de las mercancías.

— Mayor control y seguridad de las mercancías.

El resumen de conclusiones es el siguiente:

— El nivel de integración en aplicaciones informáticas es muy bajo, siendo en los puertos fluviales algo mayor. Únicamente las terminales de TEUs poseen un mayor desarrollo telemático.

— A escala nacional, las empresas ferroviarias y las aduaneras muestran un alto uso de las diferentes aplicaciones.

— Los diferentes actores disponen de hardware y software anticuado; emplean poco personal para el desarrollo y mantenimiento de sus sistemas telemáticos.

— El EDI es empleado por 28 autoridades portuarias y por 27 empresas estibadoras. Sólo un puerto fluvial lo emplea.

— En el 50 % de los países, las autoridades aduaneras se alineaban fuertemente en el uso del EDI.

— El intercambio automático de la información no está previsto que aumente perceptiblemente a corto plazo, ya que las relaciones entre el coste y el beneficio de un EDI totalmente integrado no son bien entendidas ni totalmente aceptadas. Además, los mensajes Edifact se perciben como demasiado complejos.

— Los costes en la telecomunicación y los problemas de conectividad, infraestructura y precio del software, se perfilan como temas críticos en la implantación del EDI en las comunidades portuarias. Se considera que el fax ofrece un nivel adecuado del servicio con un bajo coste y sin necesidad de un personal especializado.

— Los grandes puertos (PCS, Port Community Systems), agrupan a todos sus actores con voluntad de integrarlos. Los diferentes actores son reticentes a su ensamblaje. Los puertos medios y pequeños no pueden optar a dicha integración. Los puertos gestionados directamente por el gobierno, rechazan la idea del control por parte de una empresa privada.

En el informe final de la acción se proponen diversas soluciones:

— Es necesaria la cooperación entre los diferentes socios portuarios.

— Debe implantarse el EDI mediante el estándar Edifact.

— Se han de impulsar programas piloto en los puertos de la UE, de acuerdo con la directiva Hazmat (en ella, las autoridades portuarias están a cargo de la gerencia de las mercancías peligrosas).

— Se ha de imponer cierta harmonización en los procedimientos y prácticas comerciales, con el fin de proponer soluciones globales en el tratamiento de datos.

— Se ha de tener en cuenta el gran desnivel entre puertos grandes, medianos y pequeños.

— La Comisión Europea ha de potenciar los proyectos relacionados con las herramientas que incorpora específicamente la formación.

— La Comisión Europea ha de proponer iniciativas para la definición de la estrategia de implantación de soluciones globales.

3.2 Acciones PACT

El programa PACT[23] *(Pilot Actions for Combined Transport),* en su segunda convocatoria, se llevó a cabo entre los años 1997 y 2001. Como continuación de tales acciones, se creo el Programa Marco Polo.

La propia Comisión Europea fue la encargada de invitar a los interesados a presentar propuestas de acciones innovadoras. Estas propuestas debían mejorar la competitividad del transporte combinado con respecto al uso exclusivo del transporte por carretera, en el marco del Programa comunitario PACT.[24]

Principalmente, los proyectos propuestos consistieron en:

— Medidas innovadoras de carácter operativo.

— Estudios de viabilidad para preparar medidas innovadoras y operativas.

Si bien fue cuantioso el número de proyectos, no se dispone de las conclusiones finales de todos ellos.[25] Tan sólo se pueden señalar los buenos resultados obtenidos en el ámbito local entre la combinación de modos ferrocarril-marítimo (navegación de corta distancia incluida). Según las clasificaciones finales otorgadas por la propia Comisión, los niveles de eficacia según el número de proyectos fue el siguiente:

— Gran acierto: 11 %.

— Acierto: 38 %.

— Parcialmente acertado: 33 %.

— No acertado: 19 %.

---

[23] Ver el enlace, europa.eu.int/comm/transport/themes/land/english/pact/index.htm.

[24] Para conocer el listado de acciones acometidas bajo el programa PACT, así como sus objetivos, evaluación, presupuesto, etc., consultar el documento *"Commission Staff Working Paper: Results of the Pilot Actions for Combined Transport, 1997-2001",* en el enlace europa.eu.int/comm/transport/library/pact_overview_en.pdf.

[25] Ver, europa.eu.int/comm/transport/themes/land/english/pact/pact_summary.htm.

Finalizado el programa, las tres principales conclusiones que pueden sacarse del mismo son las siguientes:

— Los proyectos basados en el ferrocarril y la navegación de corta distancia resultaron de mayor riesgo que los proyectos sobre aguas interiores. El 20 % de las ayudas previstas para proyectos que implicaban los dos modos no pudieron finalizar o debieron ser recortados.

— Parece difícil lanzar y mantener en el mercado acciones que promuevan la intermodalidad.

— El éxito comercial de los nuevos servicios no está siempre garantizado, incluso con financiaciones públicas iniciales. Sin embargo, estas ayudas pueden contribuir a crear proyectos que resulten económicamente autosuficientes.

Frente a la valoración genérica del programa PACT, cabe destacar:

— El resultado global del programa resultó óptimo, tanto por los objetivos alcanzados como por su gestión.

— La mayoría de objetivos alcanzados encuentran su rentabilidad en términos de reducción de emisiones de dióxido de carbono.

— La viabilidad de los proyectos es difícil en muchas ocasiones, incluso con el soporte económico del Programa, debiendo cambiar las condiciones del mercado en Europa respecto al transporte combinado.

— Algunos Estados miembros han cuestionado la efectividad del programa PACT a la hora de enfrentarse con las barreras propias del mercado. La Comisión se ha puesto a trabajar al respecto.

— Existe en la Comunidad un buen concepto acerca del transporte combinado, si bien la opinión generalizada es que los resultados no son evaluados adecuadamente ni ampliamente difundidos, faltando un valoración política.

— Los aspectos de difusión precisan ser reforzados. Esto requiere una estrategia clara además de una definición de roles dentro de los grupos de trabajo, de gestión de los Estados con posibilidad de requerir un equipo especializado para la diseminación en base a los objetivos de la Comisión.

3.3 Programa Marco Polo

El Programa Marco Polo, auspiciado por la propia Dirección General para la Energía y el Transporte de la Comisión Europea, nace con la idea de promover alternativas al tráfico rodado, en base a las lecciones aprendidas por el anterior Proyecto PACT, y la necesidad de transferir carga de la carretera a otros modos más sostenibles. Como no podría ser de otra manera, los pilares básicos son los ya comentados en el libro blanco sobre el transporte *(European Transport Policy for 2010: Time to decide)*, editado por la Comisión. Al igual que el PACT, Marco Polo intenta sustentarse en acciones comerciales en el mercado de los servicios del transporte. Esto supone una clara diferencia frente a otros programas que buscan el soporte a través del desarrollo y la investigación. Marco Polo se encarga de fomentar todos los segmentos del sector del transporte y no sólo los relativos al transporte combinado.

El programa también dará soporte a acciones que impliquen a países vecinos a los de la UE, especialmente a los próximos candidatos a incorporarse.

Los tres principales ejes de rotación del proyecto son:

— Apoyar a medio plazo nuevos servicios de transporte que no usen la carretera.

— Apoyar el lanzamiento de servicios o medios estratégicos de interés europeo.

— Estimular la réplica y fomentar la búsqueda de objetivos comunes en proyectos ejecutados sobre el propio mercado.

El principal objetivo de Marco Polo es la ayuda al cambio de modo de transporte internacional por carretera, con un horizonte de hasta el 2010.

3.3.1 Proyectos futuros

Por lo novedoso del Programa, todavía se están realizando las asignaciones de los diferentes proyectos. Entre todos ellos, auque sea de manera breve, merece destacar la siguiente llamada.

Harmonización y estandarización de unidades intermodales de carga[26]

Al amparo del Programa Marco Polo, la Comisión Europea estudia la puesta en marcha de un marco de directiva para la Harmonización de las Unidades de Carga (EILU, *European Intermodal Loading Units)*. Los requerimientos mínimos tienen como base los siguientes principios:

— compatibilidad con los tres modos de transporte (carretera, ferrocarril y aguas interiores) y, siempre que sea posible, con la navegación de corta distancia.

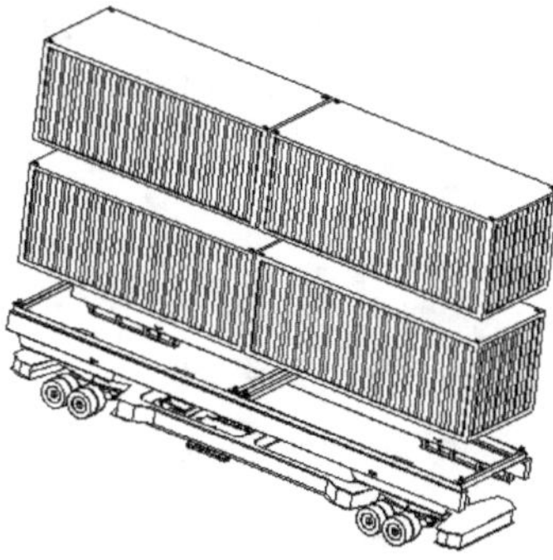

Figura 9.3. Interpretación libre de una posible unidad de carga.

---

[26] Para más información ver europa.eu.int/comm/transport/combined/consultation-paper_en.pdf.

— Apilabilidad por ambos lados, durante su carga y transporte.

— Disponer de un ancho interior que pueda acoger con margen de manipulación, dos paletas de 1,2 m.

— Todo ello respetando las dimensiones máximas permitidas en los vehículos de transporte por carretera[27].

— Capacidad de ser manipulados por los mismos equipos que actualmente operan con contenedores ISO.

4. Puertos del Estado

Particularmente, por lo que se refiere a los proyectos en los que el ente público Puertos del Estado, en España, tiene una participación, destacamos los siguientes:

4.1 Marnet[28] *(Marnet: an interregional maritime information network)*[29]

El proyecto pretende demostrar la flexibilidad operativa interregional del EDI en los sistemas de las comunidades portuarias, integrando tanto el *tracing* como el *tracking* de las mercancías a su paso. La implantación de este sistema de información pretende que sea factible aplicarse en puertos no automatizados. Todos estos objetivos conllevarán directamente la potenciación la navegación de corta distancia.

Tras las demostraciones realizadas en los puertos colaboradores se llegó a la conclusión de que el intercambio de información por vía telemática (internet, Java) tenía más importancia de la que aparentemente parecía. La tecnología a emplear debía ser de bajo coste, útil y de fácil uso.

4.2 Martans[30]

En este proyecto encontramos el grupo Euromar, formado por tres empresas punteras en el mundo de los sistemas de información aplicados al transporte: Portel[31] (España), Gyptis[32] (Francia) y Set[33] (Italia). El planteamiento del proyecto pretende desarrollar un sistema EDI escalable y modular, apto para ser empleado en puertos

---

[27] Ver la Directiva 96/53.

[28] Ver www.euromar-eeig.com/initiat/marnet.htm, europa.eu.int/comm/transport/extra/marnetia.html y www.cordis.lu/transport/src/marnetrep.htm.

[29] Marnet: una red marítima de información interregional.

[30] Ver www.portel.es/intranex.

[31] Portel, SA está operativa desde enero de 1996 con el objetivo de implantar tecnología avanzada en los puertos comerciales españoles.

[32] Gyptis es una compañía independiente creada por la comunidad portuaria de Marsella/Fos. Gyptis se encarga de la explotación de Protis, un sistema de información que a modo de plataforma interconecta 300 compañías del sector del transporte.

[33] Set fundado en 1985 y con base en Génova es la empresa encargada de proporcionar sistemas tecnológicos operacionales al sector del transporte en Italia.

de tamaño medio y pequeño. Los beneficios del diseño afectan tanto al flujo de información de operaciones comerciales, como beneficios cualitativos y cuantitativos en la cadena de transporte.

4.3 Itesic[34]

Los ambiciosos objetivos marcados por el proyecto pueden clasificarse en tres grupos: flexibilidad, fiabilidad y servicio al cliente. Flexibilidad en la capacidad de proceso de entradas de contenedores y en la reducción del tiempo de paso. Fiabilidad, garantizando retrasos de menos de 30 minutos. Y servicio al cliente bajo esquemas de unificación de precios y facturación automática.

Como resumen de conclusiones, cabe decir que el sistema opera óptimamente bajo la visión del transporte como un todo, como una cadena intermodal. Es importante la comunicación y actuación entre los diferentes actores implicados.

4.4 3SNet[35]

El proyecto se encuentra orientado a la aplicación de elementos de comercio electrónico a la navegación de corta distancia, con el objetivo de permitir las interacciones en los intercambios de información entre los cargadores y sus agentes. Estas interacciones incluyen presupuestos, reservas, *tracking* e intercambio genérico de información sobre la carga vía EDI. Colateralmente, autoridades portuarias, aduanas, etc., también podrán ser partícipes del servicio de intercambio de información.

Las conclusiones del proyecto son que no resulta válido realizar una analogía entre las necesidades del comercio marítimo tradicional y la navegación de corta distancia. Este tipo de explotación requiere de unos particulares específicos, que deben ser comunes para todos los transportistas. Por su parte, los clientes desean una solución única que incorpore todas las posibles operaciones. La navegación de corta distancia, madura en términos operacionales, se encuentra tecnológicamente en sus inicios.

4.5 IP[36] *(Intermodal Portal)*

Constituido bajo el V Programa Marco, el proyecto viene a cubrir el espacio existente entre el movimiento físico de las mercancías y su flujo de información, discrepancia ésta que provoca importantes pérdidas de beneficios. Este espacio vacío se justifica por:

— Disparidad de procedimientos entre los distintos puertos europeos.

---

[34] Ver www.itesic.portel.es y descarga del proyecto final en: europa.eu.int/comm/transport/extra/final_reports/integrated/itesic.pdf.

[35] Ver www.shortsea.net y www.cordis.lu/transport/src/3snet.htm, descarga del resumen del proyecto en: ftp.cordis.lu/pub/transport/docs/su mmaries /wa terborne _ 3snet_report.pdf.

[36] Ver www.intermodalportal.com.

— Roturas en el flujo de información por el gran número de actores que intervienen en la cadena de transporte.

— Dificultad de crear un sistema privado de comunicación de fácil acceso.

Así, el proyecto de crear un portal de información que armonice los diferentes intercambios de información parece plantearse como una solución óptima.

4.6 ETNIS[37]

El proyecto se basa en definir una plataforma basada en Internet (EurTradeNet Internet-Services o ETNIS), capaz de ofrecer un servicio integral a los agentes que intervienen en las operaciones de comercio exterior. Esta plataforma optimizará los flujos de información en los diferentes procesos de importación, exportación y tránsito comunitario de mercancías, reduciendo costes y plazos de ejecución.[38]

Como resumen de sus objetivos destacamos:

— Identificar procesos y servicios susceptibles de ser integrados en la plataforma.

— Definir las especificaciones técnicas necesarias para su efectiva integración.

— Evaluar el interés de usuarios y proveedores de servicios.

— Desarrollar el modelo y plan de negocio.

— Buscar alianzas estratégicas y socios para la iniciativa.

5. Plan Tecnológico del Sector Marítimo

Por lo que respecta a España, debemos destacar el reciente impulso que su Gobierno está dando a la política de I+D+I en el sector marítimo, abordando por primera vez un nuevo concepto del sector marítimo como un todo integrador, en el marco de un proceso de modernización y fortalecimiento tecnológico.

Dicha integración apuesta por un macrosector que aglutina el transporte marítimo, la industria de la construcción naval, la industria auxiliar, la pesca y sus exportaciones, las sociedades de clasificación, los armadores y las compañías navieras, la industria *offshore* y la industria de explotación de los recursos marinos. También participarán organismos e instituciones anejos tales como el Instituto Español de Oceanografía,[39] Puertos del Estado,[40] y la Universidad.

La pretensión de este nuevo enfoque es aprovechar las sinergias de todas las actividades industriales y económicas citadas para conformar un sector tecnológica-

---

[37] Ver www.eurtradenet.com.
[38] En este sentido resulta interesante el documento "The legal effects of payment by EFT", que puede descargarse de la dirección: www.eurtradenet.com/document/EFTs.pdf.
[39] Ver www.ieo.es/.
[40] Ver www.puertos.es/index.jsp.

mente avanzado, capaz de enfrentarse con éxito a la creciente competitividad, consecuencia de una economía globalizada y que, por añadidura, está en sintonía con las líneas estratégicas de la Unión Europea.

El Plan está basado en el «Estudio de los factores de competitividad del sector marítimo y definición de acciones estratégicas para su desarrollo», promovido por el Ministerio de Ciencia y Tecnología. En este sentido, el Plan Tecnológico pretende establecer un modelo de desarrollo del sector y conseguir unas cotas de infraestructura y de servicio que permitan que las empresas tengan las herramientas necesarias para mejorar su competitividad a través de la intensificación del capítulo de I+D+I.

El Plan Tecnológico constituirá un capítulo industrial más del Programa de Fomento de la Investigación Técnica (Profit),[41] teniendo la misma consideración que sectores como el aeronáutico, el automóvil, los bienes de equipo, el textil, la biotecnología, la química o las telecomunicaciones.

6. Conclusiones

Al hablar de temas relativos a la investigación, parece obligado terminar con unas pocas conclusiones que nos permitan vislumbrar el horizonte, a medio plazo, lugar hacia el cual el sector se dirige.

Internet, intranets, redes VAN, EDI, Edifact, Java y protocolos XML son el presente. Ya existe la tecnología que puede hacer posible la unificación de procedimientos. La tendencia es precisamente la de ampliar y abrir el acceso a la información, controlar el estado de los distintos procesos documentales, hacer partícipes a los diferentes actores involucrados restringiendo los paquetes de información según el usuario de que se trate. Y todo ello bajo la garantía de disponer información en tiempo real y de la seguridad y confidencialidad de las transmisiones. La futura ampliación de procesos pasa por incluir documentos comerciales, pedidos, facturación, así como transferencias bancarias, además del seguimiento físico de la carga.

Frente a este goloso futuro, las sabidas trabas: soluciones que suelen ser de ámbito local; las terminales portuarias necesitan de mejores esquemas de eficiencia, antes de invertir en procesos telemáticos; los usuarios son reacios a invertir en nueva tecnología, siendo necesario crear herramientas más flexibles y amigables.

Por lo que respecta a la inversión que las diferentes Administraciones realizan en I+D+I, vemos que es escasa (si bien paulatinamente va aumentando) y los resultados obtenidos no son tan prometedores como inicialmente se esperan. Esto no frena el desarrollo del sector. Muchos puertos y operadores invierten en tecnología como inversión latente, independientemente de ayudas administrativas, ya que comprenden que el futuro pasa por ofrecer una mayor eficiencia, más calidad, y cualquier evolución en ese sentido, actualmente, necesita ir de la mano del desarrollo tecnológico y la transferencia de tecnología.

---

[41] Ver www.mcyt.es/profit/.

Índice de siglas

AALL	Aviso anticipado de llegada
AAT	Aviso anticipado de tránsito
ADN	Acuerdo sobre el Transporte Internacional de Mercancías Peligrosas por Vías Fluviales
ADR	*The European Agreement concerning the International Carriage of Dangerous Goods by Road*
AELC	Asociación Europea de Libre Comercio
AENOR	Asociación Española de Normalización
AFTRI	*Association Française du Transport Routier International*
AIST	*Arbeitsgem. zur Foerderung und Entwicklung des Internationalen Strassenverkehrs*
APF	Aviso de paso de frontera
API	*American Petroleum Institute*
API	*American Petroleum Institute*
ASTAG	*Association Suisse des Transporteurs Routiers*
ASTIC	Asociación de Transporte Internacional por Carretera
ATA	*Admission Temporaire*
ATP	Acuerdo sobre Transportes Internacionales de Mercancías Perecederas
AWB	*Air Way Bill*
B/L	*Bill of Lading*
BAF	*Bunker Adjustment Factor*
BASC	*Business Anti Smuggling Coalition*
BGL	*Bundesverband Gueterkraftverkehr und Logistik*
BIMCO	*Baltic and International Maritime Council*
BOE	Boletín Oficial del Estado
BOPCOM	*Baltic Open Port Communication*
CAC	Código Aduanero Comunitario
CAF	*Currency Adjustment Factor*
CATICES	Centros de Asistencia Técnica e Inspección del Comercio Exterior
CECA	Comunidad Europea del Carbón y del Acero
Ceftral	Confederación Española de Formación del Transporte y la Logística
CFR	*Cost & Freight*
CICEDS	Comisión Interministerial de Coordinación de la EDS
CIF	*Cost, Insurance & Freight*
CIM	Centro Integral de Mercancías
CIP	*Carrier Initiative Program*
CIP	*Carriage Insurance Paid To*
CIRCA	*Communication and Information Resource Centre Administrator*
CITES	Convenio para el Comercio Internacional de Especies Vivas, Fauna Salvaje y Flora
COMPAS	Comunicación de Manifiestos a Puertos y Aduanas
COST	Teleinformatics links between ports and their partners
COTIF	Convenio sobre el Transporte Internacional por Ferrocarril *(Convention concerning International Carriage by Rail)*
CPT	*Carriage Paid To*
CSI	*Container Securtity Initiative*
CSM	Comité de Seguridad Marítima
C-TPAT	*Customs-Trade Partnership Against Terrorism*
DA	Documento de acompañamiento
DAF	*Delivered At Frontier*

DDP	*Delivered Duty Paid*
DDU	*Delivered Duty Unpaid*
DEQ	*Delivered Ex Quay*
DES	*Delivered Ex Ship*
DF	*Documentation Fee*
DTL	*Danish Transport and Logistics Association*
DTL	Declaración de tránsito
DUA	Documento Único Administrativo
DUE	Documento Único de Escala
EDI	*Electronic Data Interchange*
EDIFACT	*Electronic Data Interchange For Administration Commerce and Transport*
EDP	*Electronic Data Processing*
EFTA	*European Fair Trade Asociation*
EILU	*European Intermodal Loading Units.*
ESPO	*European Sea Ports Organization*
ETA	*Estimated Time of Arrival*
ETC	*Estimated Time to Departure*
ETNIS	*EurTradeNet Internet-Service*
EUROBORDER	*The port as a hub in the intermodal chain*
EXW	*Ex Works*
FAL	*Facilitation of International Maritime traffic*
FAS	*Free Alongside Ship*
FBL	*FIATA Bill of Lading*
FCA	*Free Carrier*
FCL	*Full Container Load*
FCR	*Forwarding Agent Certificate of Receipt*
FCT	*Forwarders Certificate of Transport*
FEBETRA	*Fédération Belge des Transporteurs*
FETEIA	Federación Española de Transitarios)
FEU	*Forty Equivalent Units*
FFI	*Fiata Forwarding Instructions*
FIATA	Federación Internacional de las Asociaciones de Transitarios y Asimilados
FOB	*Free on Board*
FWR	*Fiata Warehouse Receipt*
GPS	*Global Positioning System*
ICC	*International Chamber of Commerce*
ILU	*Intemodal Loading Units*
IMCO	*Inter-Governmental Maritime Consultative Organization*
IMDG	Código Marítimo Internacional de Mercancías Peligrosas *(International Maritime Dangerous Goods)*
INCOTERMS	*Internacional Commercial Terms*
INFOLOG	*Intermodal Information Link for Improved Logistics*
INTRASEAS	*Safety & Economic Assessment Integrated Management of Multimodal Traffic in Ports*
IP	*Intermodal Portal*
IPSI	*Improved Port/Ship Interface*
IRHA	*Irish Road Haulage Association*
IRU	*International Road Transport Union*
ISO	*International Organization for Standardization*
ISPS CODE	*International Ship and Port Facility Security Code*
KAZATO	*Union of International Road Carriers*
KNV	*Nederlands Vervoer*
LA	Lista de artículos
LCL	*Less Than Container Load*
LNG	*Liquefied Natural Gas*
LOTT	Ley de Ordenación del Transporte Terrestre
LPEMM	Ley de Puertos del Estado y Marina Mercante
LPG	*Liquefied-Petrol-Gas*

MARNET	*An international maritime information network*
MOU	*Memorandum of Understanding*
NCTS	*New Computerised Transit System*
OCA'S	Organizaciones de Comercio Alternativo
OFAE	*Fédération Hellénique des Transports Routiers Internationaux*
OM	Orden Ministerial
OMI/IMO	Organización Marítima Internacional *(International Maritime Organization)*
ONU	Organización de Naciones Unidas
PACT	*Pilot Actions for combined Transport*
PCS	*Port Community Systems*
PM	Programas Marco
PSC	*Port State Control*
PTC	Proyecto de Tránsito Computerizado
RC	Resultado de control
RD	Real Decreto
RICo	Reglamento Transporte Internacional Ferroviario de Contenedores
RID	Reglamento Transporte Internacional Ferroviario de Mercancías Peligrosas
RIEx	Reglamento Transporte Internacional Ferroviario de Paquete Exprés
RIP	Reglamento Transporte Internacional Ferroviario de Vagones de Particulares
ROTT	Reglamento de la Ley de Ordenación de los Transportes
SCIP	*Super Carrier Initiative Program*
SDT	*Sippers Declaration for the Transport*
SOIVRE	Servicio Oficial de Inspección, Vigilancia y Regulación
SPHERE	*Small/medium Sized Ports with Harmonised Effective RE-engineered Processes*
SWIFT	*Society for Worldwide Interbank Financial Telecommunication*
TEU	*Twenty Equivalent Units*
THC	*Terminal Handling Charge*
TIREXB	*TIRE Executive Road*
UE	Unión Europea
UICCIAA	*Unione Ital. Delle Camere di Commercio, Industria, Artigianato & Agricultura*
UN/EDIFACT	*United Nations Directories for Electronic Data Interchange for Administration, Commerce and Transport*
UNCTAD	*United Nations Conference on Trade and Development*
VTMIS	*Vessel Traffic Management and Information System*
WE-EB	*Western European Edifact boare*
WORKPORT	*Work organisation in ports*
WRS	*War Risk Surcharge*
XML	*Extensible Markup Language*
ZAL	Zona de Actividades Logísticas

Transporte ferroviario de mercancías

Miguel Ángel Dombriz
Las claves de la eficiencia de los servicios ferroviarios,
en qué condiciones se deben contratar y qué elementos
inciden en sus costes y su operatividad.
246 págs.; 17 x 24 cm. Color. ISBN 978-84-15340-80-5.

Transporte en contenedor

Jaime Rodrigo de Larrucea, Ricard Marí, Álvaro Librán
El proceso de transporte del contenedor, su manipulación
en terminales, el régimen jurídico y la casuística de daños
y averías que pueden afectarlo.
338 págs.; 17 x 24 cm. Color. ISBN 978-84-15340-67-6.

El transporte por carretera

José Manuel Ruiz Rodríguez
Un manual con todos los conocimientos que necesita el
profesional del transporte por carretera.
232 págs.; 17 x 24 cm. ISBN 978-84-15340-01-0.

Logística hospitalaria

Borja Ozores
Claves y tendencias de las operaciones logísticas en el
sector hospitalario: calidad en la atención sanitaria y
reducción de costes.
138 págs.; 17 x 24 cm. ISBN 978-84-15340-66-9.

La seguridad en los puertos

Ricard Marí, Jaime Rodrigo de Larrucea, Álvaro Librán
Cómo implantar planes de seguridad y protección en
instalaciones portuarias y buques según el código de la
Organización Marítima Internacional (OMI).
288 págs.; 17 x 24 cm. ISBN 978-84-15340-48-5.

Centros logísticos

Ignasi Ragàs
Planificación, promoción y gestión de los centros de
actividades logísticas.
264 págs.; 17 x 24 cm. Color. ISBN 978-84-15340-41-6.

El Convenio CMR

Francisco Sánchez-Gamborino, Alfonso Cabrera Cánovas
El contrato de transporte internacional de mercancías por
carretera.
252 págs.; 17 x 24 cm. ISBN 978-84-15340-33-1.

Logística inversa en la gestión de la cadena de suministro

Domingo Cabeza
Cómo generar valor económico, respetar el medio
ambiente y contribuir al desarrollo sostenible.
152 págs.; 17 x 24 cm. ISBN 978-84-15340-58-4.

Soluciones logísticas

Francisco Álvarez Ochoa
Manual con casos prácticos para optimizar la cadena de
suministro.
218 págs.; 17 x 24 cm. ISBN 978-84-92442-96-6.

El transporte internacional por carretera

Alfonso Cabrera Cánovas
Un manual para la contratación y gestión del transporte
internacional por carretera y su adecuación a las reglas
Incoterms 2010.
160 págs.; 17 x 24 cm. ISBN 978-84-15340-06-5.

Gestión del transporte

Jaime Mira, David Soler
Manual práctico para la gestión integral del transporte de
mercancías.
320 págs.; 17 x 24 cm. ISBN 978-84-92442-97-3.

El contrato de transporte por carretera

(Ley 15/2009)
Alfonso Cabrera Cánovas
Manual práctico para aplicar la ley que regula en España el
contrato de transporte de mercancías por carretera.
160 págs.; 17 x 24 cm. ISBN 978-84-92442-94-2.

El seguro de las mercancías en el transporte

Albert Badia
Manual práctico para resolver dudas y conocer en
profundidad el ámbito del seguro de transporte de
mercancías por vía marítima, terrestre y aérea.
320 págs.; 17 x 24 cm. ISBN 978-84-92442-28-7.

Capacitación profesional para el transporte de mercancías por carretera

José Manuel Ruiz Rodríguez
Un manual para conseguir el certificado de capacitación
profesional de transportista de mercancías, nacional e
internacional.
360 págs.; 17 x 24 cm. ISBN 978-84-86684-76-1.

Diccionario de logística

David Soler
Más de 3.500 conceptos relacionados con la logística y la
cadena de suministro con su traducción al inglés.
378 págs.; 14,5 x 21 cm. ISBN 978-84-92442-24-9.

Logística urbana. Ciudad y mercancías

Institut Cerdà
Políticas de movilidad y soluciones de gestión de la logística
urbana para las empresas y los organismos públicos.
164 págs.; 17 x 24 cm. ISBN 978-84-92442-14-0.

Abandono de buques y tripulaciones

Domingo González Joyanes
Un estudio sobre las repercusiones sociales, económicas y
medioambientales que provocan el abandono de buques y
sus tripulaciones, incluyendo su problemática procesal con
la aportación de casos concretos y un estudio de todos los
agentes involucrados.
256 págs.; 17 x 24 cm. ISBN 978-84-92442-23-2.

Capacitación profesional para el transporte de mercancías por carretera (hasta 3.500 kg MMA)

José Manuel Ruiz Rodríguez
Un manual para conseguir el certificado de capacitación profesional autonómica de transportista de mercancías.
226 págs.; 17 x 24 cm. ISBN 978-84-86684-99-0.

Almacenamiento de materiales

Mariano Pérez
Como diseñar y gestionar almacenes optimizando todos los recursos de los procesos logísticos.
320 págs.; 17 x 24 cm. ISBN 84-86684-59-5.

Operadores logísticos

Andrés Mira
Claves y perspectivas de los servicios de los operadores logísticos.
160 págs.; 17 x 24 cm; tapa dura; a color.
ISBN 84-86684-56-0.

Calidad total y logística

José Presencia
Cómo alcanzar procesos logísticos eficientes mediante la gestión de la calidad total.
160 págs.; 17 x 24 cm. ISBN 84-86684-24-2.

Logística del automóvil

Federico Sabrià
Claves operativas y estrategias de producción de los fabricantes de automóviles.
128 págs.; 17 x 24 cm. ISBN 84-86684-26-9.

El transporte marítimo

Rosa Romero
Todos los conceptos y procesos para la gestión del principal modo de transporte en el comercio internacional.
192 págs.; 17 x 24 cm. ISBN 84-86684-15-3.

Subcontratación de servicios logísticos

Josep A. Aguilar
Cómo desarrollar una operación de outsourcing en la gestión logística integral.
144 págs.; 21 x 29,7 cm. ISBN 84-86684-13-7.

Transporte internacional

Josep Baena
Manual didáctico con los principales conceptos y elementos del transporte internacional y su vinculación con el comercio exterior.
64 págs.; 17 x 24 cm; a color. ISBN 84-86684-17-X.

Logística e intermodalidad

Luis Montero
Manual didáctico con los conceptos básicos de la logística y la intermodalidad en el transporte de mercancías.
64 págs.; 17 x 24 cm; a color. ISBN 84-86684-18-8.

Logística y marketing geográfico

Fernando S. Amago
Geomarketing para tomar decisiones visualmente.
224 págs.; 21 x 29,7 cm. ISBN 84-86684-08-0.

e-Logistics (II)

Miguel Ángel Pesquera
Los fundamentos del comercio electrónico en la gestión de las cadenas logísticas.
160 págs.; 21 x 29,7 cm. ISBN 84-86684-09-9.

e-Logistics (I)

Ángel Ibeas
Las claves de la gestión del transporte para alcanzar un alto servicio con el menor coste y la mayor competitividad.
144 págs.; 21 x 29,7 cm. ISBN 84-86684-06-5.

València, 558, ático 2.º 08026 Barcelona — Tel. +34-932 449 130 — marge@marge.es — www.marge.es

Negociación intercultural. Estrategias y técnicas de negociación internacional

Domingo Cabeza, Pelayo Corella, Carlos Jiménez
Una herramienta imprescindible para gestionar los procesos de negociación en entornos internacionales.
336 págs.; 17 x 24 cm. Color. ISBN: 978-84-15340-79-9.

Las reglas Incoterms® 2010. Manual para usarlas con eficacia

Alfonso Cabrera Cánovas
Un manual práctico con la respuesta a todos los interrogantes que surgen en el uso de las reglas Incoterms para el comercio internacional.
234 págs.; 17 x 24 cm. Color. ISBN 978-84-15340-10-2.

Gestión aduanera en la Unión Europea. Normativa de la UE para el comercio exterior

Pedro Coll
Un manual sobre la normativa aduanera de la Unión Europea para realizar operaciones de importación o exportación, tanto si se opera desde la propia UE como si se hace desde terceros países .
160 págs.; 17 x 24 cm.ISBN: 978-84-15340-60-7.

Regímenes aduaneros económicos y procesos logísticos en el comercio internacional

Pedro Coll
Desarrollo operativo de los regímenes aduaneros económicos que pueden aplicarse en cada circunstancia y de los procesos logísticos en las operaciones de compraventa internacional.
256 págs.; 17 x 24 cm.ISBN: 978-84-15340-32-4.

Inglés náutico normalizado para las comunicaciones marítimas

José Manuel Díaz Pérez
Práctico manual que presenta el vocabulario normalizado de navegación, así como las frases normalizadas para las comunicaciones marítimas establecidas por la OMI.
144 págs.; 17 x 24 cm. ISBN 978-84-15340-07-2.

Gestión financiera del comercio internacional

Josep M.ª Casadejús
Una herramienta para conocer en profundidad los aspectos comerciales y financieros del mercado internacional.
272 págs.; 17 x 24 cm. ISBN 978-84-92442-84-3.

El desorden sanitario tiene cura. Desde la seguridad del paciente hasta la sostenibilidad del sistema sanitario con la gestión por procesos

Rajaram Govindarajan
Un sistema para la prevención, el análisis y la corrección de los principales problemas en la sanidad pública.
200 págs.; 17 x 24 cm. ISBN 978-84-92442-56-0.

Shipping & Commercial Case Law

Albert Badia
250 leading cases of the High Courts of England & the European Court of Justice.
292 págs.; 17 x 24 cm. ISBN 978-84-15340-84-3.

Gestión y liderazgo en una empresa de seguros

Simón Mahfoud y Digna Peña
Una experiencia de gestión, con una visión completa del sector asegurador, de su estructura, su funcionamiento y sus aportes a la economía.
160 págs.; 17 x 24 cm. ISBN 978-84-86684-75-4.

Personalización masiva

Blas Gómez
Las claves del nuevo horizonte empresarial en la producción y los servicios: la personalización masiva (mass costumization).
144 págs.; 17 x 24 cm. ISBN 978-84-86684-68-6.

Gestión medioambiental en la industria

José M.ª Suris
Claves para hacer sostenible y rentable la gestión medioambiental en los procesos industriales y la distribución de productos.
248 págs.; 17 x 24 cm. ISBN 84-86684-33-1.

Los abordajes en la mar

Carlos F. Salinas
La respuesta a todos los interrogantes que surgen en la prevención de los abordajes.
Incluye Reglamento actualizado.141 ilustraciones a color;
208 págs.; 17 x 24 cm. ISBN 84-86684-25-0.

La cadena de suministro

IESE-CIIL; Coordinador: Federico Sabrià
Los modelos y herramientas necesarios para planificar y optimizar la gestión de la cadena de suministro.
208 págs.; 17 x 24 cm. ISBN 84-86684-27-7.

Logística de la carga aérea

Carlos Vila López
Manual de los procesos y procedimientos documentales para la gestión logística en el transporte aéreo de mercancías.
224 págs.; 17 x 24 cm. ISBN 84-86684-22-6.

MARGE BOOKS
València, 558, ático 2.º 08026 Barcelona — Tel. +34-932 449 130 — marge@marge.es — www.marge.es

www.ingramcontent.com/pod-product-compliance
Lightning Source LLC
LaVergne TN
LVHW080424200726
843507LV00004B/713